PROCÈS

DE M. LE COMTE DE MONTALEMBERT

AU SUJET DE SON ÉCRIT INTITULÉ :

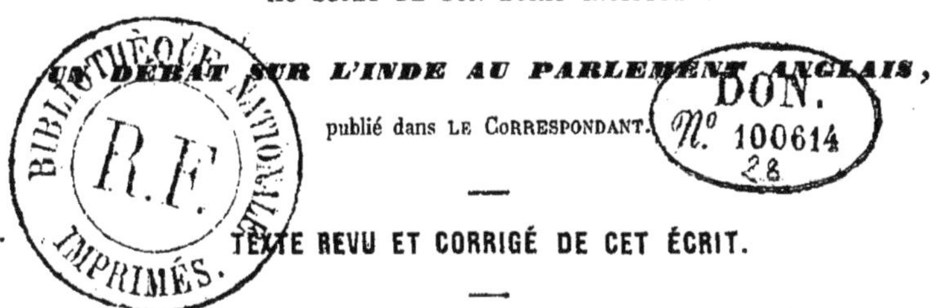

DÉBAT SUR L'INDE AU PARLEMENT ANGLAIS,

publié dans LE CORRESPONDANT.

—

TEXTE REVU ET CORRIGÉ DE CET ÉCRIT.

—

PLAIDOIRIES DE MM^{es} BERRYER ET DUFAURE

DEVANT LA POLICE CORRECTIONNELLE ET LA COUR IMPÉRIALE.

(24 novembre—21 décembre 1858.)

—

SEULE ÉDITION COMPLÈTE ET AUTHENTIQUE.

—

BRUXELLES,

LIBRAIRIE POLYTECHNIQUE DE A. DECQ.

—

1859

IMPRIMERIE DE J. DELIÈVRE. — BRUXELLES.

TABLE DES MATIÈRES.

Pages.

AVANT-PROPOS.   I

L'Angleterre et l'Inde, édition revue et corrigée de l'article publié sous le titre de UN DÉBAT SUR L'INDE AU PARLEMENT ANGLAIS dans le CORRESPONDANT.   1

Assignation devant le tribunal de police correctionnelle.   87

Audience du tribunal, le 24 novembre. — Interrogatoire.   89

Réquisitoire de M. le Procureur impérial CORDOEN.   90

Plaidoyer de Me BERRYER.   93

Réplique de M. CORDOEN.   104

Plaidoyer de Me DUFAURE.   106

Jugement du tribunal.   117

L'incident de la grâce. — Lettre au *Moniteur*. — Lettre à Mgr. l'Archevêque de Paris.   118

Audience de la Cour impériale.   120

Plaidoyer de Me DUFAURE.   121

    (page 130, l. 29, le principe même et l'autorité, lisez : *de l'autorité*.)

Réquisitoire de M. le Procureur général CHAIX D'EST-ANGE.   144

Plaidoyer de Me BERRYER.   161

Arrêt de la Cour impériale du 21 décembre.   186

Commentaire du *Journal des Débats* sur l'arrêt.   187

Note du *Moniteur*.   187

FIN DE LA TABLE DES MATIÈRES.

AVANT-PROPOS.

Nous réunissons dans ce volume l'écrit de M. le comte de
Montalembert intitulé : *un Débat sur l'Inde au Parlement
anglais*, avec les débats du procès auquel cet écrit a donné
lieu, débats dont la publicité en France est interdite par le
décret organique du 17 février 1852, contre signé Morny.

En matière de presse, la loi française a pris des précautions redoutables. Elle permet qu'un accusé soit défendu
devant la justice, elle ne tolère pas qu'il soit justifié devant
l'opinion. Les débats sont secrets; la reproduction est interdite; on connaît la poursuite moins ses arguments; on
connaît la sentence, mais la parole des avocats est en

quelque sorte incarcérée dans l'enceinte du tribunal, prison légale d'où la défense ne s'échappe que travestie ou muti- lée, à l'aide de la mémoire oublieuse ou partiale des assis- tants.

Nous avons voulu que les débats de ce procès célèbre, recueillis avec toutes les garanties désirables d'authenticité et d'exactitude, fussent conservés, comme une page impor- tante de l'histoire des lettres, des mœurs publiques et de la liberté, en France, au moment actuel.

Afin d'être complet, il importait de noter aussi les im- pressions profondes de l'opinion publique européenne sur cet incident si grave, et tel est l'objet de cette courte préface.

En Angleterre, en Allemagne, en Italie, en Belgique, en Suisse, en Espagne, l'opinion a parlé plus haut qu'en France. Là même elle s'est, plus qu'on ne pouvait l'at- tendre, réveillée tout à coup. On croit contenir la vérité parce qu'on la comprime. Etrange erreur! Le trône et la tribune sont les seuls lieux d'où l'on réussisse à l'écarter, mais elle court les rues. Semblable à l'air invisible, elle se glisse par toutes les issues. Elle passe sous toutes les por- tes qu'on lui ferme. On s'expose ainsi à des courants malins plus dangereux que l'air libre. Au lieu des éclats de l'opi- nion, on a ses murmures.

Qu'a-t-on dit, tout bas en France, ailleurs à voix haute ?

On a jugé diversement l'article. Les uns ont pensé que M. de Montalembert n'avait jamais rien écrit de plus en- traînant et de plus généreux. Les autres qu'il avait eu grand tort de traiter un tel sujet d'une telle façon. Sous l'empire du sentiment national, des Français ont accusé l'article de n'être pas assez français, comme si l'on outrageait ceux qu'on aime en leur souhaitant tout ce que l'on admire en autrui. On s'est, d'un certain côté, charitablement efforcé de soutenir que l'écrit n'était pas assez catholique, comme s'il était de foi qu'en dehors de la foi tout est haïssable; comme s'il avait jamais été interdit de louer à Londres l'observation du dimanche, à Alger le respect de la prière, partout ces vertus naturelles, fortes tiges dont la foi est la fleur.

Mais ceux-là même qui ont, dans ce travail fameux, repris des défauts ont été surpris qu'on y eût discerné des délits. On est demeuré d'accord, dans tous les camps, que l'amende et la prison étaient des moyens singuliers de convertir ou de réfuter l'auteur. On s'est demandé quel intérêt avait pu inspirer au gouvernement français cette poursuite étrange, quel avantage il avait retiré de ses suites.

Deux conduites semblaient possibles. Le gouvernement aurait trouvé le compte de son honneur et celui de sa politique à se prévaloir au profit de l'alliance anglo-française d'un article tombant d'une main si connue, et venant si à propos au secours de ses propres vues. Il aurait eu bonne grâce à livrer ces pages enthousiastes à des controverses que la vivacité des antipathies nationales auraient excitées de toutes parts et à démontrer par la liberté laissée à cet écrit que l'auteur avait tort de ne pas se sentir assez libre.

On a préféré une autre voie, où l'on devait marcher de faux pas en faux pas.

Un écrit de cent pages convaincu de contenir quinze lignes criminelles, comme si on accusait une forêt tout en-

tière d'avoir fourni le bois de trois ou quatre flèches; ces
lignes rapprochées, répétées, rangées et retournées laborieusement; quatre délits découverts dans des phrases qu'on
ne peut articuler sans rendre l'accusation ridicule et la défense superflue; le tableau vivant d'un peuple libre transformé en un miroir où la France ne peut plus se regarder
sans rougir; une sentence exorbitante tombant sur ces syl-
labes, malgré l'éloquence, malgré la raison, malgré l'évidence; la peine aggravée par l'énormité mal déguisée d'un
sous-entendu dont l'arbitraire dispose : — l'application au
profit de l'Empire d'une loi que l'Empire a renversée; la
justice et la loi, déjà compromises par ce jugement, tout
d'un coup déchirées par une grâce prématurée, mélange
inexplicable de clémence et de rancune; l'accusé renvoyant
à la fois l'épigramme et le bienfait, forçant devant un nouveau tribunal ses accusateurs à se défendre eux-mêmes, et
des juges plus équitables à le venger en écartant tout ce
que la première sentence avait d'offensant et de dangereux.
Voilà en raccourci, le résultat de ce procès. On s'est trompé
en accusant l'auteur de l'article d'avoir excité au mépris du
gouvernement? Le vrai coupable, c'est l'auteur de la poursuite.

Mais tout cela n'est encore rien : il est une conséquence
plus lamentable encore. Oublions l'écrit, oublions l'écrivain.
La cause se transforme; elle est plus haute et tout le monde
s'est posé la véritable question de ce débat : quel est en ce
moment le degré précis de liberté accordé en France à
l'expression publique de la pensée d'un honnête homme?
Le procès du comte de Montalembert établit que ce degré
est bien près de zéro.

Des expériences de ce genre seraient dangereuses à renouveler. Qu'un gouvernement ait contre lui les méchants, c'est son honneur, c'est sa mission. Mais quand il commence à mécontenter ou à persécuter les honnêtes gens, il révèle une grande faiblesse et se prépare un vrai péril.

Quoi qu'il en soit, les bancs de la police correctionnelle n'auront pas nui à M. de Montalembert. Il s'y est présenté ayant pour loyaux témoins et pour défenseurs illustres ceux qu'il avait autrefois combattus; pour accusateurs ceux qu'il avait quelque temps secourus; il a eu l'occasion de venger l'honneur et l'unité de sa vie contre d'injustes attaques; il est sorti de cette longue épreuve, plus grand aux yeux de l'Europe, plus libre envers son propre passé qu'il n'y était entré.

Il y a dix ans, d'anciens amis l'ont blâmé de défendre le pouvoir quand on le menaçait; d'autres l'accusent aujourd'hui d'avertir ce même pouvoir quand on l'encense et de l'avoir quitté le jour où lui-même quittait le droit sentier. M. de Montalembert n'a fait que continuer ainsi la tâche de sa vie entière, marchant toujours en sens inverse des courtisans de la fortune. Fidèle à la liberté, il demeure ardemment dévoué à l'Eglise et se prépare à consacrer à son histoire un monument nouveau, ne souffrant pas qu'aucune violence ou aucune ingratitude arrache à son cœur l'amour d'une de ces deux causes auxquelles il a voué depuis trente ans son âme et ses forces.

Un jour, les catholiques seront fiers de revendiquer pour l'un d'eux la gloire d'avoir plus haut que personne élevé la voix en faveur de la liberté, au milieu du silence et de l'abandon universels. Quelques-uns cependant sont aujourd'hui moins équitables; ses anciens adversaires et ses anciens amis, les uns en souvenir de ce qu'il fut, les autres en haine de ce qu'il est, semblent d'accord pour avoir peur de lui rendre justice; on a parlé *de sympathie inquiète et affligée;* on est tout prêt de se demander comment finira M. de Montalembert? Ce procès répond : comme il a commencé!

L'ANGLETERRE

ET

L'INDE,

—

édition revue et corrigée

DE L'ARTICLE PUBLIÉ SOUS LE TITRE DE :

UN DÉBAT SUR L'INDE AU PARLEMENT ANGLAIS

dans le CORRESPONDANT du 25 octobre 1858.

L'ANGLETERRE ET L'INDE.

I

Il y a des esprits mal faits pour qui le repos et le silence ne sont pas le bien suprême. Il y a des gens qui éprouvent de temps à autre le besoin de sortir de la tranquille uniformité de leur vie habituelle. Il y a des soldats qui, vaincus, blessés, enchaînés, condamnés à une mortelle inaction, se consolent et se raniment à la vue des luttes et des périls d'autrui. Ce qui les attire, ce n'est pas le triste et vil sentiment de l'égoïsme rassuré qu'a dépeint Lucrèce dans ses vers fameux :

> Suave, mari magno, turbantibus æquora ventis,
> E terra magnum alterius spectare laborem...
> Suave etiam belli certamina magna tueri
> Per campos instructa, tua sine parte pericli.

Non, c'est un mobile plus pur et plus haut : c'est l'effort de l'athlète désarmé, qui, spectateur ému de l'arène où il ne descendra plus, bat des mains aux exploits de rivaux plus heureux, et jette aux combattants un cri de sympathie perdu, mais non éteint, au sein des clameurs généreuses de la foule attentive.

Je confesse ingénument que je suis de ces gens-là : et j'ajoute que, à ce mal dont il est si peu reçu aujourd'hui de souffrir, j'ai trouvé un remède. *Quand je sens que le marasme me gagne; quand les oreilles me tintent, tantôt du bourdonnement des chroniqueurs d'antichambre, tantôt du fracas des fanatiques qui se croient nos maîtres et des hypocrites qui nous croient leurs dupes; quand j'étouffe sous le poids d'une atmosphère chargée de miasmes serviles et corrupteurs, je cours respirer un air plus pur, et prendre un bain de vie dans la libre Angleterre.*

La dernière fois que je me suis donné ce soulagement (1), le hasard m'a bien servi; je suis tombé juste au milieu d'une de ces grandes et glorieuses luttes où entrent en jeu toutes les ressources de l'intelligence et tous les mouvements de la conscience d'un grand peuple; où se posent, pour être résolus au grand jour et par l'intervention de grands esprits, les plus grands problèmes qui puissent agiter une nation sortie de tutelle; où hommes et choses, partis et individus, orateurs et écrivains, dépositaires du pouvoir et organes de l'opinion, sont appelés à reproduire, au sein d'une nouvelle Rome, le tableau tracé par un Romain d'autrefois, encore tout pénétré des émotions du forum :

> Certare ingenio, contendere nobilitate,
> Noctes atque dies niti præstante labore,
> Ad summas emergere opes rerumque potiri.

A ces mots, je vois d'ici certains fronts se rembrunir, et s'y peindre la répugnance qu'inspire aux sectateurs de la mode du jour tout ce qui semble un souvenir ou un regret de la vie politique. Si, parmi ceux qui ont ouvert ces pages, il en est que cette mode domine, je leur dis sans façon : Restez-en là. N'allez pas plus loin. Rien de ce que je vais écrire ne saurait ni vous plaire ni vous intéresser. Allez ruminer en paix dans les gras pâturages de votre bienheureuse quiétude, et n'enviez pas à ceux qui ne vous envient rien le droit de rester fidèles à leur passé, aux sollicitudes de l'esprit, aux aspirations de la liberté.

Chacun prend son plaisir où il le trouve : on est assez près, non de s'entendre, mais de ne pas se disputer, *quand on n'a aucune ambition ni aucune affection commune, et*

---

(1) Les passages en italiques sont ceux qui sont désignés dans l'assignation et dans le jugement du tribunal de police correctionnelle, comme ayant donné lieu aux poursuites et à la condamnation prononcée le 24 novembre 1858.

quand on ne pense de même ni sur le bonheur ni sur l'hon-
neur (1).

Je concède d'ailleurs, à qui veut, que rien, absolument rien,
dans les institutions ou les personnages politiques de la France
actuelle ne saurait ressembler aux choses et aux hommes dont
je voudrais donner ici un rapide crayon. Il va sans dire que
je ne prétends nullement convertir les esprits progressifs, qui
regardent le gouvernement parlementaire comme avantageuse-
ment remplacé par le suffrage universel, ni les politiques op-
timistes qui professent que la victoire suprême de la démocra-
tie consiste à abdiquer, entre les mains d'un monarque, la
direction exclusive des affaires extérieures et intérieures d'un
pays. J'écris pour ma propre satisfaction, et celle d'un petit
nombre d'invalides, de curieux, de maniaques, si l'on veut,
comme moi (2). J'étudie des institutions contemporaines qui ne
sont plus les nôtres, mais qui l'ont été, et qui semblent encore à mon esprit arriéré dignes d'admiration et d'envie.
L'attentive sympathie que des talents supérieurs ont su
éveiller pour les belles dames de la Fronde, pour les personnages équivoques de la grande rébellion d'Angleterre, ou
pour les obscures et stériles agitations de nos anciennes
communes, ne saurait-elle être parfois invoquée pour les
faits et gestes d'une nation qui vit et s'agite dans sa force
et dans sa grandeur à sept lieues de nos côtes septentrionales? Je pense que si : et en outre j'imagine que cette recherche de statistique étrangère ou, pour mieux dire, d'ar-
chéologie contemporaine, peut tout autant charmer nos
loisirs qu'un commentaire sur les comédies de Plaute ou
le récit d'une exploration aux sources du Nil.

II

A la fin du printemps dernier, l'état de l'Hindostan et le
sort de l'insurrection qui avait éclaté depuis un an dans les
provinces septentrionales de cette immense région étaient

(1) 4ᵉ chef d'accusation : Excitation à la haine ou au mépris des citoyens
entr'eux.

(2) 3ᵉ chef d'accusation : Attaque aux droits et à l'autorité que l'Empereur tient de la constitution et du suffrage universel.

encore la principale préoccupation de l'Angleterre. Comment en eût-il été autrement? Je m'étonnais et m'alarmais, quant à moi, de ce que le peuple anglais, après la consternation et la colère des premiers mois, s'était si promptement abandonné, non, certes, à une insouciance criminelle, mais à une sécurité prématurée sur l'issue de la lutte. Je désirais rechercher, auprès des juges les plus compétents, les véritables causes de l'insurrection en même temps que les moyens que l'on comptait employer pour triompher définitivement d'un danger si formidable, si peu prévu, et si aggravé par les complications menaçantes qui, d'un jour à l'autre, peuvent naître de la politique européenne. Je portais dans cette étude une ardente et profonde sympathie pour la grande nation, chrétienne et libre, à qui Dieu impose cette terrible épreuve ; et je sentais redoubler cette sympathie en présence de l'acharnement inhumain de tant d'organes de la presse continentale, et malheureusement de la presse soi-disant conservatrice et religieuse, contre les victimes des massacres du Bengale. A chaque Anglais que je rencontrais, j'aurais voulu dire que je n'appartenais par aucun côté aux partis dont les organes ont applaudi et justifié les égorgeurs, et qui font encore chaque jour des vœux solennels pour le triomphe des hordes musulmanes et païennes sur les héroïques soldats d'un peuple chrétien et allié de la France (1).

Je sentais d'ailleurs ce que sent et ce que sait tout libéral intelligent, que de cette attitude de la presse continentale sur la question de l'Inde il ressort une fois de plus la démonstration d'un grand fait qui est l'immortel honneur de l'Angleterre contemporaine. Tous les apologistes de l'absolutisme ancien ou moderne, monarchique ou démocratique, sont contre elle: pour elle, au contraire, sont tous ceux qui demeurent encore fidèles à cette liberté réglée dont elle a été le berceau et dont elle reste jusqu'à ce jour l'invincible

______

(1) J'estime que l'éloge a peu de valeur et peu de dignité quand la critique n'est pas permise. Mais je me sens à l'abri de tout soupçon de servilité en rendant un juste hommage à la courageuse persévérance avec laquelle le gouvernement de l'Empereur maintient une alliance dont la rupture augmenterait certainement sa popularité, mais porterait un coup fatal à l'indépendance de l'Europe et aux véritables intérêts de la France.

boulevard. Cela est naturel et cela est juste ; cela suffit aussi pour faire oublier, dans la politique actuelle de l'Angleterre, certaines sympathies plus faciles à expliquer qu'à justifier, et pour lui faire pardonner des torts qui, dans un état différent du monde, mériteraient la plus sévère réprobation.

J'ose dire que nul ne connaît mieux et que nul n'a signalé plus haut que moi les écarts et les égarements de la politique anglaise depuis quelques années. Je crois bien que j'ai été le premier à dénoncer, dès avant 1848, cette politique de lord Palmerston, trop souvent impérieuse contre les faibles et obséquieuse devant les forts, souverainement imprudente, inconséquente et infidèle à toutes les grandes traditions de son pays. Mais, en vérité, quand on lit les pitoyables invectives des anglophobes de nos jours, quand on compare à leurs griefs contre l'Angleterre les idées qu'ils préconisent et les régimes qu'ils encensent, on se sent involontairement porté à l'indulgence pour tout ce qu'ils combattent, même pour lord Palmerston. Ce serait, d'ailleurs, le comble de la déraison et de l'iniquité de vouloir regarder l'Angleterre comme la seule coupable, ou comme la plus coupable d'entre les nations de la terre. Sa politique n'est ni plus égoïste ni plus immorale que celle des autres grands États de l'histoire ancienne ou moderne. Je crois même qu'il serait possible de prouver la thèse tout à fait contraire. Ce n'est pas la charité, c'est la justice bien ordonnée qui commence par soi-même, et, à ce titre, aucun publiciste français n'a le droit de flétrir la politique de l'Angleterre, avant de s'être prononcé sur les crimes de la politique française pendant la Révolution et l'Empire, non pas telle que la représentent ses adversaires, mais telle que l'exposent ses apologistes les plus éloquents et les plus habiles, M. Thiers, par exemple. On aura beau fouiller les recoins les plus suspects de la diplomatie anglaise, on n'y trouvera rien qui ressemble, même de très-loin, à la destruction de la république de Venise ni au guet-apens de Bayonne.

Il ne s'agit pas d'ailleurs, en ce moment de la politique générale de l'Angleterre, mais de sa politique coloniale : et c'est précisément là que brille de tout son éclat le génie britannique; non pas certes qu'il ait été toujours et partout irréprochable, mais partout et toujours il a égalé, si ce n'est surpassé, en sagesse, en justice et en humanité les autres races européennes qui ont tenté les mêmes entreprises.

Ce n'est pas, il faut l'avouer, une belle histoire que celle des relations de l'Europe chrétienne avec le reste du monde depuis les croisades. Ce ne sont malheureusement ni les vertus ni les vérités chrétiennes qui ont présidé aux conquêtes successives des nations puissantes de l'Occident, en Asie et en Amérique. Après le premier élan, si noble et si pieux, du quinzième siècle qui enfanta le grand, le saint Christophe Colomb et tous ces preux de l'histoire maritime et coloniale du Portugal, dignes de rivaliser dans la mémoire trop ingrate des hommes avec les héros de l'ancienne Grèce, on voit tous les vices de la civilisation moderne prendre la place de l'esprit de foi et de sacrifice, ici pour exterminer les races sauvages, et là pour succomber à l'influence énervante de la civilisation corruptrice de l'Orient, au lieu de la régénérer et de la remplacer. Il est impossible de ne pas reconnaître que l'Angleterre, surtout depuis qu'elle a glorieusement expié sa participation à la traite des Nègres et à l'esclavage colonial, peut s'enorgueillir d'avoir échappé à la plupart de ces lamentables aberrations.

A l'historien qui lui demande compte du résultat de ses efforts maritimes et commerciaux depuis deux siècles, elle a le droit de répondre : *Si quæris monumentum, circumspice.*

Y a-t-il dans l'histoire beaucoup de spectacles plus grands, plus extraordinaires, plus propres à honorer la civilisation moderne que celui de cette compagnie de marchands anglais qui a vécu deux siècles et demi et qui gouvernait hier encore, à deux mille lieues de la métropole, près de deux cents millions d'âmes, par l'entremise de huit cents employés civils et de quinze à vingt mille soldats? Mais l'Angleterre a fait mieux : elle a formé non-seulement des colonies, mais des peuples. Et cette transformation naturelle, spontanée, presqu'involontaire, mais permanente, des colonies anglaises en nations chrétiennes, libres et laborieuses, sans cesse alimentées par l'émigration et l'énergie reproductive du sang anglo-celtique, est peut-être le plus grand fait de l'histoire actuelle du monde, comme elle est à coup sûr la plus grande gloire et la plus grande force de l'Angleterre.

Au dernier siècle elle a créé les Etats-Unis; elle en a fait

une des grandes puissances du présent et de l'avenir en les
dotant de ces libertés provinciales et personnelles qui les
ont mis en état de s'émanciper victorieusement du joug
d'ailleurs si léger de la métropole. « Nos libres institutions, »
disait en 1852 le message annuel du président de cette
grande république, « ne sont pas le fruit de la Révolution :
« elles existaient auparavant : elles avaient leurs racines
« dans les libres chartes, sous le régime desquelles les co-
« lonies avaient grandi. »

Aujourd'hui l'Angleterre est en train de créer en Austra-
lie de nouveaux États-Unis, qui bientôt se détacheront à leur
tour de la tige maternelle pour devenir une grande nation,
imbue, dès le berceau, des mâles vertus et des glorieuses
libertés qui sont partout l'apanage de la race anglo-saxonne
et qui, sachons l'affirmer encore une fois, sont plus favorables à la propagation de la vérité catholique et à la dignité du sacerdoce que tout autre régime sous le soleil (1).

Au Canada, une noble race française et catholique, arra-
chée malheureusement à notre pays, mais restée française par
le cœur et par les mœurs, doit à l'Angleterre d'avoir con-
servé, ou acquis, avec une entière liberté religieuse, toutes les
libertés politiques et municipales que la France a répudiées (2);
elle a vu sa population décuplée (3) en moins d'un siècle, et
va servir de base à la nouvelle fédération qui, des bouches
de l'Orégon à celles du Saint-Laurent, sera un jour la rivale
ou la compagne de la grande fédération américaine.

Tout cela est oublié, méconnu ou calomnié par certains
écrivains royalistes et catholiques, qui versent chaque jour
les flots de leur venin sur la grandeur et la liberté de l'Angleterre. Étranges et ingrats royalistes, qui oublient que
l'Angleterre est le seul pays de l'Europe où le prestige de
la royauté soit demeuré sans atteinte depuis près de deux
siècles; le seul aussi qui ait offert un inviolable abri aux

____

(1) Voir dans le nᵒ 179 des *Annales de la Propagation de la foi* (juillet 1858) l'intéressante lettre du R. P. Poupinel à M. le cardinal de Bonald
sur les progrès de l'Église et la liberté dont elle jouit dans ces vastes contrées.

(2) 1ᵉʳ chef d'accusation : Excitation à la haine et au mépris du gouvernement.

(3) Elle était de 65,000, lors du traité de Paris en 1761; de 695,945 en
1851. — CHARLES DUPIN, *Force productive des nations.*

augustes exilés de la maison de France, et prodigué avec une munificence inouïe ses secours à la noblesse française émigrée, au clergé français proscrit pour n'avoir pas voulu pactiser avec le schisme (1)! Catholiques, plus étranges encore, qui ne craignent pas de compromettre non-seulement tous les droits de la justice et de la vérité, mais encore les intérêts mêmes de l'Eglise, en s'opiniâtrant à établir une hostilité radicale entre la cause du catholicisme et la libre prospérité du plus vaste empire qui existe aujourd'hui dans le monde, et dont chaque conquête sur la barbarie ouvre d'immenses perspectives à la prédication de l'Evangile et à l'extension de la hiérarchie romaine. Ce sera une des plus sombres pages de l'histoire, déjà si peu édifiante de la presse religieuse de nos jours, que cette joie cruelle qui a accueilli tous les désastres vrais ou supposés des Anglais dans l'Inde, que ces étranges sympathies pour les massacreurs de Delhi et de Cawnpore, que ces invectives quotidiennes contre une poignée de braves luttant contre d'innombrables ennemis et contre un climat meurtrier, pour venger leurs frères, leurs femmes, leurs enfants immolés, et pour rétablir le légitime et nécessaire ascendant de l'Occident chrétien sur la péninsule indienne. On est révolté par ces déclamations sanguinaires, accompagnées de provocations constantes à la guerre entre deux nations heureusement et glorieusement alliées, à une guerre dont les pieux instigateurs savent bien qu'ils seront les derniers à courir les dangers et à subir les sacrifices. Et quand elles viennent inonder les colonnes de certains journaux spécialement consacrés au clergé et encouragés par lui; quand elles s'étalent entre le récit d'une apparition de la sainte Vierge ou le tableau de la consécration d'une église au Dieu de miséricorde et d'amour, il en résulte, pour toute âme chrétienne que les passions haineuses d'un fanatisme rétrograde n'ont

---

(1) 8,000 prêtres, 2,000 laïques et 600 religieuses françaises cherchèrent en 1793 un refuge en Angleterre. En 1806 ils avaient reçu des Anglais, tant en souscriptions particulières qu'en votes parlementaires, la somme de *quarante-six millions* de francs. Un journal catholique de Londres, le *Rambler* d'août 1858, emprunte ces chiffres au livre de M. l'abbé Margotti, intitulé *Rome et Londres*, dont il publie dans ce même numéro une amusante et complète réfutation.

point infectée, un sentiment de douloureuse répugnance qui
peut compter parmi les plus rudes épreuves de la vie d'un
honnête homme. On croit entendre dans une nuit d'Orient
le cri du chacal entre les roucoulements de la colombe et le
murmure rafraîchissant des eaux.

Je reconnais du reste ce souffle ; je l'ai respiré et détesté
aux jours de mon enfance, alors qu'une portion considérable de ceux qui s'intitulaient les défenseurs de l'autel et
du trône poursuivaient de leur réprobation les généreux
enfants de l'Hellade insurgés contre la domination otto-
mane, et applaudissaient aux désastres d'Ipsara et de Mis-
solonghi comme à autant de défaites infligées à des schis-
matiques et à des révolutionnaires. Heureusement de plus
nobles inspirations l'emportèrent dans les conseils de la
Restauration comme dans le cœur naturellement généreux
des royalistes. Le génie de M. de Chateaubriand pulvérisa
les malheureuses préférences de son ancien parti pour les
bourreaux du Péloponèse. Et aujourd'hui il n'est pas un
légitimiste qui ne fasse un titre de gloire au Roi Charles X
d'avoir eu la principale part à l'affranchissement de la
Grèce, et qui ne répudie avec horreur les opinions profes-
sées il y a trente-cinq ans par les principales feuilles du
parti royaliste. Espérons qu'un jour viendra où il n'y aura
pas un catholique qui ne répudie pas avec une égale horreur les odieux encouragements prodigués aujourd'hui par
la presse religieuse aux égorgeurs de l'Inde. Heureusement
aucune voix autorisée dans l'assemblée des fidèles, aucun
pontife, aucun prince de l'Eglise n'a participé à ce concert.
Tout au contraire, nous aimons à constater, parmi les nombreuses lettres pastorales publiées à ce sujet par les Evêques catholiques des Etats britanniques, une patriotique
sympathie pour les douleurs de leurs compatriotes. Celle
de Mgr. Gillies, vicaire apostolique à Edimbourg, mérite
d'être citée comme la plus éloquente lamentation qu'ait
inspirée cette catastrophe nationale. Mais il nous est doux
surtout de rappeler ici la libérale et paternelle souscription
de Pie IX en faveur des victimes anglaises dans l'Inde.
C'était à la fois un gage touchant de l'invincible mansuétude de son âme pontificale, et la plus concluante réfutation de ces prophètes de la haine qui prêchent une

irréconciliable inimitié entre l'Eglise et la grandeur britannique.

Pour ma part, je le dis sans détour, j'ai horreur de l'orthodoxie qui ne tient aucun compte de la justice et de la
vérité, de l'humanité et de l'honneur; et je ne me lasse pas
de répéter ces fortes et récentes paroles de l'Evêque de la
Rochelle : « Ne serait-ce pas une bonne chose que de faire
« à plusieurs catholiques un cours sur les vertus de l'ordre
« naturel, sur le respect dû au prochain, sur la loyauté
« même envers ses adversaires, sur l'esprit d'équité et de
« charité?... Les vertus de l'ordre naturel sont des vertus
« essentielles, dont l'Eglise elle-même ne dispense pas (1). »
Comment d'ailleurs ne comprend-on pas que, par ces
aveugles dénonciations contre une nation à qui l'on reproche
à la fois le crime de ses enfants, le protestantisme du
seizième siècle et la liberté du dix-neuvième, on s'expose
aux plus cruelles et aux plus dangereuses représailles? Ah!
s'il avait été donné à la France d'accomplir les grandes destinées coloniales qui s'ouvraient devant elle au dix-septième
et au dix-huitième siècle, nous aurions sans doute un grand
et consolant exemple dont tous les catholiques pourraient s'enorgueillir. Si nous étions restés, avec nos missionnaires et nos hardis mais humains aventuriers, sur ces
bords du Mississipi et du Saint-Laurent, où le génie de la
France aurait trouvé une si vaste carrière pour se déployer
à l'aise; si nous avions su garder cet empire des Indes-
Orientales qui sembla un instant nous être assuré, et y faire
régner les vertus sociales et chrétiennes qui sont l'apanage
légitime de notre race, nous pourrions braver toute critique
et toute comparaison. Mais nous les avons perdues, toutes
ces belles possessions, et précisément dans ce bon temps
auquel on voudrait nous ramener, où l'*erreur n'avait pas les
mêmes droits que la vérité.* Cela étant, et en présence de
l'histoire, la justice ne nous commande-t-elle pas d'avouer
que les nations catholiques, excepté la France, ont miséra-
blement échoué dans la grande tâche que la Providence
leur imposait envers les races qu'elles ont conquises? L'histoire ne crie-t-elle pas d'une voix implacable à l'Espagne :

(1) Lettre au rédacteur en chef de l'*Univers,* du 10 août 1858.

Caïn, qu'as-tu fait de ton frère? Qu'a-t-elle fait de ces millions d'Indiens qui peuplaient les îles et le continent du nouveau monde? Combien d'années a-t-il fallu aux indignes successeurs de Colomb et de Cortès pour les anéantir malgré la protection officielle de la royauté espagnole, malgré les héroïques efforts, la fervente et infatigable charité des ordres religieux (1)? Se sont-ils montrés moins impitoyables que les Anglo-Américains dans le Nord? Est-ce que les pages lamentables écrites par Barthélemy de Las Cases sont effacées de la mémoire des hommes? On reproche au clergé anglican de n'avoir pas protesté contre les exactions de Clive et de Warren Hastings. Non, certes, il n'est pas donné au protestantisme d'enfanter des Las Cases et des Pierre Claver : c'est l'immortel et exclusif honneur de l'Eglise catholique. Mais que penser des nations orthodoxes qui, avec de tels apôtres et de tels enseignements, ont dépeuplé la moitié d'un monde? Et quelle société la conquête espagnole a-t-elle substituée à ces races qu'on exterminait au lieu de les civiliser? N'en faut-il pas détourner les yeux avec tristesse, tant il lui manque partout, excepté peut-être au Chili, les premiers éléments de l'ordre, de l'énergie, de la discipline et de la légalité; tant elle s'est dépouillée des fortes vertus de l'ancienne société castillane, sans avoir pu acquérir aucune des qualités qui caractérisent le progrès moderne? Et dans l'Hindostan même que reste-t-il de la conquête portugaise? Que reste-t-il des innombrables conversions opérées par saint François Xavier? Que reste-t-il de la vaste organisation de l'Eglise confiée au patronat de la couronne de Portugal? Qu'on aille le demander à Goa, et qu'on y mesure les profondeurs de la décrépitude morale et matérielle où a pu tomber une domination immortalisée par Albuquerque, par Jean de Castro, et par tant d'autres, dignes de compter parmi les plus

---

(1) On cite un gouverneur du Mexique qui fit périr *deux millions* d'Indiens pendant les dix-sept années de son administration. S'il subsiste encore quelques débris des aborigènes au Mexique, et s'il a pu s'effectuer une sorte de fusion entre eux et les conquérants, c'est grâce aux dominicains et aux franciscains, dont il faut lire les exploits merveilleux dans la nouvelle *Histoire de la conquête espagnole en Amérique*, par M. Arthur Helps (Londres, 1856-1857); livre où un protestant impartial rend la plus éclatante justice au dévouement et à l'intelligence du clergé catholique.

vaillants chrétiens qui furent jamais! On y verra ce que la mortelle influence du pouvoir absolu sait faire des colonies catholiques en même temps que de leurs métropoles.

Qu'en faut-il conclure? que le catholicisme rend les nations incapables de coloniser? A Dieu ne plaise. Le Canada, que nous citions à l'instant, est là pour démentir ce blasphème. Mais on en doit conclure ceci : c'est qu'il est bon, quand on s'est constitué le champion des intérêts catholiques, de regarder derrière soi et autour de soi avant d'entasser invective sur invective et calomnie sur calomnie, afin de discréditer les nations malheureusement étrangères ou hostiles à l'Eglise. Quand on a sans cesse à la bouche le mot de M. de Maistre : *L'histoire est depuis trois siècles une grande conspiration contre la vérité,* il ne faut pas recommencer, dans l'histoire écrite à l'usage des catholiques, cette grande conspiration contre la vérité, en même temps que contre la justice et la liberté. Il faut au contraire se rappeler une autre parole de M. de Maistre : *L'Eglise a besoin de la vérité, et n'a besoin que d'elle..* Le mensonge, sous les deux formes que distinguent le droit et la théologie, *suggestio falsi* et *suppressio veri,* est le plus triste des hommages que l'on puisse rendre à l'Eglise. Ce n'est pas la bien servir que d'emprunter les méthodes et les procédés de ses pires ennemis. Non, ce n'est pas défendre la vérité que de reproduire à son profit les ruses et les violences de l'erreur. L'esprit moderne commençait à s'apercevoir que l'on avait en effet depuis trois siècles beaucoup menti contre Dieu et son Eglise : il commençait à s'affranchir du joug de ces mensonges. Veut-on le replonger dans la haine du bien? Veut-on le refouler dans tous les excès de l'esprit du dix-huitième siècle? Il y a pour cela un moyen infaillible : c'est de pratiquer ou d'absoudre le mensonge, même involontaire, pour la plus grande gloire de Dieu.

III

Mais l'Angleterre a-t-elle été irréprochable, dans la fondation et l'administration de l'immense empire qu'elle possède aux Indes orientales? Non, certes; et, si l'on pouvait être tenté de lui attribuer une innocence et une vertu à laquelle elle n'a jamais prétendu, il suffirait, pour être désabusé, de parcourir les innombrables ouvrages qui ont paru sur le gouvernement de l'Inde anglaise, non-seulement depuis l'insurrection, mais encore avant qu'elle eût éclaté. Dans cette montagne de publications, les panégyriques et les apologies sont infiniment rares : les accusations, les philippiques les plus véhémentes, y abondent; mais ce qui l'emporte de beaucoup sur le blâme ou sur l'éloge systématique, c'est l'étude approfondie et souverainement sincère des vices, des dangers, des difficultés, des infirmités de la domination anglaise dans l'Inde.

Je ne me lasserai pas de répéter que c'est dans cette publicité immense et illimitée que réside la force principale de la société britannique, la condition essentielle de sa vitalité et la garantie souveraine de sa liberté. La presse anglaise, au premier abord, semble n'être qu'un acte d'accusation universelle et permanente contre toute chose et toute personne : mais, en y regardant de plus près, on s'aperçoit que la discussion, la rectification ou la réparation suivent pas à pas la dénonciation ou l'injure.

L'erreur et l'injustice sont sans doute fréquentes et flagrantes; mais elles sont presque toujours corrigées sur l'heure, ou excusées en considération des vérités salutaires et des lumières indispensables qui pénètrent dans l'esprit public par la même voie. Pas un général, pas un amiral, pas un diplomate, pas un homme d'Etat n'est épargné : ils sont tous traités comme le fut le duc de Wellington lorsqu'au début de ses victoires péninsulaires il préparait l'affranchissement de l'Europe et la prépondérance de sa patrie, au milieu des clameurs de l'opposition dans la presse et dans le Parlement. Ils s'y résignent tous, comme lui, confiants dans la justice définitive du pays et de l'opinion, qui ne leur a presque jamais fait défaut. Le public, habitué au bruit et à la confusion apparente qui résulte de ce conflit permanent d'opinions et de témoignages contradictoires, finit, au bout d'un certain temps, par s'y reconnaître. Il a surtout un tact merveilleux pour démêler la véritable nature de certaines manifestations purement individuelles, quelque retentissantes qu'elles soient, et pour leur assigner le véritable degré d'importance qu'elles méritent, tout en respectant et en maintenant le droit que s'attribue chaque Anglais de tout juger, de tout critiquer et de se tromper à ses dépens.

Ceux qui se sentent froissés avec raison par la grossièreté ou l'évidente fausseté de certains jugements émis par des orateurs et des écrivains anglais sur ce qui se passe hors de leur pays ne devraient jamais oublier deux choses: d'abord que cette critique acerbe et sans frein s'exerce plus rudement, plus librement et plus habituellement encore sur les hommes et les choses de l'Angleterre; ensuite qu'elle est toujours l'acte comme la pensée d'un individu, dans une société où le progrès de la civilisation a consisté jusqu'à présent dans le développement illimité de la force et de la liberté individuelle. Mais c'est là ce qu'on oublie sans cesse ; et de là tant d'appréciations ridiculement fausses ou exagérées, dans la presse continentale, sur la valeur réelle de certains discours ou écrits qu'on ne laisse pas de citer et de commenter en leur attribuant une valeur quasi-officielle. Malgré tant et de si longues relations avec ce pays, malgré la distance si faible qui sépare la France de l'Angleterre, et l'intervalle si court qui nous sépare de notre propre passé, nous avons perdu l'intelligence de ce qu'est un grand peuple libre, où l'individu surtout est libre et se passe toutes ses fantaisies. *Nous avons non-seulement les habitudes, mais encore les instincts de ces peuples sages et rangés, mais éternellement mineurs, qui se permettent parfois d'effroyables incartades, mais qui retombent bientôt dans l'impuissance civique, où nul ne parle que par ordre ou par permission, avec la salutaire terreur d'un avertissement d'en haut, pour peu qu'on ait la témérité de contrarier les idées de l'autorité ou celles du vulgaire* (1).

En Angleterre, et dans tout son vaste empire colonial (2)

----

(1) Premier et deuxième chef d'accusation : Excitation à la haine et au mépris du gouvernement ; attaque au respect dû aux lois.

(2) La presse est absolument libre dans toutes les colonies anglaises, même dans l'Hindostan : et cette liberté est peut-être l'un des plus sérieux embarras du gouvernement anglais dans l'Inde : ce nonobstant, la mesure prise dans les premiers moments de l'insurrection pour établir une censure partielle *pendant un an* n'a pas été renouvelée après l'expiration de cette

c'est tout le contraire : chacun, dans l'ordre politique, dit ce qu'il pense et fait ce qui lui plaît, sans la permission de qui que ce soit, et sans encourir d'autre répression que celle de l'opinion et de la conscience publique, lorsqu'on l'a trop audacieusement bravée. Sous l'impulsion du moment, dans un accès de dépit, d'humeur ou de vanité. l'Anglais, un Anglais quelconque, un homme isolé, sans mission, sans autorité. sans influence, sans responsabilité envers qui que ce soit, mais rarement sans écho, dit ou écrit au public ce qui lui passe par la tête. Quelquefois c'est l'accent triomphant de la justice et de la vérité, universellement compris, subitement accepté et partout répété par les mille échos d'une publicité illimitée ; et c'est pour ne pas étouffer cette chance, qui peut être l'unique chance du droit et de l'intérêt national, que les Anglais sont unanimes à se résigner aux graves inconvénients de cette liberté de la parole. Mais quelquefois aussi c'est une exagération ridicule ou fâcheuse, une insulte gratuite à l'étranger, ou, tout au contraire, un appel direct à son intervention dans les affaires du pays (1). Plus

première année, et c'est dans les journaux qui paraissent à Calcutta et à Bombay que l'on trouve les critiques les plus implacables sur la conduite des affaires civiles et militaires des Anglais.

(1) Qu'on lise dans *l'Univers* du 28 août le discours du révérend Fitzgerald, archidiacre catholique en Irlande, qui propose à ses compatriotes d'avoir recours à l'Empereur des Français pour obtenir du gouvernement anglais la réforme des lois relatives aux droits réciproques des fermiers et des propriétaires Se figure-t-on ce qui arriverait en France, en Autriche ou à Naples, si un prêtre catholique parlait en public de cette façon, et engageait les fidèles à s'adresser à un prince étranger pour forcer le gouvernement national à leur rendre justice ?

Quelques jours plus tard, dans un *meeting* de dix mille personnes tenu en plein air, le 28 août, à Nenagh, à l'effet d'adresser une pétition au Parlement pour obtenir la révision du procès de deux paysans condamnés à mort pour avoir assassiné un propriétaire, le révérend Jean Kenyon, curé catholique. s'adressant au peuple assemblé, lui dit textuellement ce qui suit : « Je m'indigne contre moi-même en songeant que je m'abaisse au point de vous
» proposer une pétition à un gouvernement saxon, à ces Anglais qui ont le
» pied sur notre cou, et la main dans nos poches. On parle de nos progrès,
» de notre prospérité nouvelle ; non, nous ne sommes pas prospères, nous
» ne pouvons pas l'être, et, quand même nous le pourrions, nous ne le vou-
» drions pas : car qu'est-ce que la prospérité sans la liberté... Gardons nos
» griefs comme un trésor et que personne ne nous les enlève, jusqu'à ce que
» Dieu nous accorde le pouvoir et nous indique le moyen de les venger... Si
» nous nous abaissons encore cette fois à pétitionner, la seule pétition con-
» venable serait de demander au Parlement de faire pendre le juge Keogh,
» ce juge vil et inique (qui avait présidé aux assises dont l'arrêt était en

souvent encore, c'est une plaisanterie, une boutade, une fanfaronnade puérile, une banalité, une platitude : elle est dès le lendemain contredite, réfutée, bafouée et jetée dans l'oubli. — *Mais si par hasard elle a été ramassée par un de ces traducteurs censurés qui alimentent d'une façon si étrange la presse continentale, aussitôt l'on voit tous les détracteurs attitrés de la liberté la transcrire (1)*, en prendre acte, s'en indigner, répéter à grands cris : « Voilà ce que pense et ce

» question)... *Si la justice du pays n'était pas une caricature, le juge Keogh* » *serait déjà pendu à une potence haute de cinquante pieds.* » Les auditeurs applaudirent vigoureusement ce langage, reproduit dans tous les journaux et que personne ne songea à réprimer. Il faut ajouter que personne ne s'en est alarmé, et c'est ce qui prouve à la fois la force du gouvernement anglais et la liberté dont jouit l'Irlande. Que l'on veuille bien se rappeler ce qui est advenu il y a quelque temps à un avocat de Toulouse qui avait publié un écrit sur la condamnation du frère Léotade, et l'on saura ce qu'il faut penser de la prétendue oppression qui pèse aujourd'hui sur les catholiques en Irlande, selon des déclamateurs ignorants qui confondent à plaisir le passé et le présent.

Il serait d'ailleurs très-faux et très-injuste d'attribuer à tout le clergé Irlandais ou Anglais les pensées ou le langage du révérend Kenyon. Le membre le plus illustre et le plus élevé de la hiérarchie catholique dans le Royaume-Uni, le cardinal Wiseman, à la fin d'un voyage triomphal qu'il vient de faire en Irlande, s'exprimait ainsi, dans un banquet public à Waterford, le 14 septembre 1858 :

« Tout semble annoncer un avenir plus prospère que le passé de l'Irlande » depuis plusieurs siècles. Toutes les conditions matérielles du peuple se » sont améliorées. Il est habitué à trouver dans une industrieuse activité et » dans la culture du sol national les ressources qu'il cherchait au dehors et » à l'aventure. Tout démontre chez lui une intelligence plus développée, une » plus ardente recherche du progrès, sans qu'il y ait eu la moindre diminution » dans ses sentiments religieux et moraux. Au contraire, tout ce qu'il a fait » pour sa religion, à travers les épreuves de la famine, de la pestilence et de » l'émigration, m'a rempli d'admiration... Le passé appartiendra bientôt à » l'histoire : et même, dans la génération actuelle, il y a peu d'hommes qui » peuvent se figurer ce qu'il a été pendant si longtemps sous l'empire d'une » politique que j'appellerai erronée, pour ne pas la qualifier comme j'en au- » rais le droit. »

De tout ce qui précède, il est permis de conclure, sans vouloir absoudre en rien les persécutions et les spoliations dont l'Angleterre s'est rendue coupable envers les Irlandais, que nulle part aujourd'hui dans le monde l'Église catholique ne jouit en fait d'une liberté aussi complète et aussi absolue qu'en Angleterre et en Irlande. Ajoutons, *cum hoc si non propter hoc*, que nulle société au monde n'est plus insultée aujourd'hui que la société britannique par la plupart des journaux catholiques de France, de Belgique et d'Italie, par ceux-là même qui naguère affirmaient que la liberté de l'Église était inséparable dans leur programme de la liberté générale.

(1) 4e chef d'accusation : Excitation à la haine et au mépris des citoyens entr'eux.

que dit l'Angleterre, · et en déduire des conséquences ridiculement alarmantes, tantôt pour la paix du monde, tantôt
pour la sécurité des institutions britanniques, sauf à être
promptement et honteusement démentis par la réflexion et
par les faits.

Disons en passant que le grand mal des gouvernements
absolus, c'est précisément que leurs vices demeurent secrets. Semblables à une plaie qui n'est jamais ouverte,
jamais pansée, jamais réduite, ces vices gagnent et infectent
peu à peu tout le corps social. Au contraire, comme on l'a
dit avec raison, il n'y a jamais de mal irréparable dans un
pays où l'on sait se faire si durement la leçon à soi-même,
sans craindre de blesser l'orgueil national ou d'humilier le
gouvernement. La publicité anglaise, téméraire, imprudente,
grossière, qui souvent compromet en apparence la dignité
du pays, qui peut même compliquer les relations inter-
nationales, est à la fois le pain quotidien des majorités,
le refuge suprême des minorités, le pivot de la vie universelle.

C'est le remède de tous les maux inséparables d'une civilisation aussi avancée, remède douloureux à endurer, mais
salutaire et infaillible, et qui surtout prouve mieux que tout
autre argument l'excellente constitution du patient. Ce remède n'a jamais encore manqué son effet : témoin ce qui
s'est passé lors de la guerre de Russie, et l'état relatif des
deux armées alliées pendant le second hiver de leur séjour
en Crimée. Heureuses les nations qui peuvent ainsi supporter le fer et le feu : ce sont des nations viriles, qui n'ont
rien à envier à personne, et qui n'ont à craindre qu'un excès
de confiance dans leur propre force !

Ce qui précède sert à expliquer comment il n'y a pas de
reproche, pas d'injure, que les Anglais et les Anglo-Indiens
n'aient adressés à leur gouvernement, à leurs généraux, à
la Compagnie des Indes surtout, à cette grande corporation
qui, après cent ans de succès et de prospérité croissante,
s'est vue poursuivie, à la fin de sa glorieuse carrière, par
cette lâche complicité de la nature humaine, dans tous les
pays, avec la fortune, quand celle-ci abandonne ceux qu'elle
a longtemps comblés de ses faveurs. Mais, si l'on pèse la
valeur de toutes ces accusations, si l'on écoute les témoi-

gnages contraires, si l'on consulte surtout les faits dans le passé comme dans le présent, on ne se sent pas disposé à ratifier sur tous les points la sentence prononcée contre elle. L'avenir dira si on a eu raison de profiter de la crise actuelle pour supprimer ce que les Anglais appellent le *double gouvernement,* et pour mettre un terme à la multiplicité des rouages, qui, depuis le fameux bill de Pitt de 1784, n'ont cessé de compliquer l'action britannique dans l'Inde en restreignant de plus en plus l'indépendance de la Compagnie. En attendant, ce serait le comble de l'injustice que de passer condamnation sur toute son histoire.

Assurément elle a commis plus d'une faute, et peut-être plus d'un crime. Elle n'a surtout pas fait tout le bien qu'elle aurait pu faire. Mais je maintiens sans hésiter que la Compagnie des Indes orientales, aujourd'hui défunte, en vertu de l'acte du 2 août 1858, est, de toutes les dominations connues dans l'histoire des colonies du monde ancien et moderne, celle qui a fait les plus grandes choses avec les plus petits moyens, et celle qui, dans un espace de temps égal, a fait le moins de mal et le plus de bien aux peuples soumis à ses lois. Je maintiens qu'elle a délivré les populations indiennes d'un joug en général atroce pour les assujettir à un régime incomparablement plus doux et plus équitable, quoique bien imparfait encore. Elle a consacré à l'amélioration de la race conquise, non pas tous les efforts qu'elle aurait certes dû et pu employer et que des Anglais mêmes lui ont sans cesse demandés, mais cent fois plus de sollicitude et de dévouement qu'aucune des puissances indigènes dont elle a pris la place, ou qu'aucune des nations européennes investies par la conquête d'une mission analogue.

Si l'égoïsme immoral d'une corporation marchande a trop souvent signalé ses débuts dans la Péninsule ; depuis plus de cinquante ans ses chefs et ses principaux agents, les Wellesley, les Malcolm, les Munro, les William Bentinck, ont déployé tout le zèle et toute l'activité qui convenaient à leurs hautes fonctions pour expier les torts de leurs prédécesseurs, et pour forcer tout observateur impartial à reconnaître que dans l'état actuel des choses, la domination britannique est à la fois un bienfait et une nécessité pour les habitants de l'Inde.

Elle n'a su ni corriger ni contenir partout la hauteur, la froideur, l'insolence naturelle des Anglais ; mais elle a constamment·lutté contre les résultats fâcheux de ce mélange d'égoïsme et d'énergie qui, chez la race anglo-saxonne, dégénère trop souvent en férocité, et dont on voit, aux Etats-Unis, de trop nombreux exemples.

Dans les contrées où elle a été investie de la souveraineté territoriale, elle a aboli partout l'esclavage et les corvées : le plus souvent, elle y a respecté tous les droits acquis, et trop souvent même les abus établis avant elle. C'est ainsi que les agents européens, sans cesse trompés par les employés natifs qui leur servent d'intermédiaires forcés avec la population, ont pu être regardés comme complices des moyens atroces et des tortures employés par les percepteurs d'impôts ; mais sans qu'on doive oublier que ce sont des Indiens qui torturaient, tandis que ce sont des Anglais qui ont découvert, dénoncé et châtié les bourreaux indigènes (1).

Dans la question si controversée et encore si incomplétement comprise de la constitution territoriale de l'Hindostan, elle a toujours su empêcher la dépossession des propriétaires du sol par les colons ou les spéculateurs anglais, soit qu'elle ait sanctionné, avec lord Cornwallis, la tenure féodale des grands propriétaires musulmans et hindous dans le Bengale, soit qu'elle ait reconnu et régularisé les droits fonciers des paysans, comme dans les présidences de Bombay et de Madras, ou ceux des communautés rurales, comme dans les provinces du Nord-Ouest.

On reproche surtout à la Compagnie l'empressement qu'elle a mis à annexer à sa domination immédiate des Etats dont elle avait accepté ou conquis la suzeraineté à titre d'alliés ou de vassaux (2). Mais on ne se demande pas assez si elle n'a pas été conduite nécessairement et involontairement, dans la plupart des cas, à absorber ces Etats

____

(1) Voir l'enquête parlementaire de 1855 et de 1856 sur l'emploi de la torture dans l'Inde, volume in-folio. On y voit que pas un Anglais n'a été signalé comme ayant eu une part quelconque à ces atrocités.

(2) Ce grief a été formulé avec beaucoup de force et de lumière dans un discours de sir Erskine Perry à la Chambre des communes, le 18 avril 1856, un an avant l'explosion qui a vérifié ses prédictions.

indépendants. Par tout ce que nous avons nous-mêmes essayé en Algérie, par ce qui s'est passé jusqu'ici en Chine, il est clair que rien n'est plus difficile que de traiter avec les races orientales à titre d'alliés ou d'auxiliaires, et que leur bonne foi ou même leur intelligence se refuse à une autre condition que celle de la guerre ou de la complète sujétion. Tout le monde semble d'accord pour regarder l'annexion récente de l'Oude, sous le gouvernement du marquis de Dalhousie, comme un acte injustifiable qui a fourni un prétexte légitime à l'insurrection des cipayes. On devrait plus justement encore reprocher à l'administration anglaise d'avoir trop longtemps couvert de sa protection les crimes et les excès de la cour de Lucknow et de l'aristocratie des grands feudataires qui écrasait le pays de ses guerres civiles et de ses exactions. Il faut lire, dans l'ouvrage intitulé *Vie privée d'un roi d'Orient,* publié en 1855, le tableau des déportements d'un de ces monstres qui régnaient à Lucknow avant l'*annexion*, et dans le livre du colonel Sleeman, résident à cette cour, les violences et les spoliations quotidiennes qu'avait à subir la population des campagnes par suite des guerres de château à château. Les Anglais n'ont pas pris assez à cœur la responsabilité que leur imposait l'autorité protectrice, la sorte de suzeraineté qu'ils exerçaient depuis 1801, époque où ils occupèrent militairement cet Etat, mais où ils commirent la faute de rétablir la dynastie indigène sous la tutelle d'un résident anglais. Il fallait ou ne se mêler en rien des affaires de ces très-proches voisins, ou ne pas tolérer que les excès et les abus d'autrefois se perpétuassent sous la suzeraineté anglaise. Ce qui paraît certain, c'est que la population est réellement moins maltraitée dans les contrées complétement réunies à la domination anglaise que dans celles où subsistent encore l'autorité nominale des rajahs et des nababs tributaires de l'Angleterre. Toutefois les efforts de la Compagnie pour introduire la régularité et l'universalité des méthodes européennes, si peu d'accord avec les habitudes de l'Orient, quant à l'administration de la justice et quant à l'assiette et à la levée des impôts, l'ont conduite à froisser une foule d'intérêts individuels et à indisposer les masses. Quoique bien moins grevées que sous les princes indigènes, les populations n'en

sont pas moins portées à craindre que l'intérêt de la propriété, telle qu'elles l'entendent et la pratiquent, ne soit
sacrifié et subordonné à l'intérêt du fisc. En outre les gouverneurs généraux, quelquefois malgré la Compagnie elle-
même, paraissent avoir profondément blessé le sentiment
national des races indiennes, en méconnaissant, dans l'ordre
de succession aux trônes des rajahs et des nababs, les titres
des héritiers adoptifs auxquels les lois et les usages immémoriaux attribuent les mêmes droits qu'aux héritiers du sang.

C'est surtout dans l'ordre religieux que les accusations
portées contre la Compagnie semblent injustes et contradictoires. Les uns lui reprochent aigrement de n'avoir rien fait
pour propager le christianisme dans l'Inde; les autres attribuent, au contraire, l'explosion récente au prosélytisme
qu'elle aurait encouragé ou toléré chez les missionnaires et
chez certains officiers animés d'un zèle trop évangélique. Ces
reproches tombent également à faux. Formée dans un but
exclusivement commercial, la Compagnie des Indes n'a
jamais prétendu, comme les conquérants espagnols et portugais, travailler pour la plus grande gloire de Dieu; mais en
revanche elle n'a jamais entrepris d'imposer la vérité par la
force à des peuples fanatiquement attachés à leurs erreurs,
et elle n'a vu disparaître ou s'éteindre aucune des races
soumises à ses lois. Elle a lutté avec lenteur et prudence
contre certains crimes sociaux qui s'identifiaient avec la
religion des Hindous, tels que le sacrifice des veuves, l'infanticide, le *thuggisme;* mais en principe, elle a scrupuleusement respecté la religion de ses sujets. Par son exemple,
plus encore que par des mesures directes, elle a réprimé
l'esprit de prosélytisme aveugle et téméraire qui n'eût servi
qu'à accroître l'antipathie naturelle entre les deux races, et
qui eût pu aboutir aux horreurs trop justement imputées
aux Espagnols du Mexique et du Pérou. Mais, loin d'apporter un obstacle à la prédication de l'Evangile, elle a d'abord
organisé le culte national pour les employés anglicans; puis,
en ouvrant les portes des immenses régions de l'Inde, en
deçà et au delà du Gange, aux chrétiens de toutes les confessions, elle a garanti à tous les efforts du zèle individuel
la liberté qui est le premier et le seul besoin des vrais missionnaires. Ceux qui, parmi nous, font périodiquement l'apo

logie de la révocation de l'édit de Nantes, et qui louent
Charlemagne d'avoir condamné à mort les Saxons assez
osés pour se dérober par la fuite au baptême, trouveront
sans doute qu'il valait mieux égorger les gens en les bapti-
sant, comme l'ont fait les Espagnols en Amérique; mais
l'immense majorité des chrétiens de nos jours sera d'un
autre avis, et nul homme sensé ne fera un crime à la Compagnie des Indes d'avoir suivi dans l'Hindostan le système
que nous suivons nous-mêmes en Algérie, et dont nous
réclamons l'introduction dans l'empire ottoman et en Chine.

Ceux qui reprochent à l'Angleterre de n'avoir pas même
su faire des protestants dans l'Hindostan feraient peut-être
bien de s'informer du nombre des catholiques que nous
avons faits en Algérie. Je vais même trop loin en citant l'Algérie; car, si je suis bien informé, la prédication de la religion catholique aux indigènes et les efforts faits pour les
convertir y rencontrent les plus sérieux obstacles de la part
des autorités civiles et militaires. On n'a pas encore entendu parler, que je sache, de missions catholiques encou-
ragées ou même tolérées par le gouvernement français chez
les Arabes, les Maures ou les Kabyles sujets de la France.
On a fait un crime aux magistrats anglais d'avoir maintenu
des propriétés destinées à l'entretien des rites absurdes et souvent obscènes de l'idolâtrie brahmanique, et d'avoir envoyé
des gardes de police pour veiller au maintien de l'ordre
pendant la célébration de ces cérémonies. Cela n'a plus lieu
dans l'Inde depuis l'acte de 1840; mais c'est précisément
ce que l'administration française se croit obligée de faire en
Afrique, et certes, l'on ne trouvera, sous la plume d'aucun
fonctionnaire anglais, un manifeste aussi complet de sympathie et de protection pour le culte mahométan que le
discours de M. Lautour-Mézeray, préfet d'Alger en 1857,
aux muftis et aux ulémas, où il cite avec effusion le Coran
pour exalter la munificence impériale envers l'islamisme. Je
ne me souviens pas d'avoir lu un seul mot de critique sur
ce discours dans les feuilles françaises les plus prodigues
d'invectives contre la complicité prétendue des Anglo-Indiens
avec le culte de Jaggernauth (1).

____

(1) Une proclamation infiniment curieuse, publiée à Bareilly par l'un des

Le nouveau secrétaire d'Etat de l'Inde, lord Stanley, fils du premier ministre, a solennellement annoncé que le gouvernement métropolitain, aujourd'hui investi, sous le contrôle du parlement, de toutes les attributions de l'ancienne Compagnie, persisterait dans les errements de celle-ci sur la question religieuse. Dans l'entrevue officielle qu'il a eue avec les délégués des missions protestantes, le 7 août 1858, il a déclaré qu'en laissant toute liberté aux missionnaires, le pouvoir garderait la neutralité religieuse la plus loyale et la plus complète, en maintenant l'égalité devant la loi entre les personnes de toutes les religions (1).

Que peut-il y avoir de plus favorable aux progrès du catholicisme dans l'Inde que ce système? Quelle concurrence a-t-il à craindre, puisqu'il paraît constant que la distribution des Bibles, à laquelle se borne la propagande protestante, n'a encore produit que des résultats illusoires? N'est-il pas évident que, si le gouvernement intervenait d'une façon plus directe, il ne le pourrait faire qu'au profit de l'anglicanisme? Ce qu'il faut demander, c'est qu'il exécute sincèrement ce programme et qu'il mette un terme à l'injustice flagrante qui a longtemps régné dans la rétribution respective des aumôniers catholiques et protestants attachés aux différents corps d'armée, et dans les facilités accordées au service religieux des prisons et des écoles régimentaires. Mais ici encore, quand on oppose les faveurs pécuniaires conférées aux écoles et aux églises anglicanes avec l'aban-

principaux chefs insurgés, le 17 février 1858, fait, dans le but d'encourager les indigènes à la résistance, une énumération détaillée de tout ce que les Anglais auraient dû faire, s'ils avaient voulu empêcher à jamais toute révolte. Ils auraient dû, selon ce document, anéantir les races des anciens rois et des nobles, brûler tous les livres de la religion, dépouiller les anciens princes du dernier *biswa* de terre, ne pas laisser d'armes aux Indiens, ne pas leur enseigner l'usage du canon, *renverser toutes les mosquées et tous les temples hindous, interdire la prédication aux brahmines, aux fakirs musulmans ou hindous*, obliger les naturels à se faire marier par des prêtres anglais, à se faire traiter par des médecins anglais, et enfin ne pas tolérer d'autres sages-femmes que des Anglaises. Si les Anglais avaient pris ces mesures, dit la proclamation, les indigènes seraient restés soumis pendant dix mille ans. Mais, ajoute-t-elle, c'est ce qu'ils comptent faire dans l'avenir, et c'est pourquoi il faut les extirper à jamais de notre sol. On trouve dans le *Times* du 17 mai ce code de la persécution, manifeste unique dans son genre, qui n'énumère contre les tyrans étrangers que les griefs qu'ils n'ont pas commis.

(1) La proclamation de la Reine, publiée à Calcutta, le 1er novembre, sanctionne solennellement la promesse d'une liberté religieuse pleine et entière.

don où sont laissées les œuvres catholiques, on oublie que
les établissements anglais dans l'Inde ont été fondés dans
un temps où les catholiques gémissaient dans la mère patrie
sous d'odieuses lois d'exclusion, tout comme les protestants
en France. Les uns et les autres n'ont dû leur émancipation qu'au principe tout moderne de la liberté de conscience.
La Compagnie des Indes a eu le mérite de reconnaître ce
principe dans l'Hindostan avant même qu'il eût triomphé
en Angleterre. Quoique exclusivement composée de protestants, jamais elle ne s'est opposée à la prédication catholique. Aujourd'hui, on lui demande, et avec raison, non-
seulement la liberté, mais l'égalité des divers cultes, et on
y arrive graduellement. Le gouvernement anglais est déjà
entré dans cette voie équitable ; dès 1857 la Compagnie avait
doublé le traitement des chapelains militaires catholiques,
et, par arrêté du 24 juin 1858, émanant du duc de Cam-
bridge, commandant en chef de l'armée anglaise, il est créé
dix-neuf places nouvelles d'aumôniers catholiques pour
l'armée, avec des traitements identiques à ceux des aumôniers protestants. Une circulaire du général Peel, secrétaire
d'Etat de la guerre, du 23 juin 1858, introduit dans le régime des écoles régimentaires des réformes précieuses et
qui pourraient servir de modèle en Prusse et dans d'autres
pays mixtes. Mais, en dehors de ces faveurs qui ne sont que
des actes de justice, les progrès de la religion catholique
dans l'Inde sont depuis longtemps identifiés au maintien et
à l'existence de la domination britannique, par le seul fait
de la liberté qu'elle assure à la prédication évangélique et
de l'ascendant qu'elle exerce au profit des Européens et de
leurs idées même dans les pays qui ne lui sont pas soumis.
Supposons les Anglais expulsés de l'Inde et ce pays replacé
sous le joug des princes musulmans et hindous rétablis ; n'est-
il pas évident qu'il faudrait y aller bientôt protéger nos
missionnaires à coups de canon, comme on vient de le faire
en Chine et en Cochinchine ? « Notre espoir de succès était
» dans le prestige que la puissance anglaise exerçait sur les
« pays que nous devions traverser. » écrit un mission-
naire français au moment de partir pour le Thibet, le 16 juillet 1857 (1). Les nombreux évêchés catholiques établis dans

(1) *Annales de la Propagation de la foi.* Novembre 1857.

la péninsule hindostanique depuis la conquête anglaise
témoignent d'ailleurs, plus haut que tout autre argument,
de l'importance des services rendus (1) par cette conquête à
la vraie foi. Si l'on consultait la congrégation de la Propagande, à Rome, on saurait d'elle combien les pontifes et les
missionnaires ont à se louer de la liberté absolue dont ils
jouissent dans les Etats de la Compagnie, toutes les fois
qu'ils ne sont pas en contact avec les difficultés qui pro-
viennent de l'ancien patronat de la couronne de Portugal et
de ces concessions trop généreuses faites naguère par le
Saint-Siége à un Etat catholique, dont l'esprit de chicane
et d'envahissement ne date pas d'aujourd'hui, mais remonte
au temps des premiers établissements et forme un si triste
contraste avec le titre de *Très-Fidèle* décerné par les papes
à la royauté portugaise. Les détracteurs jurés de la liberté
moderne, les admirateurs rétrospectifs des monarchies
orthodoxes et absolues, ne trouveront rien dans les annales
du gouvernement anglo-indien qui rappelle, même de très-
loin, les dix ans de prison infligés à Goa aux vicaires apos-
toliques envoyés par Urbain VIII au Japon, ni la *peine de
mort*, qui existait encore vers 1687, contre tous ceux qui
essaieraient de pénétrer en Chine sans l'autorisation préa-
lable du gouverneur de Macao (2).

D'ailleurs, les insurgés indiens, moins éclairés sans doute
que leurs protecteurs de Paris et de Turin, n'ont fait aucune
distinction entre les catholiques et les protestants : à Delhi,
à Agra, à Cawnpore, ils ont saccagé nos couvents et égorgé
nos missionnaires tout comme s'ils étaient anglicans (3), et

---

(1) Le dernier relevé donne, dans les possessions anglaises de l'Inde, un
total de 19 Evêques, 780 prêtres et 764,349 catholiques. *Tablet* du 25 septembre 1858.

(2) Voir F de Champagny, le *Correspondant*, t. XIX, juillet 1847. Le
P. Bertrand, *Mission du Maduré*, p. 321. Mgr. Luquet, *Lettres sur l'état des
missions*, dans l'*Université catholique*, t. XXXI, p. 240. Léon Pagès, *Une
Question catholique aux Indes et dans la Chine*, dans l'*Ami de la Religion*,
juillet 1858.

(3) Mgr. Persico, vicaire apostolique d'Agra, a raconté à l'assemblée générale des conférences de Saint-Vincent de Paul, tenue à Paris le 19 juillet
1858, que, dans son seul vicariat, les insurgés avaient détruit une cathédrale
magnifique, vingt-cinq églises, deux colléges, deux orphelinats, cinq couvents
de religieuses, des pensionnats, des externats, des asiles, etc. On peut voir
par cette seule énumération si la domination anglaise a été nuisible à la propagation du catholicisme, car pas un de ces établissements n'était antérieur
à la conquête britannique.

ceux-ci avaient mérité ce sort par le dévouement infatigable et la généreuse charité qu'ils avaient prodigués aux blessés et aux malades des deux confessions (1).

Ce qui est certain, c'est que dans tout ce déluge d'accusations portées contre l'administration britannique par la presse métropolitaine et étrangère, et surtout par le journalisme indien, qui ne ménage personne et ne se tait sur rien, nul n'a encore signalé, dans les temps qui ont immédiatement précédé l'explosion de la révolte, un seul acte de cruauté, de corruption ou de perfidie qui puisse être imputé individuellement à un fonctionnaire anglais, soit civil, soit militaire. Ainsi s'explique un fait de la plus haute importance, et qui suffit à lui seul pour absoudre la domination anglaise. Depuis bientôt dix-huit mois que dure l'insurrection, elle est restée purement militaire ; la population civile n'y a pris aucune part sérieuse. Sauf dans quelques rares localités, elle a refusé tout concours aux insurgés (2), malgré les occasions, les tentations nombreuses que lui offraient les désastres partiels des Anglais et le nombre si restreint de leurs troupes. Loin de là ; on sait que c'est encore maintenant au concours des princes indiens et d'auxiliaires empruntés à des races différentes de celles qui composent l'armée du Bengale que l'Angleterre doit d'avoir pu lutter victorieusement contre les insurgés. La révolte a été exclusivement l'œuvre des cipayes enrégimentés de la Compagnie : et là encore on ne cite pas le moindre acte de rigueur ou de violence de la part des chefs militaires anglais qui ait pu provoquer la révolte. Pour les soulever, il a fallu

(1) Voir le touchant témoignage rendu par le chapelain de la garnison protestante de Delhi au P. Bertrand : « Les services et les sacrifices du » P. Bertrand vivront dans la mémoire de l'armée anglaise, jusqu'au dernier » jour du dernier survivant de cette armée. » *The chaplain's narrative of the siege of Delhi*, by John Rotton. M. A. Diverses correspondances de Cawnpore et autres lieux, dans le *Times*, rendent les mêmes hommages aux aumôniers catholiques, attachés aux troupes anglaises.

(2) C'est ce que reconnaît avec loyauté le *Tablet*, journal irlandais, très-hostile à l'Angleterre, et qui, tout en reprochant à la Compagnie des fraudes, des excès et des abus innombrables, ajoute : « L'avenir ne voudra pas croire » qu'une révolte de soldats payés par la Compagnie, lui ayant juré fidélité, et » qui ont débuté par égorger leurs officiers, par massacrer des femmes et des » enfants, dans le but avoué d'extirper le christianisme dans l'Inde, ait pu » inspirer à certains journaux des sentiments de sympathie et d'admiration. » 31 juillet 1858.

avoir recours à des fictions dont aucune n'implique la dureté ou l'injustice des officiers anglais, mais qui roulaient exclusivement sur les prétendus dangers que couraient la foi religieuse et les usages traditionnels des cipayes. Leur crédulité à cet égard est d'autant plus inexplicable, que les observateurs les plus compétents sont unanimes à reconnaître que les Anglais avaient poussé au-delà de toute limite les ménagements pour les préjugés de caste et la supériorité orgueilleuse des brahmines qui formaient la majorité dans les régiments du Bengale. L'indulgence, la partialité pour les Indiens avaient été portées au point de faire supprimer, dans toute l'armée indigène, les punitions corporelles qui subsistent encore pour les troupes anglaises et dont il a été fait un usage si révoltant en Europe, lors de l'insurrection des îles Ioniennes, en 1849, à l'époque même où les ouvriers de Londres poursuivaient de leurs insultes le général autrichien Haynau, à qui ils reprochaient d'avoir fait fouetter des femmes en Hongrie. (1).

Après avoir fait cette large part à l'apologie d'un grand peuple injustement décrié, parce qu'il a l'honneur à peu près unique de représenter la liberté dans l'Europe moderne, il convient de témoigner la juste indignation que doit soulever l'excessive rigueur des châtiments infligés par les Anglais aux insurgés vaincus et prisonniers. Je sais tout ce qu'on peut dire pour excuser des représailles trop légitimes contre des sauvages coupables des excès les plus monstrueux envers tant d'officiers surpris, désarmés, et surtout envers tant de nobles femmes, de pures jeunes filles et de pauvres petits enfants égorgés par centaines sans que rien ait pu provoquer de telles horreurs. Je comprends le cri de ralliement des montagnards écossais montant à l'assaut : *Souvenez-vous des dames et des enfants* (2). J'admets

---

(1) Quant aux motifs qui ont pu amener le soulèvement des musulmans, incorporés en même temps que les brahmines dans l'armée anglaise, il est difficile de les trouver ailleurs que dans cette recrudescence universelle de fanatisme mahométan qui ébranle partout l'empire ottoman, qui a produit les massacres de Djeddah, de Candie, de Gaza, et qui éclate aux portes mêmes des pays les plus civilisés de la chrétienté, en Bosnie et en Herzégovine, à deux pas de Venise et de Vienne.

(2) *Remember the ladies, remember the babies.*

encore que les sévérités exercées sur des soldats pris les
armes à la main, tous volontaires et engagés par un serment spontané à respecter les chefs qu'ils ont massacrés,
ne sauraient se comparer aux supplices infligés à des
peuplades innocentes et hospitalières par les conquérants du nouveau monde, ni même aux rigueurs décrétées
par nos généraux français de l'Empire contre les populations de l'Espagne et du Tyrol (1), engagées dans la plus
légitime des insurrections ; bien moins encore aux horreurs
exercées dans la Vendée par les bourreaux de la Convention.
Mais je n'en demeure pas moins convaincu que la juste mesure de la répression a été dépassée, et que ces exécutions
en masse des cipayes vaincus, systématiquement continuées
après la première ébullition de la douleur indignée par des
atrocités inouïes, imprimera une tache indélébile sur l'histoire de la domination anglaise dans l'Inde. Ce n'est plus de
la justice, c'est de la vengeance. Un peuple vraiment libre
doit laisser le triste privilége de la cruauté à des esclaves
révoltés. Un peuple chrétien doit savoir qu'il lui est à la fois
interdit et impossible de lutter par des supplices avec les
races infidèles. Il appartient aux *gentlemen* anglais qui dirigent les opérations militaires et politiques entre l'Indus
et le Gange, de savoir résister aux odieuses excitations de
la presse anglo-indienne. Ils ont devant eux l'exemple de ce
généreux Havelock qui dans la proclamation adressée aux
soldats qu'il menait contre les égorgeurs de Cawnpore, déclare qu'il ne convient pas à des soldats chrétiens de
prendre des bourreaux païens pour modèles.

Ce nom de Havelock rappelle et résume toutes les
vertus qu'ont déployées les Anglais dans cette lutte
gigantesque, et que ternirait sans retour la persévérance
obstinée d'une trop cruelle répression. Havelock, personnage d'une grandeur antique, semblable par les plus

---

(1) Par exemple l'ordre du jour du 15 mai 1809, publié par le maréchal duc
de Dantzig contre les insurgés tyroliens, qui décrète, au nom de l'Empereur
Napoléon, *protecteur de la religion*, que tout Tyrolien pris les armes à la main
sera fusillé ou pendu, et que, dans toute commune ou canton où l'on trouvera
un soldat mort, toutes les habitations seront incendiées, et les principaux habitants pendus à l'arbre le plus voisin. Le texte se trouve dans *Mayer, der
Mann von Rinn*. Innspruck, p. 84.

beaux côtés et les plus irréprochables aux grands puritains du dix-septième siècle, arrivé aux portes de la vieillesse avant d'avoir brillé, jeté subitement aux prises avec un péril immense et des moyens insignifiants pour le dompter, vient à bout de tout par son religieux courage, atteint d'un seul coup la gloire et cette immense popularité qui retentit partout où se parle la langue anglaise ; puis meurt avant d'en avoir joui, préoccupé surtout, à ses derniers instants, comme il l'avait été toute sa vie, des intérêts de son âme et de la propagation du christianisme dans l'Inde, et disant à son fils accouru pour recevoir son dernier soupir : « Il y a quarante ans que je me prépare à ce jour... La mort est un gain. » Il figure dignement à la tête d'un groupe de héros qui se sont montrés à la hauteur de toutes les difficultés, de tous les dangers, de tous les sacrifices. Parmi eux, l'Angleterre reconnaissante aime surtout à nommer Nicholson, Wilson et Neil, aussi enlevés au milieu de leurs victoires vengeresses ; sir Henry Lawrence, le premier des héros de Lucknow, et celui dont l'énergie a sauvé les récentes conquêtes du Nord-Ouest ; enfin, pour ne parler que des morts, le capitaine Peel, ce jeune et noble fils du grand sir Robert, aussi vaillant sur terre que sur mer, dont la perte prématurée a été une sorte de deuil national. Victimes d'une lutte engagée entre la civilisation et la barbarie, ils ne sont étrangers à aucun peuple chrétien : tous peuvent les admirer sans restriction et sans réserve. Ils font honneur à l'espèce humaine.

Et ce ne sont pas seulement ces noms hors ligne qu'il faut admirer ; c'est l'ensemble de la conduite de cette poignée d'Anglais, surpris au milieu de la paix et de la prospérité par la plus épouvantable et la plus imprévue des catastrophes. Pas un n'a faibli ou tremblé devant les bourreaux : tous, civils et militaires, jeunes et vieux, chefs et soldats, ont résisté, ont combattu, ont péri avec un sangfroid et une intrépidité qui ne se sont jamais démentis. C'est là qu'éclate l'immense valeur de l'éducation publique, telle que nous l'avons signalée ici même, qui appelle dès l'adolescence le jeune Anglais à user de sa force et de sa liberté, à s'associer, à résister, à ne rien craindre, à ne s'étonner de rien et à se tirer d'affaire par lui-même de

tous les mauvais pas de la vie. Mais de plus les Anglaises,
condamnées à partager les souffrances, les angoisses, et en
si grand nombre, la mort atroce de leurs pères et de leurs
époux, ont montré le même héroïsme chrétien. Le massa-
cre de Cawnpore, où, avant d'être égorgés, hommes et femmes, garottés, obtiennent pour grâce unique d'écouter à
genoux les prières de leur liturgie lues par le chapelain qui
devait périr avec eux, semble une page arrachée aux actes
des premiers martyrs. On aime à rapprocher cette scène du
jour de *jeûne et d'humiliation nationale*, ordonné par la
Reine, et universellement observé le 7 octobre 1857, où
l'on eut le noble spectacle d'un peuple entier prosterné devant Dieu pour lui demander grâce et miséricorde. C'est
dans de tels exemples et dans de tels souvenirs, et non dans
les révoltants et puérils excès d'une répression sanglante,
que l'Angleterre doit puiser la force de résister à ses ennemis et la certitude de les dompter.

IV

Dans ce qu'on vient de lire, je n'ai prétendu ni tout expliquer ni tout justifier dans les récents événements de
l'Inde : je n'ai pas voulu juger le passé, encore moins inspirer sur l'avenir de cet empire une sécurité que je suis
loin de partager. J'ai voulu seulement exprimer mes propres
impressions sur un ordre de faits et d'idées dont il est impossible de ne pas se préoccuper quand on porte quelque
intérêt aux destinées de la liberté et de la justice ici-bas.
Elles serviront d'ailleurs à expliquer les dispositions avec
lesquelles j'ai assisté au principal débat parlementaire qui
ait eu l'Inde pour objet pendant la dernière session.
    On était aux premiers jours de mai. Deux mois s'étaient à
peine écoulés depuis l'avénement du nouveau ministère
présidé par lord Derby, et la chute si imprévue de lord
Palmerston. On sait quelles en ont été les causes. A l'horreur universelle excitée, en Angleterre comme partout, par
l'exécrable attentat du 14 janvier, avait succédé une vive
irritation produite par les démarches du gouvernement
français et par divers documents insérés au *Moniteur*, qui

semblaient rendre la société anglaise, où il n'y a aucune police politique, responsable des préparatifs d'un crime que
toute la puissance et la vigilance de la police française
n'avaient pu prévenir. Le gouvernement du Roi Louis-Philippe aurait eu tout aussi bonne grâce à rendre l'Angleterre
responsable, en 1840, de l'expédition de Boulogne. Nous
croyons pouvoir parler de cet incident d'autant plus librement que notre gouvernement, avec une sagesse qui l'honore, a depuis spontanément renoncé à insister sur les points
qui l'inquiétaient alors (1). Le droit d'asile est regardé par
le peuple anglais comme une de ses gloires nationales : et
ce peuple est celui de tous qui est le moins disposé à sacrifier un droit à l'abus qu'on en peut faire. Ce droit avait
d'ailleurs servi aux Français de toutes les opinions et de
tous les partis, à travers les révolutions nombreuses qui ont
déchiré la France moderne : il avait surtout servi aux diverses dynasties qui ont passé sur la France, et le souverain
actuel en avait usé avec plus de liberté que personne. On
savait donc mauvais gré à lord Palmerston et à ses collègues de la sorte de condescendance qu'ils avaient mise à
répondre aux exigences impériales. On entendait retentir
dans le pays le vieux cri de ralliement des luttes de la couronne d'Angleterre contre la papauté du moyen âge : *No-
lumus leges Angliæ mutari.* Bien que la Chambre des Communes eût voté en principe un projet, d'ailleurs parfaitement raisonnable et légitime, destiné à faciliter l'application
de la pénalité légale contre les auteurs et complices des
crimes commis à l'étranger, cette assemblée ne put résister
au courant de l'opinion publique, et le 19 février elle
adopta un vote de censure dirigé contre la conduite des
relations diplomatiques entre les deux pays. Sous le coup
de ce blâme solennel lord Palmerston dut se retirer avec
tous ses collègues.

Mais ce serait se tromper étrangement que de chercher
dans ce différend éphémère entre la France et l'Angleterre
les véritables causes de la chute d'un ministre qui avait joui
jusqu'alors d'une si longue et si puissante popularité. Ces

____

(1) Voir, sur ce sujet délicat, le discours de M. le comte de Persigny, au
conseil général de la Loire, inséré au *Moniteur* du 29 août 1858.

causes remontent plus haut et sont à la fois plus honorables
et plus naturelles. Avec une popularité ancienne et enraci-
née, après une grande guerre promptement et heureusement terminée sous ses auspices, après une dissolution toute
récente de la Chambre des Communes qui lui avait donné
raison, sur la question chinoise, contre la formidable ligue
de ses adversaires, et l'avait replacé à la tête d'une majorité
plus considérable que jamais, on devait le croire maître
assuré du pouvoir pendant de longues années encore. Mais
la hauteur où il s'est trouvé semble l'avoir étourdi. Longtemps courtisan avisé de l'opinion publique et de ses caprices, on eût dit qu'il se croyait libre désormais de la dédaigner et même de la braver. Quoi qu'il eût toujours réussi
à conquérir l'appui de la majorité des Communes pour sa
politique extérieure, il n'en avait pas moins suscité dans une
foule d'esprits libéraux et sensés une vive et croissante antipathie pour cette politique taquine et tapageuse, sans
dignité et sans logique, tantôt affectant pour la liberté un
zèle qui ne recule devant aucune sympathie révolution-
naire, tantôt adorant et adulant la monarchie absolue : politique qui a certainement fait plus de mal à la bonne renommée de l'Angleterre que toutes les injures de ses
détracteurs. A ces mécontements si justement provoqués
par sa politique étrangère, venaient se joindre ceux que
produisait son indifférence dédaigneuse à l'égard de la plupart des réformes intérieures qui préoccupent les nouveaux
partis. Comme il arrive trop souvent aux hommes d'Etat
vieillis dans l'exercice du pouvoir, il s'était habitué à se
passer de toute autre supériorité que la sienne, à ne s'en-
tourer que d'honnêtes et dociles médiocrités, et se figurait
que la quantité de ses adhérents le dédommagerait toujours
assez de leur qualité. Il n'appelait guère aux fonctions
publiques que les membres d'une coterie de famille et de
parti dont le public se montrait las depuis longtemps, et
dont le premier ministre semblait prendre plaisir à rétrécir
chaque jour la circonférence. — Enfin, cette bonne humeur
constante, cette jovialité cordiale, cette gaieté de bon ton et
de bon aloi, par laquelle il éblouit et fascine dans la vie
privée, et qui lui a rendu tant de services dans les débats
publics les plus épineux, semblait à son tour l'abandonner.

On eût dit qu'il prenait plaisir à irriter ses adversaires et à inquiéter ses amis, par le ton arrogant et sarcastique de ses réponses aux interpellations législatives. On affirme que rien n'a plus contribué à augmenter la majorité qui s'est formée à l'improviste contre lui que l'ironie méprisante qu'il avait opposée quelques jours avant le vote de censure à la question soulevée par M. Stirling (1) sur le legs fameux de l'empereur Napoléon Ier au soldat Cantillon accusé d'assassinat sur le duc de Wellington. Toutes ces causes réunies, grandes et petites, ont fini par amoindrir et ébranler l'ascendant que s'était conquis lord Palmerston par sa rare capacité, son infatigable ardeur, son éternelle jeunesse, son patriotisme incontesté. Tout semblait solide et intact au dehors dans cette grande position : elle était cependant minée au fond de beaucoup d'esprits ; un choc imprévu et instantané a suffi pour qu'elle s'écroulât. Les faits que je vais raconter ont rendu cette ruine beaucoup plus complète et plus durable qu'elle n'avait d'abord paru.

En effet, ni lord Palmerston ni le public ne croyaient à une défaite définitive. Lord Derby avait été investi du mandat de former un nouveau ministère, en sa qualité de chef de cet ancien parti conservateur qui ne s'est jamais relevé du coup qu'il s'est porté à lui-même en refusant de suivre sir Robert Peel dans la voie du progrès légitime, et qui n'a reconquis la majorité ni dans le pays ni dans le parlement. Mais lord Derby avait un état-major qui avait déjà fonctionné tant bien que mal pendant quelques mois en 1852, et qu'il avait eu soin de renforcer par des éléments plus jeunes, plus actifs et plus intelligents, de façon à présenter un front de bataille beaucoup plus intéressant et plus imposant que les collègues tant soit peu usés de lord Palmerston. A côté d'orateurs puissants tels que M. Disraëli et lord Ellenborough, et d'administrateurs laborieux et populaires tels que sir John Pakington, et M. Walpole, on y voyait briller surtout le jeune fils de lord Derby, lord Stanley, en qui tous les partis semblent d'accord pour saluer le chef futur et

(1) M. William Stirling, membre du parlement, est honorablement connu dans le monde littéraire par son ouvrage sur la Vie claustrale de Charles-Quint, qui a précédé les publications de M. Miguet, de M. Gachard et de M. Pichot sur cet intéressant sujet.

populaire d'un grand parti nouveau et d'un grand ministère de conciliation et d'action. Toutefois, et malgré les débuts assez heureux du nouveau ministère, son existence ne pouvait être regardée comme assurée. La majorité qui avait renversé lord Palmerston n'était composée que pour les deux tiers environ de partisans de lord Derby ; l'autre tiers comprenait, outre les brillantes et trop rares individualités qui portent le nom de *peelites,* tous les *libéraux indépendants* et surtout les radicaux, beaucoup plus avancés en politique que les *whigs* ordinaires de l'armée de lord Palmerston, et à plus forte raison que les tories rangés derrière lord Derby. Cette majorité pouvait bien supporter quelque temps un gouvernement né du vote qu'elle avait rendu : mais elle ne lui avait promis aucun concours durable. Lord Palmerston et ses amis comptaient sur les dissentiments prochains et sur la prompte lassitude que ne pouvait manquer d'engendrer une telle situation. Ils n'attendaient qu'une occasion favorable pour se remettre en ligne et pour reconquérir une position temporairement compromise par des fautes faciles à réparer, mais qu'on saurait bien consolider en profitant de la leçon reçue. Cette occasion ne tarda pas à se présenter, aussi éclatante et aussi favorable que possible.

Lucknow, la capitale du royaume de l'Oude, venait enfin de succomber aux armes britanniques. L'attention de l'Angleterre était fixée depuis longtemps sur cette grande ville, où six cents Anglais et deux cents Anglaises, assiégés dans un palais à peine crénelé par soixante mille égorgeurs et une population hostile de cent cinquante mille âmes, avaient donné pendant quatre mois l'exemple d'un courage aussi héroïque et plus triomphant que celui des défenseurs de Saragosse. Délivrés par Havelock, ils n'avaient pu conserver la forteresse immortalisée par leur valeur, et il avait fallu qu'une nouvelle armée, commandée par sir Colin Campbell, vînt arracher aux révoltés cette ville à la fois citadelle et capitale de l'insurrection (1). La prise de Lucknow semblait devoir assurer la soumission entière du royaume d'Oude,

---

(1) Nous renvoyons pour les détails du siége de Lucknow à l'excellente description qu'en a donnée M. Forgues dans la *Revue des Deux-Mondes*, 1er et 15 juillet 1858.

dont la réunion aux Etats immédiatement gouvernés par la
Compagnie avait été regardée comme la principale raison
de l'insurrection, grâce au mécontentement que cette mesure avait inspiré au grand nombre de cipayes originaires
de ce pays et volontairement engagés dans l'armée du Bengale. Pour assurer cette soumission, le vicomte Canning,
gouverneur général de l'Inde, crut devoir publier une proclamation, en date du 14 mars 1858, qui prononçait, sous
le nom de réunion au domaine britannique, la peine de la
confiscation absolue de tout droit de propriété appartenant
aux Talookdars (1), aux chefs et aux propriétaires fonciers
du royaume d'Oude, à l'exception de six d'entre eux, nom-
mément désignés, qui avaient secondé les autorités anglaises
pendant la révolte. Il se réservait de restituer tout ou partie
des biens ainsi confisqués à ceux qui feraient preuve d'une
prompte soumission et d'un concours empressé aux efforts
du gouvernement pour le rétablissement de l'ordre et de la
paix.

Un acte pareil était de nature à blesser profondément
non-seulement les intérêts les plus chers d'une population
indigène de cinq millions d'âmes, mais encore la conscience
publique de l'Angleterre, tardivement, mais profondément
convaincue que le respect du droit de propriété est la base
de tout droit social. On devait surtout s'étonner de le voir
émaner de lord Canning, qui, surpris, dès la seconde année
de son administration, par l'explosion de la révolte la plus
imprévue et la plus formidable qu'on ait jamais vu éclater
contre une domination étrangère, s'était montré jusque-là
supérieur aux terribles difficultés de sa situation, et avait
résisté, avec la constance la plus noble et la plus chrétienne, aux excitations sanguinaires des Anglais de Calcutta
contre les rebelles et contre les Hindous en général. La
presse anglo-indienne, exaspérée par la modération in-
flexible du gouverneur général, lui avait infligé, en guise
de sobriquet injurieux, le surnom de *Clémence* et ne le désignait plus que comme lord Clémence Canning. Et c'était

(1) Ce sont les grands feudataires du pays ; ils paraissent avoir été origi-
nairement les fermiers généraux du fisc qui se sont rendus héréditaires et propriétaires du sol, comme les *judices* et les *comites* du Bas-Empire et des temps
antérieurs à la féodalité occidentale.

lui qui venait aujourd'hui décerner contre un peuple en masse ce châtiment aussi impolitique qu'excessif, aussi inique par son application universelle que par sa cruelle réversibilité sur la postérité des coupables et des innocents!

Aussi, à peine connue à Londres, la proclamation excita une émotion générale qui se traduisit, dès le jour même de sa publication (6 mai), par une interpellation qu'adressa M. Bright au chancelier de l'Échiquier, M. Disraëli. Celui-ci répondit que le gouvernement avait déjà exprimé à lord Canning une improbation formelle et totale de la mesure en question. Mais, dès le surlendemain, l'attention publique fut de nouveau absorbée par l'apparition, dans un journal de Londres, d'un document encore plus étrange et plus saisissant. C'était la dépêche par laquelle le comte d'Ellenborough, président du bureau de contrôle, c'est-à-dire ministre au département de l'Inde, avait, dès le 19 avril, signifié au gouverneur général le blâme solennel du pouvoir métropolitain (1).

Lord Ellenborouh, lui-même ancien gouverneur général des Indes, où il s'était signalé par la conquête des vastes provinces du Scinde et du Gwalior, avait été destitué par les directeurs de la Compagnie, qu'avaient inquiétés l'ardeur de son ambition et l'imprudence de son langage officiel. C'est, je crois, le seul exemple de l'usage qu'ait fait la Compagnie de ce *veto* suprême qui lui était réservé à l'égard du vice-Roi des Indes, dont la nomination appartient, depuis 1784, à la couronne. Rival de lord Derby par son talent oratoire et l'un des personnages considérables de son ministère, lord Ellenborough a toujours conservé une indépendance d'allures et une brusquerie de parole qui l'ont fait redouter de ses alliés autant que de ses adversaires. Ceux qui ont eu la bonne fortune de le rencontrer dans le monde, en même temps que lord Canning, peuvent juger que jamais constraste ne fut plus complet que celui du caractère

____

(1) Cette dépêche émanait officiellement du comité secret de la cour des directeurs de la Compagnie des Indes, mais ce comité n'agissait que sous les ordres et sous la responsabilité du ministre. Toutes ces complications d'attributions ont disparu par suite de la suppression récente de la Compagnie des Indes comme autorité gouvernementale.

et de l'attitude de ces deux vice-Rois. Ils appartiennent d'ailleurs tous deux à l'histoire, qui a rarement enregistré un document plus significatif que la lettre de l'un des deux à l'autre :

« Nous appréhendons, lui écrit-il, que votre décret, qui déshérite tout un peuple, opposera des difficultés presque insurmontables au rétablissement de la paix... Les propriétaires fonciers de l'Inde sont aussi attachés au sol qu'ont occupé leurs ancêtres et aussi susceptibles à l'endroit de leurs droits personnels que les possesseurs territoriaux de n'importe quel autre pays. Quelles que soient vos intentions ultérieures, votre proclamation semblera priver la masse du peuple de tout espoir quant à l'objet qui doit leur être le plus cher, tandis que la substitution de notre autorité à celle de leur souverain indigène a naturellement excité contre nous tout ce qu'ils peuvent avoir de sentiment national. »

Puis, dans une série de paragraphes qui ne paraissent pas avoir été destinés à une publicité immédiate, le ministre blâme sans détour l'annexion du royaume d'Oude, opérée par le gouvernement anglais sous lord Dalhousie, ainsi que les mesures fiscales qui avaient suivi cette incorporation. Il en conclut que la guerre faite dans l'Oude a plutôt le caractère d'une guerre légitime et régulière que d'une rébellion, et que, par conséquent, les habitants de ce pays doivent plutôt être traités avec indulgence que soumis à la pénalité la plus rigoureuse qui puisse être infligée à un peuple conquis.

La dépêche se terminait ainsi :

« Il y a des conquérants qui, après avoir triomphé d'un pays insurgé, ont réservé un petit nombre d'individus comme dignes de châtiment, mais ont généreusement et politiquement pardonné à la généralité des habitants. Vous avez suivi une autre voie : vous avez réservé l'indulgence pour le petit nombre, et vous avez frappé la masse des habitants de la peine la plus cruelle. Nous ne pouvons nous empêcher de croire que les antécédents que vous n'avez pas jugé à propos de suivre paraîtront plus sages à la postérité que l'exemple que vous aurez vous-même donné. — Nous désirons que vous mitigiez dans la pratique la sévérité du décret de confiscation que vous avez émis contre les propriétaires fonciers de l'Oude. Nous désirons que l'autorité anglaise dans l'Inde repose sur l'obéissance d'un peuple satisfait. Il n'y a pas de satisfaction possible là où règne la confiscation. Il n'y a pas de force au monde qui puisse faire durer un gouvernement dans un pays dont la population est exaspérée par le sentiment de l'injustice ; et, *quand même cette force existerait, il faudrait désirer qu'elle ne pût jamais réussir.* »

L'histoire, j'en suis convaincu, donnera raison à l'auteur de ces nobles paroles; elle dira aussi que celui à qui elles ont été adressées était digne de les comprendre et de les appliquer. Mais la politique n'est pas toujours d'accord avec l'histoire, et la justice même devait exiger que cette solennelle et mémorable réprimande ne fût pas envoyée à sa destination, ni surtout livrée à la publicité, avant que le haut fonctionnaire qu'elle incriminait eût pu justifier ou expliquer sa conduite. Aussi y eut-il une explosion subite de surprise et de mécontentement. Tout le monde comprit qu'il y avait au moins une souveraine imprudence à désavouer ainsi, pendant que la guerre durait encore dans l'Oude, toute la politique antérieure relativement à cette contrée, et à paralyser par une improbation publique l'autorité du représentant suprême de la puissance britannique dans l'Inde. Le public fut en outre froissé par la forme hautaine et quelque peu emphatique dont lord Ellenborough avait revêtu sa censure. Ce genre est l'antipode du style simple et sec qu'affectent les Anglais dans leurs documents officiels. Il contribua beaucoup à soulever les esprits contre l'auteur de la dépêche.

Aussitôt lord Palmerston et ses amis reconnurent que le moment était opportun pour prendre l'offensive et pour livrer au nouveau ministère une bataille rangée, dont l'issue ne pouvait être autre que de remettre entre des mains moins imprudentes et plus solides un pouvoir si étrangement compromis. Le dépit naturel de leur récente défaite et l'ambition naturelle à de vieux hommes d'Etat, soutenus par un grand parti, suffisent au besoin pour expliquer leur ardeur; mais nul n'a le droit de croire qu'ils n'aient pas été guidés en outre par un sentiment plus élevé et plus désintéressé, et que le désir de préserver l'Inde anglaise d'un redoublement de dangers et de maux n'ait inspiré la plupart des chefs et surtout des soldats de l'armée opposante. Quoi qu'il en soit, le signal d'une campagne décisive dans les deux chambres fut donné. Le dimanche 9 mai, lord Palmerston convoqua tous ses partisans à une réunion préparatoire à sa résidence de Cambridge-House. Son prédécesseur et son rival, chef toujours respecté du vieux parti réformiste, lord John Russell, brouillé avec lui depuis les négociations de Vienne, en 1855, et qui couvrait de sa neutralité le ministère Derby, promit son concours. Le jour de l'attaque fut fixé et officiellement annoncé au parlement ; les rôles des principaux assaillants soigneusement distribués et étudiés ; les chances de la victoire et de ses conséquences probables utilement exploitées. Tout annonçait une défaite certaine pour le gouvernement, lorsqu'un nouvel épisode vint changer la face des affaires.

Lord Ellenborough, averti par le soulèvement de l'opinion de la faute qu'il avait commise en faisant publier sa dépêche, eut la généreuse pensée de prendre sur lui seul la responsabilité et le châtiment de cette faute. Sans même en prévenir ses collègues, il envoya à la Reine sa démission, et il annonça à la Chambre des Pairs (11 mai) le parti qu'il avait pris, dans un langage trop noble pour n'être pas cité :

« J'ai voulu, dit-il, que ma dépêche fut publiée en même temps que la proclamation de lord Canning, parce que j'ai cru que c'était la seule réponse qu'il convenait de faire à cet acte et aux commentaires qu'il doit amener en Angleterre et dans l'Inde, le seul moyen de prouver que le gouvernement est décidé à suivre un système de clémence. Ma dépêche est un message de paix au peuple de l'Inde ; elle sera une consolation pour tous ceux qui tremblent aujourd'hui ; elle contraindra tous les fonctionnaires à agir dans l'esprit du gouvernement. C'est par amour de la paix publique que je l'ai écrite et que l'ai publiée. J'aurais dû peut-être prendre l'avis de mes collègues sur cette publication ; je ne l'ai pas fait, et j'en suis seul responsable. J'ai dû consulter mes devoirs, non-seulement envers le ministère dont je fais partie, mais envers le peuple indien. J'ai consacré trente ans de ma vie à servir les intérêts bien entendus de ce peuple, et je n'ai pas voulu terminer ma carrière en les sacrifiant. Cette question sera diversement envisagée dans l'Inde et ici : ici, c'est une question de parti entre lord Derby et lord Palmerston ; là, c'est une question de principes entre la confiscation et la clémence. Le choix que va faire le Parlement entre ces deux principes sèmera dans l'Inde les germes d'une guerre perpétuelle ou l'espérance d'une paix nécessaire. Mais, comme je sais que dans les causes les plus importantes il est impossible d'empêcher les questions personnelles de jouer un rôle excessif, j'ai résolu, en ce qui me touche, d'écarter toute considération individuelle, afin que le fond des choses soit seul en discussion. J'ai offert ma démission à Sa Majesté, et elle a été acceptée. »

Un sacrifice fait si spontanément et si dignement devait naturellement désarmer l'opinion. Mais les *whigs* (c'est ainsi que nous désignerons, pour abréger, les divers éléments qui se groupent autour de lord Palmerston et de lord John Russell) avaient trop bien combiné leur plan d'attaque pour y renoncer si facilement. L'occasion leur paraissait trop belle et trop difficile à retrouver, pour ne pas en profiter et pour ne pas tenter d'enlever la direction des affaires publiques à un cabinet déjà disloqué, et qui n'existait que par la tolérance d'une majorité dont il n'était pas le représentant naturel. Deux cents membres de la Chambre des Communes, réunis de nouveau chez lord Palmerston, s'engagèrent de maintenir la proposition d'un vote de censure contre le ministère. Le combat annoncé s'engagea donc dans les deux chambres le 14 mai.

V

A la Chambre des Pairs le vote de censure fut proposé par le comte de Shaftsbury, beau-fils de lord Palmerston, et connu depuis longtemps par son zèle pour les intérêts religieux et les œuvres charitables de l'Eglise anglicane. Jamais l'illustre assemblée n'avait paru si nombreuse et si animée; jamais plus grande affluence d'étrangers n'avait encombré cette imposante et magnifique enceinte ; jamais plus brillante couronne de *pairesses* n'avait occupé la galerie supérieure qui entoure la salle et d'où surgissent les statues des barons qui signèrent la grande Charte. La censure proposée par lord Shaftsbury était rédigée avec une prudente réserve. Elle n'impliquait en aucune façon l'approbation de la confiscation prononcée par lord Canning, et réservait le jugement de la Chambre jusqu'à ce qu'elle pût être informée des motifs de cet acte ; mais elle improuvait formellement la publication prématurée de la dépêche de lord Ellenborough comme tendant à affaiblir l'autorité du gouverneur général et à encourager les rebelles. L'auteur de la proposition la développa avec modération ; il fut appuyé, entre autres orateurs, par les ducs de Somerset, d'Argyll et de Newcastle. On aime à voir ces grands noms, qui remplissent l'histoire féodale, politique et militaire de l'Angleterre, retrouver et conserver leur place à la tête des intérêts d'un peuple complétement libre et d'une société si profondément transformée. Après eux, et selon l'usage anglais qui réserve aux chefs de parti ou d'administration le dernier mot dans le débat, la thèse de l'opposition fut résumée par lord Granville, président du conseil privé et *leader* (1) de la Chambre Haute sous le ministère Palmerston, si bien fait pour remplir ce rôle par la bonne grâce de sa parole et la cordialité conciliante de son caractère. Tous ces orateurs, intérieurement avertis du tort que faisait à leur thèse la démission de lord Ellenborough, insistaient à l'envi sur le principe de la solidarité collective et absolue d'un cabinet, et prétendaient interdire à un ministère la faculté de s'affranchir, par le sacrifice d'un ou plusieurs de ses membres, de la responsabilité d'une faute commise et reconnue.

Un gouvernement, disaient-ils, doit être un, homogène et indivisible, et l'on ne saurait lui reconnaître la faculté de désigner dans son sein un bouc émissaire. J'étais frappé, en les entendant, du danger de ces théories abstraites, absolues et excessives, qui s'introduisent dans les discussions propres aux gouvernements libres, à l'aide d'un intérêt de parti ou de circonstance, et qu'on érige peu à peu en dogmes inviolables. Rien, à mon sens, ne saurait mieux contribuer à affaiblir et à discréditer le régime représentatif, déjà bien assez compliqué et assez difficile à maintenir en équilibre, comme le sont d'ailleurs tous les régimes propres aux sociétés qui tiennent à maintenir les droits de l'intelligence. C'est aux détracteurs, et non aux partisans et aux metteurs en œuvre des institutions libres, qu'il faudrait laisser le soin de déduire d'une fausse logique ces chimériques embarras. Je comprenais et j'aimais bien mieux les témoignages de vive et affectueuse sollicitude que tous prodiguaient à l'honneur et à la bonne renommée de lord Canning. Il y avait quelque chose de touchant et de souverai-

____

(1) On donne ce nom de *leader*, ou conducteur des débats, au ministre qui est plus spécialement chargé de représenter le gouvernement dans chacune des deux chambres. Le premier ministre est naturellement le *leader* de la chambre à laquelle il appartient : dans l'autre ces fonctions sont déléguées au plus orateur des ministres qui y siégent. Sous lord Palmerston, qui n'est pas pair d'Angleterre, le comte Granville était *leader* de la Chambre haute; sous lord Derby, c'est M. Disraëli qui est *leader* de la Chambre des Communes.

nement équitable dans cette préoccupation de l'absent, surtout quand il s'agissait d'un absent investi, à trois mille lieues de son pays, du soin de gouverner tant de millions d'âmes, d'un homme dont le courage, la sagesse et l'humanité avaient honoré la charge qu'il exerce, et qui est assurément la plus imposante qui puisse être confiée de nos jours, par un peuple libre, à des mains mortelles. Fils du grand orateur qui fut le premier ministre de George IV, le contemporain et le rival de notre Chateaubriand, il s'est montré digne de porter le nom de son père : et l'on partageait indistinctement le sentiment qui animait ses amis lorsqu'ils disaient au gouvernement : « Vous avez le droit et le devoir de le rappeler s'il a mal fait, mais vous n'avez pas celui de le frapper dans son honneur et dans sa dignité avant qu'il ait pu s'expliquer devant un pays encore ému de reconnaissance pour ses services. »

Personne, parmi les orateurs ministériels, ne fit mine de contester les services rendus par lord Canning ; mais lord Ellenborough, dégagé désormais de toute crainte de compromettre ses collègues, posa de nouveau, avec son énergie et son éloquence habituelle, la question sur ses véritables bases. Si la publication de la dépêche était un tort, lui seul pouvait en être responsable, puisque ses collègues n'en avaient rien su, et, lui n'étant plus ministre, il n'y avait plus rien à dire et à faire sur ce point. Mais la dépêche en elle-même était utile et nécessaire. »

« La confiscation prononcée contre les propriétaires de l'Oude n'est pas une simple menace : c'est un acte rétroactif qui frappe un peuple entier. On n'a rien vu de pareil en Angleterre depuis huit cents ans, depuis les temps de Guillaume le Conquérant. Mais, dit-on, nous avons eu la confiscation en Irlande ! oui vraiment : il y a des portions de cette île qui ont été trois fois confisquées, et quel en a été le résultat ? Est-ce la paix ? est-ce la prospérité ? Tous les désastres de cette île n'ont-ils pas été précisément attribués par tous les esprits sérieux à la confiscation ? Dans l'Hindostan, qui a subi tant de conquêtes et de changements de dynasties, la propriété individuelle a toujours été respectée... On m'a reproché d'avoir moi-même confisqué le territoire des émirs du Scinde. Milords, j'ai frappé les princes de ce pays, parce qu'ils s'étaient rendus coupables de trahison envers la couronne d'Angleterre, parce qu'ils avaient attaqué le résident britannique aussitôt après la conclusion d'un traité ; mais j'ai confirmé la propriété individuelle, et là est le secret de notre force et de la paix qui règne dans le Scinde. Pas un bras ne s'y est levé contre nous, depuis la bataille où a succombé le dernier des émirs. Deux mois ont suffi pour réduire le pays ; et, à l'heure qu'il est, il n'y a pas une contrée de l'Hindostan qui reconnaisse plus docilement notre empire et qui nous fournisse des auxiliaires plus fidèles. Pourquoi? parce que la propriété y a été respectée... En ceci, j'ai agi conformément à l'exemple et aux conseils de mon grand et noble ami, le défunt duc de Wellington. Son fils vient de me communiquer une lettre inédite écrite par lui, lorsqu'il commandait dans l'Inde, et où je trouve ces mots : « Je suis pour » l'amnistie à l'égard de tous les agents inférieurs... Jamais nous ne » réussirons dans ce pays si nous y entretenons des rancunes éternelles » contre tous les petits agents compromis dans la lutte avec nous et nos » alliés. » On nous dit qu'il faut attendre les justes explications de lord Canning : je réponds que lord Canning, qui savait bien que Lucknow allait être pris, aurait dû donner ses explications avant d'agir. Mais, milords, il y a des choses qui ne peuvent pas être justifiées. La confiscation est de celles-là. Elle est là devant vous, dans sa difforme nudité, que rien ne saurait ni voiler ni excuser. C'est la peine la plus cruelle qu'on puisse infliger à un pays... On dit que ma dépêche affaiblit l'autorité du gouverneur général. Oui, elle lui ôte une grande force pour le mal, mais elle lui en donne une plus grande encore pour le bien. Quand il la recevra, j'espère qu'il changera de conseillers. Je ne crois pas que cette proclamation soit l'œuvre de lord Canning : elle est trop contraire à tout ce que je sais de lui. Il a dû se laisser entraîner par ces gens qui n'ont rien appris et rien oublié, et qui croient qu'après cette terrible convulsion on pourra ne rien changer aux abus de l'autorité civile dans l'Inde. J'ai voulu enseigner une bonne fois à ces gens-là que la justice et le respect des droits populaires sont les principes fondamentaux que notre gouvernement veut imposer à tous ses agents là-bas. On dit que j'encouragerai les rebelles dans leur résistance. C'est précisément le contraire de ce que j'ai voulu et de ce qui arrivera. Les vingt et un régiments de cipayes recrutés dans l'Oude, aujourd'hui dispersés, et tous les autres insurgés combattront à outrance, avec désespoir, et comme des gens qui ont la corde au cou, en présence de cette proclamation qui les dépouille de leurs foyers. J'ai voulu leur ôter cette corde, j'ai voulu leur rendre l'espoir, j'ai voulu leur offrir la chance de rentrer dans leurs villages et d'y retrouver leurs foyers intacts. C'est un message de paix et de clémence que j'ai jeté dans cette mer de feu... Il s'agit maintenant de savoir si vous voulez que la guerre de l'Inde soit éternelle. Si le parlement, par le vote qu'on lui propose, laisse supposer aux peuples de l'Inde que vous approuvez les principes de la proclamation et que vous désavouez les principes de ma dépêche, vous aurez dans l'Inde une guerre sociale. Or vous avez réussi dans toutes vos guerres politiques, mais je ne crains pas de vous déclarer que dans une guerre sociale vous finirez par être vaincus. »

Le comte de Derby, premier ministre, en rendant hommage au caractère et aux services de lord Canning, et en constatant que le gouvernement était étranger à la publicité qu'avait prématurément reçue la dépêche de lord Ellenborough, n'en fut pas moins aussi explicite que possible dans son adhésion aux doctrines de celui-ci sur la confiscation et sur le système qu'il convient de suivre à l'égard des populations indiennes. « La question est posée, dit-il, entre » l'indulgence et la confiscation, à l'égard d'un pays où » tout propriétaire foncier est soldat, et où tout soldat est » propriétaire. Nous sommes pour l'indulgence : si vous » nous condamnez, l'Angleterre n'aura pas assez de troupes » pour rendre la sécurité à la domination anglaise dans » l'Inde. » Dans le discours du noble comte, qui aime, comme l'on sait, à employer contre ses adversaires des arguments personnels et sarcastiques, on remarque un trait de mœurs bien anglaises. Il crut pouvoir reprocher au *religieux* lord Shaftsbury de s'être rendu l'organe d'une réunion parlementaire, tenue chez son beau-père, le dimanche précédent, et qui n'avait pas été, selon lord Derby, « exclusivement consacrée à des occupations religieuses. » Lord Shaftsbury se sentit tellement atteint par ce reproche, qu'il se crut obligé de faire insérer dans les journaux un compte rendu exact de l'emploi qu'il avait fait de sa journée du dimanche, pendant laquelle la fréquence de ses occupations liturgiques ne laissait pas la moindre place pour une récréation aussi profane que celle dont on le croyait coupable.

A deux heures du matin la Chambre alla aux voix. Jusqu'au dernier instant, le résultat de la délibération sembla douteux ; mais, après avoir recueilli les votes, non-seulement de tous les pairs présents, mais encore des absents qui, par un respect singulier pour le droit individuel, ont le privilége de voter par procuration (1), on sut que la censure proposée contre le ministère avait été rejetée par 167 voix contre 158.

Cette faible majorité de neuf voix dans une assemblée où

____

(1) Cette procuration *(proxy)* ne peut être confiée qu'à un pair présent à la discussion, qui en use à son gré.

le parti conservateur, dont lord Derby est le chef reconnu, a
toujours été prépondérant, indiquait assez l'extrême danger
que courait son administration : une victoire si difficilement
obtenue dans la Chambre où il se croyait sûr de la majorité, annonçait une défaite presque certaine dans celle dont
les deux cinquièmes au plus le reconnaissaient pour chef.
Loin d'être découragée par l'issue de ce premier engagement, l'armée de lord Palmerston ne pouvait y voir qu'un
signe avant-coureur du succès dont elle escomptait déjà les
résultats. Les calculs les plus soigneusement étudiés sur
l'issue du débat faisaient varier de cinquante à quatre-vingts
voix le chiffre de la majorité qui, d'après les antécédents ou
les prédictions supposées des divers membres de la Chambre
des Communes, devait à la fois réhabiliter l'autorité compromise de lord Canning et venger la défaite récente de
lord Palmerston, en renouvelant contre ses successeurs le
vote de censure auquel il avait lui-même succombé trois
mois auparavant. Avant huit jours, disaient avec une confiance entière les journaux de l'ancien ministère énergiquement secondés par les attaques passionnées du *Times,* avant
huit jours le ministère Derby aura cessé d'exister. Toutefois
on perdait trop de vue, dans ces calculs hypothétiques, les
dispositions éventuelles du nouveau parti qui, sous le nom
de libéral *indépendant,* s'était graduellement dégagé du sein
de l'ancien parti whig et réformiste, trop docilement inféodé
à l'ascendant de lord Palmerston. De ce parti se rappro-
chaient de plus en plus, non seulement les esprits flottants
et méticuleux que toute assemblée compte dans son sein,
mais encore une fraction éminente des anciens disciples et
collègues de sir Robert Peel, et une bonne moitié des députés catholiques de l'Irlande, justement irrités de l'insouciance et de l'hostilité des grands chefs whigs pour les
intérêts de leur pays et de leur religion. Ces fractions ex-
centriques s'agitaient et se combinaient, de leur côté, en
vue de ce conflit décisif; et leurs journaux donnaient suffisamment à entendre que leur concours n'était pas assuré
sans retour aux plans de l'opposition.

Au reste, dans ces agitations préliminaires comme dans
les délibérations officielles, tout se passe au grand jour,
avec une franchise et un abandon que rien n'altère; on voit

qu'il s'agit non de complots ou d'intrigues, mais de luttes loyales et légitimes auxquelles le public tout entier doit à la fois assister et participer. Ce n'est pas seulement un noyau d'hommes politiques, c'est la nation entière que ces luttes divisent et animent; le parlement comme la presse, le grand monde et le gros public, les spectateurs comme les acteurs, y sont simultanément entraînés et s'y intéressent également. La vie politique circule partout; partout éclate le sentiment d'une grande communauté d'hommes libres et éclairés, qui délibèrent directement ou indirectement sur les intérêts les plus dignes de les préoccuper, qui n'imaginent pas qu'on puisse faire leurs affaires mieux qu'ils ne sauraient les faire eux-mêmes, et n'entendent nullement qu'on se charge de gouverner pour eux, chez eux et sans eux. Mais, si ces questions passionnent tout le monde, elles n'aigrissent personne. En cette circonstance, comme ailleurs, j'ai pu constater à satiété combien la courtoisie réciproque des partis et des individus survit et résiste aux aspérités de la politique. D'abord on se communique loyalement ses intentions et ses plans d'attaque, et jusqu'aux pièces qui doivent servir de base ou de prétexte à la discussion; toute tactique qui reposerait sur des coups de main à la dérobée ou sur des batteries masquées serait déjouée par le soulèvement unanime de toutes les opinions. De plus, les adversaires les plus déclarés, les rivaux les plus acharnés, se font un point d'honneur de ne pas prolonger et transporter dans la vie sociale et privée les hostilités de la vie publique. On se dit souvent les choses les plus désagréables et les plus personnelles à travers le parquet de la Chambre des Pairs ou de la Chambre des Communes, on se persifle à outrance; puis le soir on se rencontre dans les mêmes salons, on va dîner les uns chez les autres. Enfin on tient par-dessus tout à rester gens comme il faut, gens du même monde, et à ne pas envenimer l'existence entière par l'animosité d'un conflit éphémère. Il n'en était pas ainsi en France, on s'en souvient, quand la vie publique régnait et agitait nos esprits. A quoi peut tenir cette différence? Sans doute à ce que, au fond, tout le monde est d'accord en Angleterre, non-seulement sur les questions fondamentales de la constitution et de l'organisation sociale, mais encore

sur les conditions et les conséquences de la lutte quotidienne. On y combat avec ardeur et passion; mais le prix
et l'issue du combat ne changeront rien au sol sur lequel
on combat, ni aux conquêtes heureusement et définitivement acquises pour tout le monde. On s'y dispute la possession temporaire du pouvoir, on y poursuit avec chaleur le
triomphe d'une question, d'une opinion; mais nul n'y songe
à imposer bon gré mal gré cette opinion à ses adversaires
ou même à ses voisins, sauf à les exiler de la vie publique
et à les refouler dans le néant, s'ils ont la témérité de ne
pas se laissser convaincre ou intimider.

La proposition de censure faite à la Chambre des Communes avait été rédigée avec la même prudence qu'à la
Chambre des Pairs; ce n'était pas une approbation décernée
à la proclamation de lord Canning, mais un blâme direct et
formel contre le jugement énoncé par le gouvernement sur
cet acte. Elle avait pour auteur M. Cardwell, l'un des
membres les plus distingués du parti peelite, ami fidèle et
dévoué de lord Canning homme universellement considéré,
que sa position et ses antécédents ne permettaient pas de
regarder comme soumis à l'influence prépondérante de lord
Palmerston ou comme capable de sacrifier un intérêt
moral et national à l'esprit de parti. Le premier jour de la
discussion (14 mai) n'offrit de remarquable que le début
brillant d'un orateur du gouvernement, sir Hugh Cairns,
avocat général (1), l'un de ces hommes nouveaux et libéraux
dont lord Derby a eu l'esprit de renforcer son ministère. Il
s'attacha à démontrer que, la discussion une fois ouverte,
il était impossible de s'abstenir, comme le voulait l'opposition, de juger la mesure prise par lord Canning. Si cette
mesure était sage et juste, comment se faisait-il que l'opposition refusât de l'approuver; et, si elle ne l'était pas, comment faire un crime au pouvoir de l'avoir blâmée? Mais,
quand on n'a pas le courage d'approuver la confiscation, il
faut au moins s'abstenir de blâmer ceux qui la condamnent.
Le gouvernement a, lui du moins, une conviction arrêtée,

(1) *Sollicitor general:* c'est un des deux seuls fonctionnaires qui remplissent l'office du ministère public pour toute l'Angleterre, et qui sont si souvent
désignés sous le titre d'*officiers légaux de la Couronne.*

il l'exprime hautement : ses adversaires n'en ont point et
n'osent pas la formuler. Devenant alors agresseur à son tour,
il reproche vivement à M. Vernon Smith, ministre de l'Inde
sous lord Palmerston et prédécesseur de lord Ellenborough,
de n'avoir pas communiqué à celui-ci une lettre particulière que lord Canning lui avait adressée, le croyant encore
au ministère, où il lui annonçait l'intention de publier sa
fameuse proclamation. Un usage constant et · naturel veut
que les ministres sortants communiquent sans réserve à
leurs successeurs tous les documents relatifs à leurs fonctions qui peuvent leur venir entre les mains depuis leur
remplacement. Lord Clarendon venait tout récemment d'en
user ainsi à l'égard de lord Malmesbury. En dérogeant à cet
usage, M. Vernon Smith avait vivement blessé le sentiment
public, et provoqué de nombreuses récriminations au sein
de la chambre et au dehors ; et, bien que la lettre elle-
même ne contint réellement rien d'important, l'accueil mal-
veillant et dérisoire fait aux explications qu'il lui fallut plusieurs fois renouveler sur cet incident dut être, pour les
observateurs attentifs, le premier symptôme de l'ébranle-
ment de la majorité et de l'incertitude du résultat si résolûment annoncé. Mais ce fut ausssi dès cette première séance
que lord John Russell vint renforcer l'opposition de son important suffrage, en appuyant le projet de censure, en insis-
tant sur la solidarité du ministère avec la conduite tenue par
lord Ellenborough, sur le danger que cette conduite devait
faire courir à la sécurité des possessions britanniques dans
l'Inde, enfin sur la force morale qui résulterait pour ses
adversaires du blâme déversé sur l'annexation de royaume
d'Oude. Fortifiée par une adhésion si désirée au sein de la
chambre, et assurée au dehors du concours plus efficace
de l'immense publicité du *Times*, la double cause de lord
Palmerston conservait encore toutes les chances d'un succès
prochain et complet.

Cependant, à la séance suivante (17 mai), un homme qui
siége à côté de lord John Russel se leva pour le combattre : en
sa personne la fraction des *libéraux indépendants* allait faire
son apparition dans le débat. C'était M. Roebuck, l'un des
orateurs les plus hardis, les plus écoutés et les plus popu-
lairement éloquents de l'Angleterre. C'était lui qui avait porté

les plus rudes coups à la politique étrangère de lord Palmerston triomphant, et il venait encore aujourd'hui essayer de déjouer sa tactique et de contrecarrer ses plans. M. Roebuck a trop souvent le tort de compromettre le succès de ses idées et l'autorité de sa parole en énonçant des opinions en elles-mêmes excessives, et, de plus, formulées avec une roideur et une exagération qui ajoute à l'éloignement qu'elles inspirent. Il n'eut garde de faillir à cette fâcheuse habitude dans cette mémorable discussion. En faisant allusion au projet de loi dont la Chambre était déjà saisie, qui avait pour objet d'enlever à la Compagnie des Indes le gouverment de l'Hindostan et de le transférer à la couronne, il crut pouvoir dire que la couronne n'était qu'une chimère et signifiait en réalité la Chambre des communes attendu que tout le pouvoir attribué à la couronne était virtuellement exercé par la Chambre.

Doctrine à la fois imprudente et inexacte, car il est dangereux de condenser ainsi sous forme de maximes absolues les conséquences graduelles et mitigées du développement de la liberté; et, si la prépondérance déjà séculaire de la Chambre des communes est incontestable, il n'en est pas moins faux que la force de résistance de la pairie soit anéantie, et que la couronne n'ait pas conservé un immense prestige et une autorité d'autant plus forte, qu'elle est réservée pour les grandes occcasions et les décisions solennelles.

Mais, dans ce discours aussi, M. Roebuck s'éleva très-haut, et bien au-dessus des vulgaires préoccupations d'une politique personnelle ou nationale; nul n'avait encore abordé la question avec tant de franchise, nul n'avait encore signalé aussi nettement l'importance de cette question, le caractère sacré des principes qu'elle implique, et le danger de les subordonner à des intérêts de parti.

« On se rappelle, dit-il, ce magnifique résumé de l'œuvre historique de Gibbon où il trace le tableau de la grandeur romaine, et où il constate que les cent vingt millions d'italiens et de provinciaux conquis par Rome formaient la plus vaste réunion d'hommes qui aient jamais obéi à une seule et même domination. Notre empire des Indes est plus vaste encore : il compte près de deux cents millions de sujets ; et c'est à nous de décider aujourd'hui si cet immense empire sera gouverné selon les principes de l'honneur et de la vertu, ou dans le seul but d'accroître la puissance anglaise. *Je suis Anglais; mais il y a des choses pour moi plus sacrées et plus grandes que la grandeur de l'Angleterre, et parmi ces choses, je place le progrès du genre humain dans l'enseignement et dans la pratique de la vertu et de l'honneur...* On veut que nous subordonnions le bonheur de deux-cents millions d'hommes à une manœuvre de parti : je ne veux pas m'y prêter. Je veux envisager l'intérêt de tous ces millions de mes semblables en dehors de la question ministérielle... Nous sommes entrés dans l'Inde en qualité de simples commerçants; nous avons peu à peu conquis toute cette vaste région, mais nous ne l'avons pu faire sans sacrifier trop souvent les principes de la justice. Nous avons été rapaces, nous avons été cruels, nous avons été injustes... Ce sont là des vérités désagréables à dire et à entendre, mais ce sont des vérités. Nous avons un très-grand intérêt à régner sur l'Inde; nous avons un intérêt plus grand encore au règne de la justice et de la vérité. Il y a un moyen de légitimer notre empire, et il n'y en a qu'un : c'est de travailler au bonheur du peuple que nous dominons, et la première condition de ce bonheur, c'est l'indulgence et la clémence. »

Disons à l'honneur de l'Assemblée qui écoutait ces paroles, prononcées avec émotion et effort par un orateur visiblement souffrant, que chacune des phrases qu'on vient de lire fut interrompue par d'énergiques applaudissements, et que pas un murmure ne vint trahir les susceptibilités d'un patriotisme inquiet ou blessé.

Après avoir établi et confirmé la distinction, déjà énoncée par lord Ellenborough, entre la rébellion des cipayes et la guerre faite par les habitants de l'Oude, il s'étend sur la folie et le crime de la confiscation, et résume ainsi son opinion :

« On reproche à lord Ellenborough d'avoir fait une réponse quelconque à la proclamation de lord Canning; puis d'avoir fait une réponse telle qu'il ne fallait pas la faire; et enfin d'avoir publié cette réponse. Je soutiens, quant à moi, qu'il était tenu de répondre, que sa réponse était la bonne, et que c'est sur nous, et non sur lui, que retombe la responsabilité de la publication. C'est ainsi qu'on a interpellé le gouvernement sur cette proclamation, et, une fois l'interpellation faite, il fallait que la réponse fût connue. Et on a bien fait de la vouloir connaître. C'est le propre de notre gouvernement de faire savoir au public ce qui se passe, et il ne le fait pas encore assez. Il vaudrait mieux qu'il sût jour par jour ce que fait le gouvernement. Au lieu de cela, on nous mène en aveugles dans toute sorte de fautes. La guerre vient nous surprendre, et l'on nous dit qu'il ne faut pas compromettre le pays par notre curiosité. Puis vient la paix, et l'on nous dit que nous nous y prenons trop tard. Quand il nous importerait beaucoup de tout savoir, on nous arrête au nom de l'intérêt public, et l'on ne nous dit tout que quand il ne sert plus à rien de tout savoir. Vous voulez pacifier l'Inde : vous n'y réussirez que par le système indiqué dans la dépêche de lord Ellenborough. Cette dépêche mériterait d'être imprimée en lettres d'or, car c'est l'acte et la parole d'un honnête homme. Je connais bien peu l'Angleterre, si tôt ou tard elle n'est pas de cet avis. Quand à la question de parti, pourquoi donc irions-nous rétablir au pouvoir un ministère que nous avons tout récemment cassé, parce que l'honneur de l'Angleterre avait périclité entre ses mains ? Le peuple anglais n'a rien de bon à attendre de la part de ceux-là. Les progrès et les réformes libérales, que nous souhaitons pour le bien-être des masses, seront bien plus facilement obtenus du gouvernement faible et dépendant qui siége au banc des ministres que de ces hommes arrogants et forts qui siégent là-bas ! »

Et du doigt il désignait, au milieu des applaudissements, le banc où siégeait impassible et serein lord Palmerston entouré de ses anciens collègues au pouvoir.

Plusieurs de ceux-ci, et spécialement l'ancien ministre des finances, sir Cornwall Lewis, et l'ancien ministre de la marine, sir Charles Wood, s'efforcèrent, non sans talent, de replacer la question sur le terrain plus restreint d'où l'âpre franchise de M. Roebuck l'avait éloigné. Mais avec la meilleure volonté d'être impartial, je ne trouve rien à citer dans leurs discours : comme tous les avocats du vote de censure, ils insistaient sur la situation faite à lord Canning et sur l'ingratitude déployée envers un homme qui avait sauvé et honoré la domination anglaise dans l'Inde. Moins réservés que la proposition elle-même, ils se laissaient aller à défendre la proclamation, en tant que, selon eux, la confiscation qu'elle prononçait devait s'appliquer non à la masse de la population rurale, mais à des seigneurs rebelles que la violence de l'usurpation avaient seules mis en possession de leurs fiefs (1). Les orateurs ministériels soutenaient au con-

(1) Un état cité dans le cours de la discussion constate dans le royaume d'Oude l'existence de 246 forteresses féodales, garnies de 476 pièces de canons et appartenant aux talookdars menacés de confiscation. On voit que la féodalité, comme institution propre et naturelle aux races indo-germaniques, existe, au dix-neuvième siècle, sur les bords du Gange sous la même forme qu'elle affectait encore au seizième siècle sur les bords du Rhin. Rien ne m'a d'ailleurs plus surpris, pendant tout ce débat, que l'absence chez tous les orateurs de notions précises et universellement acceptées sur la nature de la propriété foncière dans l'Hindostan.

traire que, outre ces grands *talookdavs* et *zewindars* qui re-
présentaient l'aristocratie territoriale, il y avait dans l'Oude
une foule de petits propriétaires fonciers, maniant alterna-
tivement la charrue et l'épée, et qui seraient évidemment
atteints en même temps que les grands feudataires par la
réunion de tout droit de propriété au domaine de l'Etat.

Il faut avouer que ces renseignements contradictoires,
mais si importants, furent moins écoutés que les excentri-
cités du jeune sir Robert Peel qui, depuis qu'il est entré
dans la vie publique, a usé du grand nom qu'il porte pour
s'arroger le privilége de dire des vérités désagréables à tout
le monde avec une verve et un sans-gêne dont on se défend
difficilement. Cette fois-ci cependant, l'invective violente
qu'il adressa à lord Palmerston, dont il avait longtemps été
le subordonné dans la carrière diplomatique et dans l'administration, fit moins de tort à son illustre adversaire
qu'à lui-même ; mais il eut plus de succès quand il indiqua
sans détour aux antagonistes du ministère un danger qui
commençait à poindre à l'horizon. Ce danger, c'était la dissolution de la Chambre des Communes, mesure extrême
sans doute, après une dissolution si récente encore (1), mais
que le comte de Derby avait le droit de proposer à la Reine,
afin de mettre le pays à même de juger entre sa politique
et la majorité hostile du parlement. Sir Robert Peel exprimait là une appréhension de plus en plus fondée : et il
annonça nettement, au nom du libéralisme avancé qu'il professe, l'espoir et la certitude de voir les électeurs libéraux
donner raison aux grands principes de justice et d'humanité proclamés dans la dépêche de lord Ellenborough, plutôt
qu'aux manœuvres d'un parti qui sacrifiait ces principes à
la fiévreuse impatience de remonter au pouvoir.

VI.

Cependant, au milieu de ces débats qui préoccupent à un
si haut point l'attention de toute l'Angleterre, qui sollicitent

______

(1) On se rappelle que la Chambre avait été dissoute par lord Palmerston,
en 1857, après un vote de la majorité hostile à la guerre de Chine. Les nouvelles élections avaient produit une majorité tout à fait favorable à la politique étrangère de lord Palmerston.

l'intervention de toutes les notabilités nationales, et qui révèlent une situation de plus en plus incertaine pour les anciens et les nouveaux partis entre lesquels se partage le gouvernement du pays, il se produit un intermède qui peint trop bien le caractère britannique pour ne pas trouver place dans ce récit.

A l'ouverture de la séance du 18 mai, un adhérent de lord Palmerston, le capitaine Vivian, propose à la Chambre de ne pas tenir séance le lendemain. Il compte sur l'appui de tout le parti ministériel et conservateur pour sa proposition, et il suppose que M. Disraëli, chancelier de l'Echiquier et *leader* des Communes, qui a tant de fois tiré de son carquois les traits acérés de son éloquence contre ses adversaires politiques, aura le vif désir d'assister aux exploits d'un autre *archer* sur un autre théâtre.

Que peut signifier cette étrange interruption? Elle signifie que le lendemain ont lieu les courses d'Epsom, que ces courses ont pour objet principal le grand prix annuel qui s'appelle (on ne sait trop pourquoi) *Derby;* que lord Derby, qui est à la fois le premier ministre, le premier orateur et le premier *sportsman* de l'Angleterre, est un des concurrents pour ce prix; et que le cheval sur lequel il compte pour le gagner a pour nom *Toxophylite* (ce qui signifie *archer* en anglo-grec), et qu'enfin cette course est l'objet d'un intérêt populaire et, on peut le dire, national, auquel les classes supérieures et inférieures, politiques et industrielles, prennent part avec cette anxiété universelle et passionnée dont les anciens Grecs, les Romains et les modernes Espagnols ont donné l'exemple pour des spectacles analogues et moins innocents. Ce sont les jeux olympiques de l'Angleterre, a dit un jour lord Palmerston : et c'est la définition la plus exacte qu'on en puisse donner.

La Chambre adopte à l'unanimité la proposition du capitaine, et s'ébranle pour se rendre en masse sur le plateau d'Epsom. Les discours préparés sont remis en poche; l'éloquence est suspendue au croc à côté de l'esprit de parti. Tout le monde se décide à oublier pour un jour l'Inde et l'Angleterre. Il ne s'agit plus de savoir si l'Inde sera gouvernée par la confiscation ou par la conciliation, si l'Angleterre gardera ou non lord Derby pour premier ministre, mais bien si le cheval de lord Derby gagnera le prix qui porte son nom et auquel tout le pays s'intéresse.

Puisque la Chambre souveraine donne ainsi congé pour un jour aux affaires sérieuses, faisons comme elle ; suivons-la à Epsom, et adjoignons-nous à un groupe de membres du Parlement bien résolus à voter les uns contre les autres dès le lendemain, mais plus résolus encore à s'amuser ensemble pendant cette veille joyeuse de l'engagement final.

On a bien raison de dire que qui n'a pas vu le *Derby-day* n'a pas vu l'Angleterre ; et c'est pourquoi on a beaucoup moins raison de répéter sans cesse que l'Anglais ne sait pas s'amuser, et s'amuser avec entrain en même temps qu'avec ordre et décence. Quiconque a vu les deux ou trois cent mille habitants de Londres et des environs réunis, par un beau soleil de printemps, sur les pentes verdoyantes des coteaux d'Epsom, quiconque a erré parmi ces équipages de toutes les catégories possibles, parmi ces hangars, ces orchestres, ces théâtres en plein vent, ces tentes aux banderoles flottantes, cet océan de bipèdes et de quadrupèdes, en revient bien convaincu de deux choses généralement peu admises, d'abord de la gaieté honnête et expansive de la très-grande majorité de cette foule nombreuse ; puis de la grande égalité qui rapproche, au moins en ce jour, les conditions les plus diverses de la société. Les princes du sang et les pairs de la plus ancienne noblesse s'y coudoient avec les palefreniers et les bohémiennes, et se mêlent même aux jeux populaires qui remplissent les intervalles fastidieux d'une course à l'autre. On ne voit nulle part, même chez nous, une confusion des rangs plus prononcée. Nulle part aussi une gaieté, une bonne humeur et une décence plus semblables à celles qui distinguent si honorablement nos masses populaires, lorsqu'elles se livrent à leurs amusements périodiques et officiels. Au milieu de cette foule joyeuse, mais animée, on pourrait se croire en France. Mais cette illusion disparaît dès qu'on se rappelle l'absence de tout programme officiel, de toute intervention de l'autorité. C'est l'industrie privée qui a tout fait, tout annoncé, tout prévu, tout réglé ; ce sont des souscriptions spontanées qui font face à toutes les dépenses. A peine une poignée d'hommes de police, sans armes, et comme perdus au milieu de la foule, rappelle-t-elle les précautions prises contre un désordre éventuel. A ces traits nous reconnaissons aussitôt l'Angleterre.

Pendant le trajet à Epsom, comme pendant les jours précédents, toutes les conversations roulent sur la coïncidence bizarre qui se présente entre la destinée politique de lord Derby et sa fortune de coureur. Comme la veille, au Parlement, son nom est dans toutes les bouches, et, dans l'issue de la course qui va s'engager, on se plaît à chercher un présage de sa victoire ou de sa défaite dans le vote du lendemain. Une opinion assez généralement accréditée permettait d'attribuer au noble comte une sollicitude plus passionnée pour le succès de son cheval que pour celui de son parti. On lui supposait assez peu de goût pour les soucis et les fatigues de cette primauté ministérielle qui, déjà une fois exercée par lui, avait semblé lui inspirer peu de regrets, et ne pouvait guère ajouter de charmes ou d'éclat à sa haute et inébranlable situation de grand seigneur et de grand orateur. Chef d'une de ces très-rares familles de l'aristocratie anglaise qui datent du temps des Plantagenets, quatorzième comte et pair de son nom, chancelier de l'Université d'Oxford, placé par l'heureuse rencontre du rang et du talent parmi cette poignée d'hommes hors ligne dont nul n'ignore le nom ni ne conteste le mérite, il ne lui reste aucune distinction sociale à acquérir, pas même le cordon bleu de la Jarretière. Mais le cordon bleu du *turf* (car c'est ainsi qu'on désigne le prix qui porte son nom aux courses d'Epsom), voilà ce qui paraît à tous, et à lui surtout, l'objet légitime et naturel de son ambition. Le gagnera-t-il, oui ou non? C'est là la question dont la solution occupe tous les esprits, et attire, au milieu de la foule, toutes les notabilités de la politique et de la diplomatie, entre autres M. le maréchal Pélissier, qui représente si noblement notre pays et notre armée, et jouit auprès de nos voisins d'une si grande et si juste popularité.

Entrons à leur suite dans *paddock*, c'est-à-dire dans l'enceinte réservée où l'on exhibe, avant le départ, les chevaux engagés. L'attention se laisse un instant distraire par tel ou tel coursier; mais c'est surtout lord Derby et le cheval qui

porte sa fortune que cherchent tous les regards. Le voilà!
Qui? l'homme ou le cheval? Ils y sont tous les deux : mais
à peine le cheval a-t-il paru, que l'homme est oublié. On
promène le célèbre animal à pas lents comme pour étaler
en détail tous les avantages qui doivent assurer la victoire
à lui, à son maître, et à l'innombrable armée de parieurs
qui ont risqué leur avoir sur sa tête. Un groupe nombreux
d'hommes politiques, mêlés à des connaisseurs d'un autre
ordre, suit avec une gravité comique et une sorte d'attention religieuse tous les mouvements de la bête. J'eus la
satisfaction d'y reconnaître l'un des plus ardents défenseurs
de l'Eglise et de l'Etat, un anglican de la vieille roche, celui-là même qui devait quelque temps après me faire l'honneur de me signaler à la Chambre des communes comme
ne plaidant la cause de la liberté civile et religieuse que
dans le but unique de réduire l'Angleterre et la France sous
la domination des jésuites (1). Il semblait avoir complètement oublié les dangers de l'Eglise établie et les progrès
formidables du papisme, tant il était absorbé dans la contem-
plation des allures de *Toxophylite.*

Cependant, après quelques intermèdes insignifiants, la
course décisive s'engage : vingt-quatre chevaux partent à la
fois. Comment peindre l'anxiété dévorante, les flots tumul-
tueux, les soubresauts, les bruissements divers de ces cent
mille individus dont les yeux et le cœur se concentrent sur
un seul objet. L'étranger désintéressé se rappelle involontairement son Virgile, et les vers immortels du cinquième
chant de l'*Énéide,* qui ont familiarisé tous les gens bien élevés, et tous les esprits cultivés avec tant de détails insignifiants à jamais ennoblis par la muse épique. La course, qui
dévore un espace de trois quarts de lieue, dure moins de
trois minutes. Il y a un moment où, grâce à un pli de terrain, tous les chevaux disparaissent aux yeux des spectateurs : quand ils reparaissent, les chances diverses des concurrents commencent à se prononcer. Encore un instant
d'anxiété dévorante : cent mille têtes se tournent vers le
poteau qui indique le but. Le sort a prononcé. Ce n'est pas
lord Derby qui a vaincu. Son fameux cheval n'est arrivé que

(1) Discours de M. Newdegate à la séance du 21 juillet 1858.

second. Le *cordon bleu* lui échappe : le prix échoit au cheval d'un baronnet inconnu qui réalise de ce seul coup quelque chose comme un million de bénéfice.

Dans cet échec imprévu du premier ministre à Epsom, tout le monde voit le pronostic de la chute politique qui l'attend à Westminster. Mais amis et adversaires semblent oublier ce fâcheux présage dans l'excitation fébrile qui préside au retour de la foule vers Londres. Tout le monde veut partir et revenir à la fois : tous les cavaliers, tous les attelages, grands et petits, publics ou particuliers, s'engagent ventre à terre dans deux ou trois allées qui aboutissent à une seule route : tous se précipitent vers la grande ville. Impossible de comprendre comment un effroyable désordre et des accidents sans nombre ne viennent pas changer en catastrophe cette cohue confuse et effrénée, d'autant plus qu'on n'aperçoit que de loin quelques *policemen*, toujours désarmés, qui, par un signe de la main, rétablissent l'ordre du défilé, en attendant qu'il s'embrouille et s'enchevêtre de nouveau. Je souriais en songeant au contraste de ces précautions modestes, mais suffisantes, avec les charges furieuses que l'on voyait exécuter par nos gardes municipaux, casque en tête et l'épée au poing, sur les trois ou quatre fiacres assez osés pour rompre la file, lors des réceptions ministérielles, dans ces temps fabuleux où la gent parlementaire allait à pied voir les ministres que nous aimions ou que nous combattions. Cependant il n'arrive aucune péripétie funeste; chacun arrive, on ne sait comment, mais à bon port. Les trois cent mille spectateurs se dispersent et rentrent dans leur foyer sans qu'on entende parler d'une rixe ou d'un accident. A peine a-t-on franchi la contrée pittoresque et accidentée des environs d'Epsom, qu'on traverse une interminable série de villes suburbaines, toutes verdoyantes et festoyantes, qui forment les faubourgs de la grande cité, et où éclate plus que partout ailleurs la prospérité matérielle du pays, où des maisons moins sombres et moins monotones que celles de la ville sortent parées et pomponnées d'un lit de fleurs ou de grands arbres, où les balcons, les fenêtres, les grilles, les trottoirs, sont garnis à s'étouffer d'une foule innombrable et joyeuse, remarquable par la beauté assez générale des femmes et des enfants, et

par l'air de contentement et de sympathie répandu sur toutes
les figures. C'est un spectacle unique au monde que ce
fleuve vivant dont on fend au galop les flots pressés et
bruyants. Il change quelque peu de nature à mesure qu'on
approche de Londres, et qu'une population plus dense, mais
aussi d'un aspect plus sombre et plus hâve, révèle la présence des masses ouvrières ; mais il laisse dans l'âme l'ineffaçable souvenir d'une vraie fête populaire, issue de l'impulsion spontanée de ses acteurs, et ennoblie par la mâle
intelligence d'un peuple qui sait non-seulement se gouverner, mais encore s'amuser tout seul. On sait le mauvais jeu
de mots de Louis XV à l'un de ses courtisans philosophes :
« Duc de Lauraguais, qu'avez-vous été faire en Angleterre?
— Apprendre à penser, Sire! — Quoi? panser les chevaux?
— L'un et l'autre, Sire, aurait pu répondre lord Derby, si
tant est que l'on puisse se figurer un lord Derby en France
et à la cour d'un monarque absolu.

VII

Au lendemain de ce jour de fête, tous les esprits étaient
rendus à la préoccupation de la veille, et replongés dans la
grande lutte dont l'issue devait exercer une si vitale influence
sur les destinées de l'Angleterre et de l'Inde, sur l'avenir de
ces deux cents millions d'âmes dont M. Roebuck avait si
noblement parlé. Ce n'était pas seulement dans le Parlement, ni dans le grand monde, ni dans les cercles exclusivement politiques, que cette ardente curiosité s'attachait à
deviner les résultats de la discussion. Le pays entier, représenté par tout ce qu'il renferme d'hommes intelligents
et instruits, suivait avec une fiévreuse anxiété les diverses
péripéties du conflit, et s'identifiait avec ses moindres incidents, grâce au puissant et utile concours de la presse qui
fait pénétrer jusque dans les moindres hameaux la reproduction détaillée et parfaitement fidèle des débats parlementaires. Elle fait plus encore; elle les accompagne de
commentaires qui résument et renouvellent ces débats, en
y ajoutant des arguments souvent plus concluants et plus
originaux que ceux mêmes des orateurs. C'est ainsi qu'elle

éveille la conscience du pays ; qu'elle provoque et exerce
l'intervention de tous dans les affaires de tous, et qu'elle
constate, en la régularisant, l'action directe du pays sur ses
représentants et ses chefs. Que d'esprit et de science, que
d'ironie et de passion, que de talent et de vie, n'a-t-on pas
dépensé, pendant ces quinze jours, dans les vastes colonnes
des journaux anglais ! *J'en étais, pour ma part, tout ébahi,
tant j'avais déjà perdu l'habitude de ce feu roulant et alterna-
tif de la discussion quotidienne, que nous avons connue naguère
et pratiquée peut-être avec excès, mais qui est devenue impossible entre des organes dont quelques-uns seulement ont le
droit de tout dire, et sont toujours conduits, plus ou moins involontairement, à attirer leurs adversaires sur un terrain où
les attend le bâillon officiel* (1). Tandis que le *Daily News*, le
Star et les autres journaux indépendants ou radicaux, manifestaient une sympathie de plus en plus vive pour le
maintien de la politique nouvelle, la formidable artillerie
du *Times* continuait à tonner contre le ministère et contre
la fameuse dépêche. Sur ses flancs les petites feuilles, spécialement vouées à la cause de lord Palmerston, redoublaient
de zèle et de vigueur pour soutenir l'ardeur de ses adhérents dans la Chambre comme dans le public. Ils annon-
çaient toujours, avec la même confiance, la défaite certaine
du gouvernement, et se promettaient une majorité tellement
considérable, tellement significative, qu'elle rendrait inutile
et insensé tout projet de dissolution. Cependant quelques
symptômes de dislocation se manifestaient déjà au sein de
cette majorité sur laquelle on comptait si bien. Ses chefs,
en parcourant les rangs de leur phalange, pouvaient déjà
remarquer le silence expressif de quelques-uns, les hésita-
tions croissantes de plusieurs. La discussion avait évidemment ébranlé, si ce n'est transformé, bien des convictions
arrêtées d'avance. Tout son éclat, toute sa force avait été
du côté des adversaires du projet de censure. Ses partisans ne s'étaient guère élevés au-dessus des combinai-
sons et des récriminations de l'esprit de parti. Le résultat
fut bien plus visible dans la séance du 20 mai. M. Bright,
qui dispute à M. Gladstone la palme de l'éloquence et l'at-

(1) 2e chef d'accusation : Attaque au respect dû aux lois.

tention de la Chambre, apporta ce jour-là à la bonne cause
le puissant secours de sa parole et de sa croissante autorité. M. Bright est un dissident de la secte des *Quakers* (les
Trembleurs); il est le beau-frère de ce Frédéric Lucas, qui,
né dans la même secte que lui, était devenu catholique, et
de plus le défenseur le plus énergique de sa nouvelle foi.
A peine admis dans la Chambre des communes, Lucas y
avait conquis une place hors ligne : tout annonçait en lui
un orateur et un chef de parti qui aurait égalé et peut-être
dépassé O'Connell : une mort prématurée n'a plus laissé de
lui que le souvenir, encore très-vivant, du charme invincible de sa mélodieuse parole et de l'énergique droiture de
ses convictions. M. Bright, se plaçant, comme l'avait fait
son beau-frère, en dehors de tous les anciens partis, et à
côté du chemin qui conduit au pouvoir, n'a cessé de grandir dans l'estime publique, malgré l'impopularité temporaire
qui l'atteignit à la suite de son opposition à la guerre
d'Orient. Tout le monde blâme et regrette ses attaques
exagérées contre les mœurs et les institutions britanniques,
attaques dont il est lui-même le vivant et brillant démenti;
mais chaque session a vu grandir son ascendant, et ce
trembleur est devenu aujourd'hui l'un des trois ou quatre
personnages les plus intéressants et les plus écoutés de
l'Angleterre. C'était une interpellation de lui qui avait provoqué la publication de la fameuse dépêche. Il était juste
qu'il vînt aujourd'hui la défendre. Il le fit avec une énergie, une netteté, une simplicité d'argumentation et de démonstration propre à porter une conviction rapide et triomphante dans tous les esprit impartiaux. Lui aussi sut très-
habilement trouver le défaut de la cuirasse que présentait
la proposition des whigs en s'abstenant de toute. opinion
sur la proclamation de lord Canning.

« Les princes indigènes et les peuples de l'Inde ne comprennent rien à
vos tactiques ni à vos cabales politiques. Quand ils apprendront que le
parlement anglais a délibéré sur l'acte du gouverneur général, ils vou-
dront savoir si le Parlement l'a approuvé ou non, et, si vous adoptez la
proposition de M. Cardwell, ils en concluront naturellement que vous
approuvez la confiscation... Toute la question est là... On recule devant
cette conclusion nécessaire ; on prétend d'ailleurs que la confiscation ne
s'applique pas à la masse de la population, mais seulement à certains

individus déplaisants qu'on appelle talookdars, qui ne sont que des barons féodaux, des chefs de brigands, des oppresseurs du peuple. Ce n'est pas la première fois qu'après la consommation d'une grande iniquité les auteurs de l'iniquité ont essayé d'en calomnier les victimes. Lord Shaftsbury, l'un des promoteurs de cette belle campagne, a dit que la confiscation ne s'appliquerait qu'à six cents individus dans le royaume de l'Oude. Soit : ce pays est moins peuplé des quatre cinquièmes, que le Royaume-Uni : appliquons le même calcul à notre pays : supposons que l'on vienne confisquer les biens des trois mille six cents principaux propriétaires des trois royaumes, et parmi eux des sept cents grands propriétaires qui siégent dans les deux Chambres. N'appeleriez-vous pas cela une révolution, et non-seulement une révolution politique, mais une révolution sociale. Prenons garde : quand on habite un pays rempli de grands talookdars, un pays où il y a une province entière, en Écosse, qui appartient à un membre de la Chambre des pairs (1), un pays où il y en a d'autres qui possèdent des territoires de soixante à quatre-vingt milles carrés, où il y a des ducs de Bedford et des ducs de Devonshire (2), il faut avoir quelque souci de ce que l'on entreprend contre les *talookdars* et les grands propriétaires de l'Inde. Mais d'ailleurs le chiffre cité est faux : les meilleures autorités démontrent qu'il y a au moins quarante mille propriétaires fonciers dans l'Oude. Or, il y a un détestable système dans lequel lord Canning s'est laissé engager, et qui triomphe déjà dans la présidence de Madras : il consiste à supprimer tous les intermédiaires entre le gouvernement suprême et le pauvre laboureur qui cultive le sol : et dans quel but ? Afin de confondre toutes les classes de la population en une seule, de n'admettre au partage de tous les fruits de la terre que deux parties prenantes, le fisc et le paysan, le fisc directement et perpétuellement occupé à extorquer le plus de produits possibles, et le paysan à qui l'on jettera chaque jour une poignée de riz pour le mettre à même de tirer du sol ce que dévorera le fisc.... Vous ne vous contentez pas, en remplaçant la royauté de l'Oude par vous-mêmes, de vous emparer du domaine public et du produit de tous les impôts, mais vous venez encore dire à tous les seigneurs, à tous les propriétaires du sol, à tous, excepté aux humbles et obscurs cultivateurs de ce sol :

« Descendez de l'indépendance et de la dignité dont vous avez joui
» jusqu'ici : subissez le sort commun à tous nos vaincus : les deux
» cinquièmes d'entre vous n'ont pris aucune part à la révolte, mais
» dans une confiscation générale les innocents doivent souffrir avec
» les coupables. C'est la fortune de la guerre, et cette fortune sera la
» votre. »

(1) Le duc de Sutherland.
(2) Tous les deux traditionnellement identifiés au parti whig.

» Il y a des journaux dans l'Inde qui applaudissent à la proclamation, parce que, disent-ils, elle fera d'un seul coup ce qu'il faudrait vingt ans pour faire ailleurs ; elle renversera d'emblée toutes les individualités qui pouvaient créer des foyers de résistance à la domination britannique. Il y en a d'autres, plus honnêtes et plus avisés, qui déclarent que cette proclamation exigera une nouvelle armée pour la faire appliquer... J'en prends à témoin la Chambre : quand nous avons appris que le gouvernement blâmait cette proclamation, nous, mes amis et moi, membres de l'opposition, nous avons applaudi le ministre qui s'exprimait ainsi. Si nous ne l'avions pas applaudi, nous serions indignes d'être hommes, indignes d'être Anglais, indignes d'être législateurs de l'Angleterre ; nous serions étrangers et indifférents à la distinction du bien et du mal, du juste et de l'injuste.

» Tel a été le premier sentiment de tout le monde avant que la dépêche de lord Ellenborough ne fût connue ; mais ensuite a surgi la fatale influence de l'esprit de parti, qui a exploité cette dépêche avec tout l'art que cet esprit enseigne. »

Ici, se retournant contre le plus redoutable adversaire de la dépêche, contre lord John Russell, il évoqua avec bonheur et avec justice contre lui le souvenir de ses propres torts, et l'imprudence qu'il commettait en critiquant chez qui que ce soit un langage acerbe et rigoureux. Il lui rappela comment, à propos du rétablissement de la hiérarchie romaine et de l'apparition du Cardinal Wiseman en Angleterre, lui, lord John Russell, avait écrit à l'Evêque anglican de Durham une lettre publique qui avait donné le signal d'une agitation considérable et semé les germes d'une division qui dure encore. Le « noble lord, » dit notre intrépide *quaker*, chez qui le dissident se faisait en ce moment jour sous l'orateur politique, « a reproché à la dépêche de lord Ellenborough son ton d'invective et de sarcasme. Mais le noble
» lord devrait être fort réservé à cet endroit-là, car il habite une maison de verre, plus fragile qu'aucune des
» nôtres. Quand il prend sa plume en main, nul ne peut
» prévoir ce qu'il va donner au public. Je me rappelle une
» lettre fort extraordinaire de lui, qu'il avait sans doute l'intention d'orner d'une phraséologie irréprochable, puisqu'il l'adressait à un évêque. Je ne voudrais pas être
» trop sévère pour le noble lord ; mais quand un homme
» d'Etat aussi grave écrit à un saint homme d'évêque, on
» peut espérer qu'il saura au moins éviter le sarcasme et

> l'invective. Et cependant, dans cette lettre même, il ne
> craignait pas de lancer à flots le sarcasme et l'invective
> sur six millions de ses concitoyens, et de troubler grave-
> ment ainsi la paix du Royaume-Uni. »

La Chambre accueillit avec une sympathie marquée et des applaudissements prolongés ces passages et bien d'autres encore qu'il nous faut omettre (1), pour arriver à la conclusion du discours où l'honnête homme éloquent que nous écoutions avec tant d'émotion s'éleva en même temps contre la tactique employée par l'ancien ministère pour récupérer le pouvoir à l'aide de cette complication des affaires extérieures, et contre les provocations inhumaines de la presse anglo-indienne à de nouveaux supplices.

« Toute l'Inde tremble agitée par des feux volcaniques. Nous serions coupables d'une témérité extrême, d'un crime irrémissible contre la monarchie anglaise, si nous donnions une approbation quelconque, même la plus indirecte, à la proclamation de lord Canning. On veut qu'à ce propos j'aide à renverser les ministres actuels de la reine. Quand j'entrerai dans une action destinée à remplacer ces ministres, ce ne sera que pour un motif que je comprendrai, que j'approuverai, et qui sera compris et approuvé par le pays ; ce ne sera que pour une cause qui apportera quelque bienfait à quelque fraction de l'immense empire britannique ; ce ne sera qu'avec la chance de faire avancer les grands principes que le parti libéral (si tant est que nous soyons encore un parti) a pris l'engagement de défendre. Mais, dans la question actuelle la politique du gouvernement est une politique de miséricorde et de conciliation : c'est la mienne. Des meneurs perfides ou au moins mal avisés du parti libéral voudraient nous engager dans une politique différente, contraire à tous nos antécédents et à toutes nos doctrines. Quant à moi, je reste fidèle à la politique de la justice et de la conciliation. La justice et la miséricorde sont les attributs suprêmes de la perfection divine ; mais tous les hommes ont partout le droit de les invoquer et la faculté de les comprendre. Leur voix se fait entendre dans tous les climats et dans toutes les langues ; et parmi les millions d'âmes dociles et intelligentes qui peuplent l'Inde, il n'y en a pas une qui leur demeure sourde. Vous avez choisi une autre voie : vous avez préféré vaincre et régner par l'épée. L'épée s'est rompue : le tronçon brisé vous reste dans les mains ; vous êtes humiliés et confondus... »

(1) On nous permettra toutefois de déplorer, dans ce beau discours, la présence d'une tirade de mauvais goût contre les réceptions particulières où lord Palmerston attirait et accueillait ses amis et ses adversaires avec une courtoisie qui contrastait avec la roideur récente de sa tenue à la Chambre.

Ici, contrairement aux habitudes ordinaires du parlement, quelques murmures se firent entendre, et des cris de *Non, non !* s'élevèrent des bancs de l'opposition.

« Oui, reprit aussitôt l'orateur, vous êtes humiliés et confondus aux yeux de l'Europe civilisée (nouvelles protestations, couvertes cette fois par des applaudissements) ; mais vous pouvez vous relever. Il vous reste d'autres chances à tenter. Vous avez encore le moyen de gouverner l'Inde et de la sauver. Je vous conjure d'en user, et de ne pas vous laisser égarer par une politique qui mènerait peut-être ce grand pays à sa ruine, et qui, même si vous y réussissiez, envelopperait notre renommée d'un immortel déshonneur ! »

Après un discours de cette force, prodigieusement applaudi, on devait s'attendre à voir enfin paraître du côté opposé un orateur capable de venger la proposition de censure des attaques dont elle était criblée. Mais l'attente fut vaine. Il ne se présenta que des combattants de second et de troisième ordre, dont l'infériorité devint de plus en plus évidente lorsque sir James Graham se leva pour défendre la même thèse que M. Bright. Longtemps revêtu des plus hautes fonctions dans les ministères présidés par lord Grey, par sir Robert Peel, par lord Aberdeen, et en dernier lieu par lord Palmerston, il occupe avec M. Gladstone le premier rang dans le parti peelite. Il commença par déclarer au nom du vénérable lord Aberdeen, ami particulier de lord Canning, comme au sien, que lord Canning, dont la bonne renommée pouvait paraître compromise par la publication prématurée de la dépêche de lord Ellenborough, avait reçu, par la démission spontanée de ce ministre, une réparation amplement suffisante, et que le gouvernement avait agi envers lui avec une grande modération en ne lui retirant pas ses fonctions. Il insista ensuite sur un fait dont la nouvelle venait d'arriver le jour même, sur la vive réclamation élevée contre le décret de confiscation par sir James Outram, c'est-à-dire par celui-là même des généraux anglais qui avait opéré sous lord Dalhousie la réunion de l'Oude, qui y commandait encore maintenant, et qui dans la dernière campagne, s'était attiré l'admiration universelle en consentant, comme notre Boufflers à Malplaquet et lord Hardinge dans l'Affghanistan, à rester comme volontaire sous les ordres de son subordonné, parce que ce subordonné était Havelock, et qu'il ne voulait pas lui dérober la gloire d'une victoire à moitié gagnée. A ces témoignages imposants, sir James Graham ajoutait tout le poids de sa propre autorité en s'élevant contre la théorie et la pratique de la confiscation politique. Rappelant les avertissements du grand docteur en fait de crimes d'Etat, de Machiavel, qui avait enseigné que les peuples et les individus pardonnent plus volontiers à ceux qui ont égorgé leurs pères qu'à ceux qui les ont dépouillés de leur patrimoine, il cita encore le duc de Wellington, qui, en s'adressant à l'un de ses successeurs dans l'Inde, lui, avait surtout recommandé de respecter le droit privé et la propriété individuelle. Puis, opposant l'exemple de Napoléon Ier à celui de son vainqueur, il rappela, d'après une récente publication de M. Villemain, l'énergique résistance que l'Empereur avait rencontrée chez ses plus fidèles adhérents lorsque, pendant les Cents-Jours, il avait voulu dater de Lyon un décret de confiscation contre treize de ses principaux adversaires. « Le plus honnête et le plus fidèle de ses amis, le compagnon de ses derniers périls et de ses derniers malheurs, son grand maréchal Bertrand, refusa, malgré les ordres et les instances du maître, de contresigner le fatal décret, en lui disant : « Ceux qui vous conseillent de recommencer un régime de « proscription et de » confiscation sont vos plus cruels ennemis, et je ne serai » pas leur complice! » Et Labédoyère avait ajouté : « Si le » régime des proscriptions et des séquestres recommence, » tout cela n'ira pas loin. » Sir James résumait son opinion et, on peut le dire, toute la discussion en ces termes : « La dépêche de lord Ellenborough peut être blâmée quant » à la forme : la proclamation de lord Canning doit et a dû » être blâmée quant au fond. La substance de la dépêche » est bonne, la substance de la proclamation est mauvaise. « Il faut que ceux qui nous demandent de censurer le gou- » vernement actuel afin de les mettre à sa place déclarent » sans détour et sans délai s'ils sont pour la proclamation « ou pour la dépêche, c'est-à-dire s'il sont pour la confis- « cation ou pour l'amnistie. Tous mes souvenirs et tous mes » liens de parti m'éloignent du ministère actuel; mais, parvenu au terme de ma carrière et n'aspirant plus au pouvoir, je suis en droit d'exprimer un avis impartial; et je

‹ repousse tout projet de censure contre un gouvernement
› qui a dit la vérité quand il a dit que le principe de la con-
› fiscation est incompatible avec la durée de l'empire bri-
› tannique dans les Indes. ›

Après ces deux discours, la cause de la justice et de la
vérité était moralement gagnée. Cependant l'issue de la délibération était encore incertaine : il restait encore de grandes
voix à entendre : d'un côté, M. Disraëli, le *leader* de la
Chambre, et M. Gladstone, le plus éloquent de ses orateurs;
de l'autre, lord Palmerston, avec les inépuisables ressources
de sa spirituelle faconde. L'anxiété publique était au comble;
et le lendemain (21 mai), dernier jour de ce grand conflit,
l'affluence des membres et des spectateurs, entassés dans
l'étroite enceinte de la Chambre, dépassa tout ce qu'on
avait encore vu. Du haut de la tribune réservée aux pairs
et aux étrangers de distinction, lord Derby et lord Grand-
ville, côte à côte, semblaient passer en revue leurs deux
armées, en attendant l'engagement définitif qui devait décider de leur sort commun, et les faire changer de place
dans la Chambre voisine. Une agitation électrique régnait
dans les rangs de l'assemblée. Mais voici que, dès l'ouverture de la séance, un spectacle inattendu se fait jour. Un
membre se lève sur les bancs mêmes de la majorité opposante pour inviter l'auteur du projet de censure contre le
gouvernement à retirer sa proposition. M. Cardwell, étourdi
de cette brusque interpellation, s'y refuse nettement. Aussitôt cinq ou six autres membres du même côté lui renouvellent successivement la même invitation. C'était le signal
de la division intérieure qui s'était opérée depuis le commencement de la discussion, et d'une défection qui allait
devenir de plus en plus dangereuse. L'armée qui s'était crue
si sûre de la victoire commençait à plier. M. Cardwell hésite
encore. Alors le général de Lacy Evans, l'un des plus anciens
partisans de lord Palmerston, annonce qu'il proposera, de son
côté, un vote tendant à blâmer directement la proclamation
de lord Canning et à réprouver la politique de confiscation. Un autre membre de l'opposition déclare que, si on
persévère à faire voter la Chambre, il n'aura d'autre parti à
prendre qu'à dire bonsoir au très-honorable auteur de la
proposition et à se retirer. Un troisième, plus naïf, évoque la

possibilité d'une dissolution qui probablement ferait perdre leurs places à beaucoup des partisans de la censure. Une heure se passe dans cette confusion bizarre et croissante, et à chaque instant la certitude de la défaite humiliante de l'opposition devenait plus apparente. Pour éviter ce désastre, lord Palmerston prend son parti et se décide à reculer : en voilant sa retraite et en lui donnant pour prétexte l'effet produit par la protestation du général Outram, citée dans la discussion de la veille, et officiellement publiée ce jour-là même, il engage à son tour M. Cardwell à retirer la proposition de censure. Celui-ci y consent enfin au milieu des applaudissements dérisoires du parti conservateur. La journée était décidée, et la campagne terminée, sans que les réserves eussent donné. Le ministère l'emportait sans qu'aucun ministre eût parlé.

Il ne restait plus au cabinet qu'à prendre acte de sa victoire et à en déterminer d'avance l'effet moral. C'est ce que fit M. Disraëli avec une adresse infinie et une modestie triomphante. Il constata d'abord que ce n'était pas le ministère qui déclinait le combat ou qui pût en redouter le résultat ; mais aussi que ce n'était pas lui qui avait mis en déroute ses adversaires. Il se plut à reconnaître que la bataille avait été gagnée par des hommes qui ne comptaient ni parmi les membres du gouvernement ni parmi leurs adhérents, mais par M. Roebuck, par M. Bright, par sir James Graham, dont l'indépendance, le talent et l'autorité avaient porté dans le débat une lumière invincible, et modifié·les opinions préconçues d'une partie de la chambre. Résolu d'ailleurs à ne pas abuser du succès et à ne pas pousser à outrance ses adversaires, il déclara que, tant que lord Canning se conformerait à la politique de prudence et de conciliation qui lui était recommandée, et dont il avait été si longtemps le généreux représentant, le gouvernement lui conserverait sa confiance et son appui ; que, du reste, sans attendre le résultat de la discussion, une dépêche télégraphique lui avait déjà porté cette assurance.

M. Gladstone, lord John Russell et M. Bright prirent tour à tour la parole pour féliciter, à leurs points de vue différents, la Chambre de cette conclusion inespérée, et pour prendre acte tant de la justice rendue à lord Canning que des principes universellement reconnus en faveur de la clémence et de la modération dans l'Inde. Après quoi la Chambre s'ajourna pour aller prendre ses vacances de la Pentecôte.

Il est bien rare, dans les assemblées politiques bien réglées, de voir ainsi se transformer, sur une mesure capitale, les dispositions déjà certaines de la majorité par l'influence unique et immédiate de la discussion. J'ajouterai même qu'il en doit rarement être ainsi, sans qu'on en puisse rien conclure contre la sincérité ou la moralité du gouvernement représentatif. Dans les questions relativement insignifiantes ou subitement soulevées, la discussion publique et improvisée détermine naturellement les décisions. Il en est autrement dans les luttes de parti, dans les questions d'une importance majeure, déjà surabondamment débattues par une presse libre et par les mouvements de l'opinion. Alors la discussion parlementaire est plutôt un résultat qu'un préambule. Toute délibération législative est un jugement; la discussion qui la précède constate et produit les arguments victorieux; elle donne aux plaidoyers des parties adverses la plus éclatante et la plus incontestable publicité; mais elle sert surtout à écrire, pour les contemporains et pour la postérité, les considérants de l'arrêt. J'ai vu souvent une majorité augmenter ou diminuer sous le coup instantané de la parole de certains orateurs, mais je n'en avais jamais vu subir à ce point l'ascendant graduellement victorieux de la vérité éloquente.

Ce n'était donc pas à tort que des orateurs très-divers félicitaient la Chambre de l'issue du débat; car ce qui venait de se passer était le triomphe de la raison et de la justice, triomphe consolidé par la modération et la prudence de tous les partis, triomphe obtenu par les seules armes de la discussion et de l'éloquence. L'esprit de parti avait été abattu et déjoué. Tous les intérêts légitimes avaient été noblement défendus et reconnus; l'honneur d'un grand fonctionnaire accusé et absent avait trouvé de fidèles et zélés champions; son caractère avait été mis à l'abri de tout reproche, avec une honorable sollicitude, par ceux-là mêmes qui avaient le plus sévèrement jugé sa conduite. L'autorité gouvernementale avait été maintenue par des hommes aussi

complétement étrangers à sa responsabilité qu'indépendants
de son influence. Un ministre éloquent, mais imprudent, et
qui s'était puni lui-même de l'indiscrétion et de l'exagération de son langage, devait se sentir plus que consolé en
entendant ses doctrines victorieusement soûtenues par les
voix les plus imposantes, et implicitement approuvées par
la majorité législative. L'humanité, l'équité, les droits des
vaincus et des faibles, avaient trouvé pour champions les
orateurs les plus intrépides et les plus écoutés d'une assemblée dont les échos retentissent dans le monde entier, et
leur voix allait pénétrer jusque sur les bords du Gange, pour
y rétablir, dans leur intégrité, les lois d'une guerre loyale
et les conditions d'une conquête civilisatrice :

> Ille super Gangem, super exauditus et Indos,
> Implebit terras voce ; et furialia bella
> Fulmine compescet linguæ....

*En un mot, la force morale avait été ouvertement et noble-
ment préférée à la force matérielle par les organes d'une
grande nation qui peut et qui veut faire elle-même ses affaires,
que rien n'abat ni n'effraye, qui se trompe quelquefois, mais
qui ne pousse à bout ni les hommes ni les choses, enfin qui sait
tout ménager et tout réparer, sans avoir besoin de se mettre
en tutelle et de chercher le salut en dehors de sa virile et intelligente énergie (1).*

*Pendant que ces réflexions se faisaient autour de moi, je
sortais de ce grand spectacle ému et satisfait comme devait
l'être tout homme qui voit dans un gouvernement autre chose
qu'une antichambre, et dans un peuple civilisé autre chose
qu'un troupeau docilement indolent à tondre et à mener paître
sous les silencieux ombrages d'une énervante sécurité. Je me
sentais plus que jamais attaché aux convictions et aux espérances libérales qui ont toujours animé, à travers les phases
les plus douloureuses de notre histoire, cette élite d'honnêtes
gens que les mécomptes et les défaites n'ont jamais abattus, et
qui, jusque dans l'exil, jusque sur l'échafaud, ont su conserver assez de patriotisme pour croire que la France pouvait,
tout comme l'Angleterre supporter le règne du droit, de la lu-*

---

(1) 3e chef d'accusation : Attaque aux droits et à l'autorité que l'Empereur
tient de la Constitution et du suffrage universel.

mière, de la liberté. Noble croyance, bien digne d'inspirer les plus douloureux sacrifices, et qui, pour avoir été trahie par la fortune, désertée par la foule et insultée par des lâches, n'en garde pas moins son inébranlable empire sur les âmes fières et les esprits généreux (1).

VIII

Revenu en France, j'y ai lu, dans le principal organe du clergé et de la nouvelle alliance du trône et de l'autel, que tout ce que je venais de voir et d'entendre était *une farce jouée à grand appareil* (2), comme on en trouve souvent dans l'histoire des assemblées délibérantes. Heureux pays, pensé-je, et surtout heureux clergé que celui à qui on donne de si bons renseignements en un si beau langage!

En attendant, la discussion du mois de mai dernier a exercé une influence bienfaisante sur la conduite des affaires de l'Inde. Lord Canning est rentré sans peine dans ses anciennes voies, dont l'avaient un moment détourné de funestes conseils. Tout en faisant l'apologie de la confiscation dans cette dépêche du 7 juin que les journaux ont récemment publiée, il n'en est pas moins revenu à une politique indulgente et modérée. S'il faut en croire les derniers récits, la soumission de l'Oude s'opère graduellement. Les *talookdars*, ramenés par la conduite conciliante du commissaire Montgomery, se soumettent l'un après l'autre et rentrent dans leurs biens en même temps que dans le devoir. Dans les autres provinces de l'Inde, l'insurrection, quoique redoutable encore, et plus redoutable qu'on ne se le figure en Angleterre, paraît cependant se restreindre et s'amortir. Aucun des vœux sanguinaires qui, à pareille époque, l'an dernier, s'élevaient du camp des anglophobes, n'a été encore exaucé; aucune de leurs sinistres prédications ne s'est encore accomplie.

La loi qui a mis un terme à l'existence politique de la

(1) 1er et 4e chefs d'accusation : Excitation à la haine et au mépris du gouvernement; excitation à la haine et au mépris des citoyens les uns contre les autres.

(2) *Univers* du 23 mai 1858.

Compagnie des Indes confie le gouvernement de l'immense
péninsule à un secrétaire d'Etat, assisté d'un conseil inamovible, dont la moitié des membres est à la nomination de
la couronne et l'autre moitié élective. Un article de cette
loi dispose que, lorsqu'un particulier aura quelque plainte
à élever contre l'administration de l'Inde, il devra poursuivre le secrétaire d'Etat : ce n'est qu'une application réglementaire de ce grand principe du droit commun de l'Angleterre, d'après lequel tout citoyen peut avoir recours devant
la justice contre tout officier public. *Garantie immense et
trop peu connue de la liberté britannique, qui contraste avec
cette inviolabilité de nos moindres fonctionnaires, créée par la
Constitution de l'an VIII, que l'on avait la naïveté, même sous
le régime constitutionnel, de ranger parmi les conquêtes de
1789 (1).*

Ce secrétaire d'Etat est lord Stanley, dont la vigoureuse
jeunesse et le solide esprit promettent aux affaires de l'Inde
un guide prudent et énergique, et inspirent une confiance
universelle. Il a noblement résumé le programme de la nouvelle organisation du gouvernement des Indes dans son discours du 20 septembre à une des corporations municipales
de Londres. « Nous avons à préserver l'Inde des fluctuations
de la politique parlementaire, et à défendre l'Angleterre
contre le danger, plus éloigné, mais non moins réel, du contact de notre pouvoir exécutif avec l'administration d'un
pays qui ne peut être gouverné qu'au moyen du pouvoir
absolu. » Le ministère de son père doit à la discussion de
la proposition Cardwell la consolidation de son existence,
auparavant incertaine et chancelante. L'opinion libérale la
plus avancée s'est facilement résignée à la durée provisoire
d'un cabinet qui donne au grand parti réformiste et indépendant le temps de se chercher des chefs plus jeunes et
plus sûrs que lord Palmerston, et qui, en attendant, entre
lui-même résolûment dans la voie des réformes utiles et des
progrès légitimes. Les coryphées de l'administration conservatrice subissent en ce moment le châtiment souvent infligé
par la Providence aux hommes d'Etat que les passions politiques, je dis les passions, et non de serviles et factieuses

____

(1) 2e chef d'accusation : Attaque au respect dû aux lois.

convoitises, ont entraînés jusqu'à l'injustice et l'exagération. Le pouvoir qu'ils ont si avidement désiré leur est un jour accordé, mais à la condition d'y suivre précisément la même conduite qu'ils ont reprochée à leurs prédécesseurs. Depuis leur second avénement, lord Derby et M. Disraëli sont occupés à faire tout ce dont ils ont fait un crime à sir Robert Peel : ils admettent ou ils proposent eux-mêmes des réformes libérales qu'ils ont ou qu'ils auraient certainement combattues s'ils étaient restés dans l'opposition où les avait jetés leur rupture avec l'illustre chef, dont ils se détachèrent quand il reconnut la nécessité de briser le vieux programme tory et d'ouvrir la porte de l'avenir. L'admission des Juifs au parlement, l'abolition du cens d'éligibilité pour la Chambre des communes, la promesse d'une nouvelle réforme parlementaire plus efficace que toutes les propositions récentes, indiquent les pas qu'ils ont faits dans cette voie nouvelle et ont dû naturellement leur valoir les sympathies libérales, tandis que par des mesures sincèrement favorables à la liberté religieuse dans les écoles, dans les prisons et dans l'armée, ils ont conquis une sorte d'adhésion jusque dans la portion la plus militante de l'épiscopat et de la presse catholique de l'Irlande.

Mais, s'il a consolidé pour un temps ce ministère conservateur, le grand débat sur l'Inde a rendu un service bien plus considérable encore à l'Angleterre et à l'Europe en confirmant la défaite de lord Palmerston. Malgré l'habileté tardive de sa retraite à la dernière heure du combat, cette défaite n'en a pas moins été évidente et complète : et, pendant tout le reste de la session, la Chambre a semblé prendre plaisir à lui montrer qu'elle avait définitivement secoué le joug. Il reviendra peut-être au pouvoir, tant les ressources de son esprit sont abondantes, et tant les retours de la popularité, dans un pays libre, sont imprévus et naturels : mais il y reviendra averti, si ce n'est corrigé, et pénétré de la nécessité de ménager davantage ses alliés et ses adversaires.

Une autre puissance, plus redoutable encore que celle de lord Palmerston, est sortie vaincue de la lutte : celle du *Times*, inféodé depuis deux ans à la politique du noble lord, et qui avait consacré toutes ses ressources au triomphe du

plan d'attaque combiné par l'ancien ministère. Il est impossible de ne pas voir dans ce fait une preuve concluante du
bon sens national de l'Angleterre. L'incontestable utilité de
cette immense machine de publicité, comme organe reten-
tissant de tous les griefs individuels et comme stimulant
énergique du sentiment public, serait plus que contre-
balancée par son omnipotence, si cette omnipotence ne
rencontrait pas de frein et ne recevait jamais de leçon.
L'équilibre des pouvoirs constitutionnels serait gravement
compromis par la prépondérance exclusive d'un journal
unique, où des écrivains sans mission et sans responsabilité
parlent tous les jours en maîtres au public le plus nombreux de la terre. Mais, comme je crois l'avoir prouvé ailleurs, l'empire de la tribune et son universelle publicité sont
le contre-poids nécessaire et efficace de cette dangereuse
toute-puissance de la presse. Le débat sur l'Inde en a fourni
une nouvelle et concluante démonstration.

Qu'on veuille bien remarquer que, dans toutes ces péripéties de la politique anglaise de nos jours, il ne s'agit nullement de cette prétendue lutte entre l'aristocratie et la dé-
mocratie où des observateurs superficiels croient trouver la
clef des mouvements de l'opinion chez nos voisins. Au fond,
ce qui gouverne en Angleterre, c'est la classe moyenne,
mais une classe moyenne beaucoup plus largement assise
et beaucoup plus hiérarchiquement constituée que celle qui
a gouverné en France, à certaines époques de notre ancienne monarchie et pendant toute la durée du régime parlementaire. Cette classe moyenne n'a jamais connu ni les
engouements puérils, ni les prétentions taquines et envieuses, ni les lâches abdications, ni les inexcusables paniques qui déparent l'histoire de notre bourgeoisie. Elle
estime très-haut l'intelligence, mais plus encore la volonté.
Elle recherche et considère la richesse, mais comme le
signe de la force et de l'activité sociale. Elle a horreur de
l'inertie et de la faiblesse, et par conséquent de l'arbitraire,
imposé ou consenti. Elle veut vivre par elle-même et pour
elle-même; de là sa répugnance instinctive et traditionnelle
pour la centralisation et la bureaucratie. D'un autre côté,
elle n'aspire pas à envahir toutes les fonctions publiques et
à fermer à la fois par en haut et par en bas l'accès du pou-

voir à tout ce qui n'est pas elle. Elle ouvre ses rangs à tout
ce qui s'élève, sans contester aucune élévation antérieure à
elle ou indépendante d'elle. Elle consent. volontiers encore
à ce que l'aristocratie de naissance, qui se recrute depuis
des siècles dans son sein, représente au dedans et au dehors
l'autorité publique et la grandeur nationale, comme un
puissant souverain, assis dans la tranquille et simple majesté de sa force, laisse volontiers à de grands seigneurs le
soin d'étaler la pompe des lointaines ambassades et de
briguer l'honneur des charges onéreuses.

Mais elle entend bien que sa volonté se fasse, et que nul
intérêt n'entre en conflit avec les siens, que nulle conviction ne l'emporte sur la sienne. Et ce n'est pas d'aujour-
d'hui que date cette souveraineté voilée, mais certaine.
Pour qui comprend bien l'histoire d'Angleterre, elle a depuis deux siècles toujours existé et toujours grandi. A travers les divisions superficielles des partis, c'est l'esprit des
classes moyennes qui a toujours dirigé ces grands courants
d'opinion dont les révolutions dynastiques et ministérielles
ne sont que la traduction officielle. Jamais le patriciat anglais n'a été autre chose que le mandataire actif et dévoué,
l'interprète et l'instrument de cette classe intelligente et
résolue en qui se condensent la volonté et la puissance
nationale. C'est elle que personnifiaient Cromwell et Milton
lorsque par l'épée de l'un et la plume de l'autre la république s'assit pour un temps sur les débris du trône de
Charles Ier. C'est pour elle et avec elle que Monck rappela
les Stuarts, et que trente ans plus tard le parlement les
remplaça par une royauté nouvelle. C'est elle qui, avec les
deux Pitt, éleva dès le dix-huitième siècle l'édifice de la
prépondérance britannique, et qui, avec Burke, l'empêcha
d'être ruiné et infecté par la contagion des idées révolutionnaires. C'est elle enfin qui de nos jours, avec Peel, a
ouvert à la politique une ère nouvelle, celle de l'amélioration du sort et de l'extension des droits de la classe
ouvrière.

De là l'impérieuse nécessité de cette transformation des
anciens partis, qui se fait jour dans tous les incidents de la
politique contemporaine et qui a plané sur le grand débat
dont j'ai essayé de rendre compte. J'entends de grands

esprits que je vénère gémir sur cette transformation inévitable ; je les vois s'appliquer à la retarder. Vaines tentatives et douleurs mal fondées ! Cette dislocation des vieilles bandes parlementaires est légitime, naturelle et désirable. Les anciens partis sont morts avec leur raison d'être. Le parti whig est enterré au sein même de sa victoire : à lui l'immortel honneur d'avoir provoqué, par son initiative et sa persévérance, ces nobles et salutaires progrès qui n'ont pas coûté une goutte de sang et qui ont fait triompher les idées libérales par les seuls moyens que la liberté avoue : l'émancipation catholique, la réforme parlementaire, l'abolition de l'esclavage colonial, la suppression des lois sur les céréales. Ses adversaires d'autrefois sont devenus ses émules d'aujourd'hui, et pourraient bien le devancer dans la voie des nouvelles réformes, substantielles et populaires, qui doivent remplacer d'anciennes routines par les bienfaits d'un progrès rationnel et moral. Aujourd'hui tout le monde en Angleterre veut le progrès, et tout le monde aussi le veut sans renier la gloire du passé, sans ébranler les fondations sociales. De toutes les questions qui intéressent aujourd'hui le salut ou l'honneur du pays, il n'y en a pas une seule qui se rattache aux anciennes divisions des whigs et des tories. Qu'ont de commun avec elles l'alliance française, la révolte des Indes, la guerre avec la Russie ou avec la Chine, l'émancipation politique et industrielle des colonies? Rien, absolument rien. Bien gouverner le pays, tirer de ses colossales ressources le meilleur parti possible pour son honneur et sa prospérité : voilà le seul problème qui reste à résoudre. Il suffit pour légitimer toutes les ambitions honnêtes et pour exercer tous les talents reconnus ou en herbe. Il suffit aussi pour amener de temps à autre dans les régions du pouvoir ces modifications périodiques, ces crises salutaires, indispensables dans un gouvernement libre, parce qu'elles empêchent les majorités de se rouiller, et les hommes d'Etat de se faire un monopole des jouissances du pouvoir.

Les vrais besoins et les vrais périls du pays ne sont plus là où on a coutume de les chercher. Il y a quinze ans on prédisait que la réforme des lois céréales et le libre échange amèneraient un antagonisme irréconciliable entre les intérêts agricoles et manufacturiers. C'est tout le contraire qui est arrivé (1). Les bénéfices des agriculteurs ont exactement suivi ceux des industriels et les ont souvent dépassés. On craignait de voir la population des campagnes sacrifiée à celle des villes. Et, au contraire, c'est toujours celle-ci qui, en se multipliant à l'infini, inspire des sollicitudes aussi vives que légitimes, et constitue l'infirmité sociale de l'Angleterre (2). Pour y porter remède, ce n'est pas le pouvoir seul, c'est le pays tout entier qui lutte et qui cherche le remède. Ses généreux efforts seront récompensés par le succès, si, comme tout l'annonce, pour éviter les envahissements du paupérisme, il sait contenir ceux de la bureaucratie et de la centralisation qui ont partout, sur le continent, détruit ou enchaîné la liberté, sans pouvoir ni détruire ni enchaîner le paupérisme.

J'ai déjà indiqué ici même, et je salue de nouveau avec bonheur, le symptôme le plus significatif et le plus consolant de l'état actuel de l'Angleterre : c'est la persévérante ardeur que met l'élite de la nation anglaise à poursuivre les réformes sociales et administratives, à améliorer l'état des prisons, les logements insalubres, à propager l'instruction populaire, professionnelle, agricole et domestique, à augmenter les ressources du culte, à simplifier la procédure criminelle et civile, à travailler en toutes choses au bien-être moral et matériel des prolétaires, non par l'humiliante tutelle d'un pouvoir sans contrôle, mais par la généreuse coalition de toutes les forces libres et de tous les sacrifices spontanés (3).

Le danger de l'Angleterre n'est donc pas à l'intérieur. On voudrait bien la croire en proie, comme nous, aux menaces

----

(1) *Les Ouvriers des deux mondes.* Publication de la société d'Economie sociale. 1858, t. I, p. 396,

(2) Je recommande à tous ceux qui veulent approfondir cette plaie l'ouvrage intitulé : *Dives et Lazarus ou Aventures d'un médecin obscur dans un quartier pauvre.* Londres, 1858. On y reconnaîtra, au milieu de faits aussi intéressants que douloureux, trois côtés lumineux : 1º la moralité et la charité *relatives* qui règnent dans les rapports de ces pauvres déshérités les uns avec les autres ; 2º la supériorité morale, reconnue par un protestant anglais, des indigents irlandais et catholiques ; 3º la noble et salutaire hardiesse d'une publicité qui descend, le flambeau à la main, dans les abîmes de la misère pour révéler le mal et provoquer le remède.

(3) 3e chef d'accusation : Attaque aux droits et à l'autorité que l'Empereur tient de la Constitution et du suffrage universel.

du socialisme et obligée de se réfugier dans l'autocratie.
D'ingénieux panégyristes du pouvoir absolu ont dépensé der-
nièrement leur perspicacité à rechercher, dans des pamphlets inconnus et des *meetings* obscurs, les preuves du progrès des idées révolutionnaires au delà du détroit. Ces éru-
dits ont oublié, ou peut-être n'ont jamais su tout ce qui
s'est dit et publié dans ce genre, de 1790 à 1810, non pas
dans quelques sentines ténébreuses, mais en plein jour, avec
l'assentiment tacite d'un grand parti parlementaire, et sous
le patronage de plusieurs des hommes les plus marquants
du pays, pendant que le pays était en proie aux plus grands
embarras financiers, à des révoltes fréquentes dans ses ma-
rines, et aux formidables entreprises du plus grand capitaine de l'histoire moderne. Tout homme qui connaît tant
soit peu l'Angleterre ne peut que sourire de ces appréhensions intéressées. On peut renvoyer leurs auteurs à cet honnête boutiquier de Londres qui paraissait l'autre jour devant le tribunal de police pour demander au magistrat comment il pourrait se faire rembourser les frais du port d'une
brochure démagogique qui lui était arrivée par la poste.
Non-seulement la nation elle-même ne réclame aucun changement organique, mais aucun des partis sérieux, anciens
ou nouveaux, n'y songe. Jamais la Constitution n'a été plus
universellement respectée, plus fidèlement pratiquée, plus
affectueusement invoquée. Après soixante-dix ans écoulés,
il est encore vrai de dire ce que Mirabeau répondait en 1790
aux oiseaux de sinistre augure qui prophétisaient dès lors
la ruine imminente du pays libéral par excellence « L'An-
» gleterre perdue ! par quelle latitude, je vous prie, a-t-elle
» fait naufrage ?... Je la vois au contraire active, puissante,
» sortant plus forte d'une agitation régulière et venant de
» remplir une lacune de sa Constitution avec toute l'énergie
» d'un grand peuple. »
Non, le danger de l'Angleterre n'est pas là ; il existe, pourtant, mais ailleurs. C'est du dehors que la menacent les
vrais périls auxquels elle peut succomber et sur lesquels elle
se fait une fâcheuse illusion. Je ne parle pas seulement de
la révolte des Indes, bien que je sois loin d'être aussi rassuré sur son issue définitive qu'on veut le paraître en Angleterre ; mais l'Europe me semble bien plus à craindre

pour elle que l'Asie. A la fin du premier Empire, l'Europe, moins la France, était intimement d'accord avec l'Angleterre, et de plus pénétrée de respect pour les récents exploits de son armée en Espagne et en Belgique. Aujourd'hui il n'en est plus ainsi. Les armées anglaises ont injustement, mais incontestablement, perdu leur prestige. De plus les progrès graduels des idées libérales en Angleterre et la marche rétrograde des grands Etats du continent, depuis quelques années, vers le pouvoir absolu, ont placé les deux politiques sur deux voies tout à fait différentes, mais parallèles et assez rapprochées pour que les conflits puissent éclater d'un jour à l'autre.

Il y a de plus, contre l'Angleterre, dans beaucoup d'esprits, une répulsion morale qui est à elle seule un sérieux danger. Les Anglais regardent comme un honneur et comme une parure les invectives de la presse qui prêche le fanatisme et le despotisme; mais ils auraient grand tort de croire qu'il n'y a pas contre eux en Europe d'autres répugnances que celles dont ils ont raison de s'honorer. Le comte de Maistre, qu'ils doivent se reprocher de ne pas assez connaitre, qui n'avait jamais vu l'Angleterre, mais qui l'avait devinée avec l'instinct du génie, et admirée avec la franchise d'une grande âme, a écrit ceci : « Ne croyez pas
> que je ne rende pas pleine justice aux Anglais. J'admire leur
> gouvernement (sans croire cependant, je ne dis pas qu'on
> *doive,* mais encore qu'on *puisse* le transporter ailleurs); je
> me prosterne devant leurs lois criminelles, leurs arts,
> leur science, leur esprit public, etc.; mais tout cela est
> gâté dans la vie politique extérieure par des préjugés nationaux insupportables et un orgueil sans mesure et sans
> prudence, qui révolte les autres nations et les empêche
> de s'unir pour la bonne cause. Savez-vous la grande difficulté de l'époque extraordinaire où nous vivons (1803)?
> *C'est que la cause qu'on aime est défendue par la nation*
> *qu'on n'aime pas.* »

Pour moi, qui aime la nation presque autant que la cause qu'elle défend, je regrette que M. de Maistre ne soit plus là pour flétrir, avec cette *colère de l'amour* qui le rendait si éloquent, l'effronterie maladroite qu'a déployée l'égoïsme britannique dans l'affaire de cet isthme de Suez, dont l'Angleterre voudrait fermer à tous la porte, quoi qu'elle en tienne d'avance la clef à Périm. Il aurait été aussi bien bon à entendre sur la ridicule susceptibilité d'une partie de la presse anglaise à l'endroit du dépôt des charbons russes à Villefranche; comme si une nation qui étend chaque jour sa domination maritime dans tous les cours du monde, et qui occupe dans la Méditerranée des positions telles que Malte, Gibraltar et Corfou, avait bonne grâce à venir se plaindre de ce que les autres peuples essayent d'étendre leur commerce et leur navigation.

D'une part donc, les ressentiments légitimes suscités par la politique imprudente et inconséquente de l'Angleterre dans ses relations avec les autres États; de l'autre, l'horreur et le dépit qu'inspire aux âmes serviles le spectacle de sa liberté durable et prospère, ont créé en Europe un fond commun d'animosité contre elle. Il sera facile à qui le voudra d'exploiter cette animosité et d'en profiter pour engager l'Angleterre dans quelque conflit dont elle risque fort de sortir vaincue ou amoindrie. C'est alors que les masses populaires, blessées dans leur amour-propre national par des échecs imprévus, pourront soulever des orages dont rien, jusqu'à présent, n'a donné l'idée dans son histoire. Pour prévenir cette catastrophe, il lui importe de ne plus s'aveugler sur la nature et l'étendue de ses ressources. Ses forces militaires et surtout les connaissances militaires de ses officiers et de ses généraux, sont évidemment au-dessous de sa mission. Ses forces maritimes peuvent être, sinon dépassées, du moins égalées comme elles l'ont été déjà par les nôtres sous Louis XIV et sous Louis XVI, comme elles le seront encore dès que notre honneur et notre intérêt l'exigeront. Elle se fie trop à sa gloire passée, à la bravoure naturelle de ses enfants. Parce qu'elle est essentiellement guerrière, elle se croit à tort au courant des progrès modernes de l'art de la guerre et en état de résister à la supériorité du nombre, de la discipline et de l'habitude des camps. Parce que, en 1848, les armées les plus vaillantes et les mieux disciplinées n'ont pas préservé les grandes monarchies continentales d'une chute subite et honteuse devant l'ennemi intérieur, elle voudrait douter qu'une bonne et nombreuse armée soit la première condition de salut contre l'ennemi du dehors. Parce qu'elle est libre, elle croit à tort qu'elle n'a rien à craindre des ennemis de la liberté. Non, ses institutions ne sont pas un boulevard inabordable, comme l'a dit étourdiment M. Roebuck, à son retour de Cherbourg. Hélas! l'expérience des temps anciens et modernes a prouvé que les nations libres peuvent succomber comme les autres, et même plus vite que les autres. La liberté est le plus précieux des trésors; mais, comme tous les trésors, elle excite l'envie, la convoitise, la haine de ceux-là surtout qui ne veulent pas que d'autres possèdent ce qu'ils n'ont ni su ni voulu posséder eux-mêmes. Comme tous les trésors, comme la beauté, comme la vérité, comme la vertu même, elle veut être surveillée et défendue avec une tendre sollicitude et une infatigable vigilance. Toutes les inventions dont la science moderne est si fière profitent au despotisme autant et plus qu'à la liberté. L'électricité et la vapeur prêteront toujours plus de force aux gros bataillons qu'aux bonnes raisons. En remplaçant le plus souvent par la mécanique le ressort moral, l'énergie individuelle de l'homme, elles appellent et secondent l'empire de la force sur le droit. Voilà ce que les amis de l'Angleterre et de la liberté ne doivent jamais perdre de vue.

C'est là le seul terrain où l'on ne se sente pas rassuré par les prodiges de cette initiative individuelle et de ces associations spontanées dont l'intrépide et inépuisable énergie fait la force et la gloire suprême de l'Angleterre. Partout ailleurs, il faut bien que toute la puissance et toute la fortune de l'autocratie s'avouent vaincues et éclipsées par cette incomparable fécondité de l'industrie privée qui, de nos jours, sans être ni provoquée ni secourue par l'État, a creusé dans le port de Liverpool des bassins flottants six fois plus vastes que ceux de Cherbourg, élevé sur le sol du Palais de Cristal la merveille de l'architecture contemporaine, fouillé le fond des mers pour y déposer la chaîne électrique et réuni ainsi les deux grands peuples libres du monde par cette voix de l'éclair dont les premières paroles ont porté en un instant à travers les abîmes et d'un monde à l'autre, le chant de joie des anges à la naissance du Sauveur : *Gloire à Dieu au plus haut des cieux, et paix sur la terre aux hommes de bonne volonté.*

Mais ce n'est pas seulement dans les régions de la grande industrie, pour y frapper tous les regards et arracher des témoignages d'admiration aux plus rebelles, que se produisent ces merveilles de l'initiative libre et personnelle. Pour moi, je me sens bien plus ému et plus rassuré encore, quand je la contemple à l'œuvre dans les entrailles mêmes de la société, dans les profondeurs obscures de la vie quotidienne ; et c'est là qu'il faut la voir plonger au loin ses racines et développer sa vigoureuse végétation, pour bien juger tout ce que vaut pour l'âme et le corps d'une nation la noble habitude de pourvoir par elle-même à ses besoins et à ses dangers.

Je n'en veux citer, et c'est par là que je terminerai cette trop longue étude, que deux traits dignes d'inspirer, à mon sens, l'envie des honnêtes gens de tout pays, et qui ont passé presque inaperçus en Angleterre même, tant ils sont conformes à ce que l'on y voit tous les jours et à ce qu'on chercherait vainement ailleurs.

J'ouvre par hasard un obscur journal provincial, le *Manchester Examiner* du mois de juillet dernier, et j'y trouve l'histoire de quatre ou cinq jeunes gens de la classe moyenne qui, en 1853, ont entrepris de fonder à leurs frais une école libre et gratuite dans *Angel Meadow,* un des quartiers les plus sauvages de l'immense cité industrielle de Manchester. Ils voulaient, selon leur expression, fouiller le paganisme des masses ouvrières. Mais, comme tous les paganismes, celui d'Angel Meadow se montra peu accessible et peu reconnaissant. Nos jeunes apôtres s'étaient installés dans une petite maison abandonnée et y avaient attiré quelques enfants de la rue. Pour les en récompenser, on leur donnait un charivari tous les soirs, tous les jours on brisait les vitres de leurs fenêtres et on jetait à travers ces ouvertures des chiens et des chats morts dans les salles d'études. Ils eurent soin de ne pas se fâcher, de ne pas se plaindre et de persévérer en allant visiter un à un tous les pères de famille du voisinage pour les éclairer et les rassurer. Au bout de cinq ans ils avaient vaincu. Aujourd'hui la sympathie de la population leur est acquise, ainsi que l'appui du clergé, et ils comptent quatre cents jeunes élèves dont ils demeurent les instituteurs volontaires, ce qui ne les empêche pas de faire aux adultes des cours et des leçons conformes aux programmes des grandes associations ouvrières de la ville. Ils sont ainsi devenus les émules de cette admirable institution que l'on appelle l'*Union des écoles déguenillées*, parce qu'elle a pour but exclusif de s'occuper des enfants en guenilles, et qui compte déjà dans la seule ville de Londres, 166 écoles, 41,802 élèves, 350 maîtres payés, et, chose plus louable encore! 2,139 membres gratuits qui s'imposent le devoir d'aller plusieurs fois par semaine donner des leçons aux élèves pauvres (1). On me dira que c'est là ce que font en France tous nos frères et toutes nos sœurs voués à l'instruction du peuple, ainsi que beaucoup de pieux laïques Sans doute, et j'ajoute que c'est là ce qu'ils font en Angleterre, partout où il s'en trouve. Mais il ne s'en trouve pas assez, même en France, et à plus forte raison en Angleterre. Sachons donc honorer le dévouement sincère au bien, sous quelque forme qu'il se produise; s'il pouvait jamais être redoutable à quelqu'un ou à quelque chose, ce n'est pas certes au clergé catholique ni à la vérité. De plus, jusqu'à ce qu'il soit affirmé et même démontré par les nouveaux oracles de l'Eglise que l'état des Indiens du Paraguay est le seul idéal qu'il convient de proposer aux nations européennes du dixneuvième siècle, il faudra bien admettre que les vertus civiles et civiques ont bien leur importance, et que la religion, partout si désarmée en présence de la misère et du matérialisme est au moins aussi intéressée que la société au développement spontané de la force morale et intellectuelle dont il a plu au Tout-Puissant de doter sa créature de prédilection.

Mais voici un autre exemple, dans une autre sphère, de cette heureuse et consolante activité de l'effort individuel, où éclate avec une évidence saisissante le talent du *self-government* et l'heureux rapprochement des classes supérieures et inférieures de la population anglaise. Non loin de Birmingham, autre métropole de l'industrie anglaise, s'élève un vieux manoir féodal, entouré d'un beau parc, et appelé Aston-Hall. Charles Ier y avait pris gîte en 1642, et les gens de Birmin-

<hr>

(1) Davesies de Pontes.: *Les Réformes sociales en Angleterre, Revue des Deux-Mondes*, 1er septembre 1858.

gham, qui tenaient pour le parlement, étaient venus l'y as-
siéger. Avec le temps, la grande ville, à force de s'étendre,
avait fini par atteindre et par enserrer dans ses ramifications
successives le vieux domaine, avec ses grands arbres et ses
vertes pelouses. La famille ancienne et appauvrie qui en était
propriétaire ne pouvait s'empêcher de le vendre, et l'on
prévoyait le moment très-prochain où cet espace de verdure
fraîche et salubre disparaîtrait pour faire place à de nouvelles rues encombrées de forges et de filatures. Alors l'idée
vint à quelques-uns d'en faire l'acquisition pour le transformer en un *parc du peuple,* conformément à un exemple
déjà donné par d'autres villes. Nous connaissons tous des
pays très-éclairés où une telle entreprise n'eut point été regardée comme possible, à moins d'aller frapper à la porte du
trésor public ou de la cassette du souverain, en faisant alter-
ner habilement les importunités de la sollicitation avec les
grâces de l'adulation. A Birmingham, les choses se passent
autrement. Un comité se forme; il se compose principalement d'ouvriers et aussi d'un certain nombre de patrons et
de chefs d'industrie. Toute la ville s'associe à leur œuvre.
On crée une société par actions, dont les ouvriers deviennent
actionnaires, et on l'appuie par une souscription générale
dont tout le monde prend sa part. La petite fille des écoles
de charité place son denier à côté des billets de banque
du manufacturier aisé. La somme requise est bientôt trouvée :
le domaine est acheté au nom de la nouvelle association :
le vieux château, soigneusement restauré, est destiné à recevoir une exposition permanente des arts et des manufac-
tures du district, et le grand parc, avec ses arbres séculaires,
est transformé en lieu de promenade et de récréation pour
les familles ouvrières. Alors, mais alors seulement, et quand
il s'agit d'inaugurer cette heureuse conquête d'une intelligente et courageuse initiative, on envoie chercher la Reine.
Car toutes ces petites républiques municipales tiennent infiniment à montrer que la royauté est leur clef de voûte.
Toute cette grande société, si fière et si sûre d'elle-même,
sait bien qu'elle n'a rien à craindre de la puissance souveraine, qui est à la fois sa gracieuse parure et son fidèle
mandataire, et qui n'a, elle aussi, rien à redouter de l'active
spontanéité de ses sujets; qui ne prétend empêcher aucune

émancipation, aucun développement de l'indépendance individuelle; qui n'impose ni la soumission à aucune énergie ni le silence à aucune contradiction; qui n'est, à vrai dire, que le symbole couronné de la liberté. Le 15 juin 1858, la reine obéit à cet appel touchant: elle vient, et six cent mille ouvriers accourent au-devant d'elle, sortant par myriades de toutes les fourmilières industrielles des districts du *pays noir,* c'est-à-dire des comtés de Stafford et de Warwick, dont les houillères alimentent la grande industrie métallurgique. Ils lui apportent l'affectueux hommage de leurs âmes libres et de leurs mâles efforts pour grandir et s'affranchir. La reine traverse ces flots d'une population enthousiaste et inaugure le nouveau musée; elle arme chevalier le maire de Birmingham, élu par ses concitoyens, en lui frappant sur l'épaule, selon le cérémonial antique, avec l'épée que lui prête à cette fin le lord lieutenant du comté : puis elle fait approcher les huit ouvriers que leurs camarades avaient signalés comme les plus utilement zélés pour l'œuvre commune, et leur dit: « Je vous remercie personnellement « de ce que vous avez fait pour sauver ce vieux manoir, et « j'espère que ce *Parc du Peuple* sera à jamais un bienfait « pour les classes ouvrières de votre ville. » Pendant qu'elle s'éloigne, quarante mille enfants des écoles libres et nationales de diverses confessions, rangés en espalier sur son passage, sous les grands arbres qui avaient peut-être vu passer Charles Ier, chantent en masse, avec un accent à la fois innocent et passionné qui arracha des larmes à plus d'un assistant, un hymne en vers passablement grossiers, dont le refrain dit : *Or prions tous pour notre patrie; que Dieu garde longtemps l'Angleterre, qu'il la garde chrétienne, heureuse et glorieusement libre!*

> Now pray we for our country
> That England long may be
> The holy and the happy
> And the gloriously free.

CH. DE MONTALEMBERT.

PROCÈS

DE M. LE COMTE CHARLES DE MONTALEMBERT

AU SUJET DE L'ÉCRIT INTITULÉ :

UN DÉBAT SUR L'INDE AU PARLEMENT ANGLAIS.

—

PLAIDOYERS DE MM^{es} BERRYER ET DUFAURE

DEVANT LA POLICE CORRECTIONNELLE ET LA COUR IMPÉRIALE.

(24 novembre—21 décembre 1858.)

—

ARRÊTS DE CONDAMNATION ET PIÈCES.

6e CHAMBRE DU TRIBUNAL DE 1re INSTANCE

DU DÉPARTEMENT DE LA SEINE.

POLICE CORRECTIONNELLE.

ASSIGNATION A PRÉVENU.

L'an mil huit cent cinquante-huit, le dix novembre, à la requête de M. le PROCUREUR IMPÉRIAL près le Tribunal de première Instance du département de la Seine, séant à Paris, qui fait élection de domicile en son parquet, au Palais de Justice, à Paris ;

J'ai, François-Xavier Péron, Huissier-Audiencier audit Tribunal, demeurant à Paris, au Palais de Justice, soussigné, donné assignation à M. le comte de Montalembert, Charles, ancien pair de France, demeurant à Paris, rue du Bac, n° 40, en son domicile, parlant au concierge de l'hôtel,

Et par copie séparée au sieur Douniol, gérant du *Correspondant*, en son domicile, parlant ainsi qu'il est dit en l'original, à comparaître en personne, le mercredi dix-sept novembre 1858, à DIX HEURES DU MATIN, à l'audience du Tribunal de première Instance du département de la Seine, sixième chambre, jugeant en police correctionnelle, séant à Paris, au Palais de Justice,

Pour répondre et procéder sur et aux fins d'une procédure de laquelle il résulte qu'il est prévenu d'avoir en 1858 en publiant ou faisant publier dans le n° du 25 octobre 1858 de la revue *le Correspondant* un article ayant pour titre : *un Débat sur l'Inde au Parlement anglais.*

I. *Excité à la haine et au mépris du gouvernement de l'Empereur,* notamment 1° dans le passage 205 (1), commençant par ces mots : « Quand les oreilles me tintent, » et finissant par ceux-ci : « un bain de vie dans la libre Angle-

(1) Quoique nous ayons reproduit en italique et accompagné d'une note les passages incriminés, nous allons établir au début de la procédure une concordance entre les chiffres des pages du *Correspondant* et ceux de la présente édition. Page 205, p. 1 ; p. 206, p. 3 ; p. 209, p. 7 ; p. 215, p. 14 ; p. 217, p. 16 ; p. 252, p. 59 ; p. 260, p. 69 ; p. 261, p. 69 ; p. 262, p. 71 ; p. 266, p. 76.

terre; » — 2º Le passage page 209 commençant par ces mots : « Au Canada une noble race française, » et finissant par ceux-ci : « la compagnie de la grande fédération américaine; » — 3º dans le passage page 215 commençant par ces mots : « Nous avons non-seulement les habitudes, » et finissant par ceux-ci : « les idées de l'autorité ou celles du vulgaire; » — 4º dans le passage page 261 commençant par ces mots : « Pendant que ces réflexions se faisaient, » et finissant par ceux-ci : « sur les âmes fières et les esprits généreux. »

II. *Attaqué le respect dû aux lois :* 1º dans le passage 215 visé suprà; — 2º dans le passage page 252 commençant par ces mots : « J'en étais, pour ma part, » et finissant par ceux-ci : « où les attend le bâillon officiel; — 3º dans le passage page 262 commençant par ces mots : « garantie immense et trop peu connue, » et finissant par ceux-ci : « de ranger parmi les conquêtes de 1789. »

III. *Attaqué les droits et l'autorité que l'Empereur tient de la Constitution et du suffrage universel,* notamment 1º dans le passage page 206 commençant par ces mots : « Je concède d'ailleurs à qui veut, » et finissant par ceux-ci : « si l'on veut comme moi; — 2º dans le passage page 260 commençant par ces mots : « En un mot la force morale, » et finissant par ceux-ci : « en dehors de sa virile et intelligente énergie; — 3º dans le passage page 266 commençant par ces mots : « J'ai déjà indiqué ici-même, » et finissant par ceux-ci : « tous les sacrifices spontanés. »

IV. *Cherché à troubler la paix publique, en excitant le mépris ou la haine des citoyens les uns contre les autres,* notamment 1º dans le passage page 209 visé suprà; 2º dans le passage page 217 commençant par ces mots : « Mais si par hasard elle a été ramassée, » et finissant par ceux-ci : « démenties par la réflexion et par les faits; » — 3º dans le passage page 261, visé suprà.

Délits prévus par les articles 1, 4, 7 du décret du 11 août 1848 et 1 et 3 de la loi du 29 juillet 1849,

Et en outre répondre aux conclusions qui seraient prises contre lui d'après l'instruction à l'audience par M. le Procureur impérial, et j'ai au susnommé domicile et parlant comme dessus laissé cette copie.

Coût quatre francs 65 centimes.

(Signé) PERON.

Sur la demande de Mᵉ Berryer, l'affaire fut remise à huitaine.

TRIBUNAL DE POLICE CORRECTIONNELLE.

6e Chambre.—Audience du 24 novembre.

AFFAIRE DE MONTALEMBERT.

Dès le matin la foule stationne aux abords du palais ; une nuée de sergents de ville ont reçu l'ordre et la mission de veiller au maintien de l'ordre. La salle d'audience est bientôt envahie par les privilégiés porteurs de cartes, par les magistrats et les avocats ; on remarque dans l'auditoire MM. Villemain, le duc de Broglie, Odilon Barrot, lord Howden, M. et Mme Bochet, Mme de Montalembert, un grand nombre d'anciens députés et de notabilités administratives.

Au banc de la défense se trouvent assis MM. de Montalembert et Douniol, assistés de leurs avocats Me Berryer et Me Dufaure.

Le siége du ministère public est occupé par M. le Procureur impérial Cordoen, assisté de M. le Substitut Ducreux.

L'audience commence à midi.

M. le président s'adressant à l'auditoire :

« Je préviens les assistants que toute marque d'approbation ou d'improbation est sévèrement interdite, qu'elle serait réprimée immédiatement, et que nous saurions pour cela faire usage de la force dont nous disposons. »

S'adressant ensuite à M. Douniol, M. le président rappelle les divers chefs de la prévention, et M. Douniol, après avoir déclaré qu'il n'avait lu l'article qu'après sa publication, s'en est rapporté à ce que diraient ses défenseurs.

INTERROGATOIRE DE M. DE MONTALEMBERT.

D. Comte de Montalembert, quel est votre prénom ?

R. Charles !

D. Votre profession ?

R. Ancien Pair de France, membre de l'Académie française.

M. le président rappelle ici à M. de Montalembert qu'il est poursuivi pour avoir contrevenu aux lois du 11 août 1848 et 17 juillet 1849 sur la presse.

M. de Montalembert répond qu'il n'a jamais eu l'intention d'attaquer des lois par lui votées, et qu'en écrivant son article, il s'est borné à constater des faits sans aucune arrière-pensée d'injure et de dénigrement.

M. le président lui fait alors observer qu'il est poursuivi pour avoir constaté de prétendus faits; et qu'il aggraverait sa situation en renouvelant publiquement à l'audience le délit qui lui est reproché.

M. de Montalembert répond : Qu'il ne peut pas mentir à sa conscience.

D. Vous avez dans un des passages incriminés divisé la société française en deux camps : l'élite des *honnêtes gens* dans laquelle vous vous rangez, et les *lâchés*, c'est-à-dire, suivant vous, les huit millions de français qui ne partagent pas votre manière de voir ?

R. Il a toujours été permis de dire qu'il y a dans le monde des honnêtes gens et des lâches, je n'ai outragé personne.

D. Vous connaissez mieux que personne la valeur des mots, et si dans un salon vous divisiez ceux qui s'y trouvent en lâches et honnêtes gens, croyez-vous que ceux que vous désigneriez comme des lâches ne se trouvèraient pas outragés ?

R. Si je disais qu'il y a des lâches et que quelqu'un me répondit: Vous parlez de moi, je lui dirais : J'en suis fâché pour vous.

D. Au début de votre article, vous nous comparez à ces soldats vaincus dont parle Horace : *Suave mari magno turbantibus æquora ventis.....*?

En entendant attribuer, par erreur, à Horace un passage de Lucrèce, une exclamation échappe à une personne de l'auditoire, et tous les yeux se tournent sur l'illustre secrétaire de l'Académie française.

M. LE PRÉSIDENT.—J'ai déjà prévenu que tout signe d'approbation ou d'improbation était sévèrement interdit; sergents de ville, veillez et expulsez la personne qui troublerait l'audience !

Après cette interruption, M. de Montalembert répond en disant que sa pensée n'a pas été bien comprise.

M. le président adresse encore diverses questions à M. de Montalembert qui déclare s'en rapporter aux explications qui seront données par ses défenseurs.

M. CORDOEN, Procureur impérial, soutient l'accusation.

Messieurs, les procès de presse éveillent toujours la curiosité de la foule et l'intérêt des esprits graves ; ils mettent en présence les droits et les abus de l'intelligence. Le gouvernement impérial a voulu faire à l'intelligence sa place légitime, mais il n'a pas voulu que cette place fût sans limite et sans règle.

La presse, sous l'empire de la loi qui la règle, a gardé plus de liberté qu'elle ne croit; les journalistes, il est vrai, ne fondent plus de balles pour l'émeute, et le gouvernement serait insensé, s'il avait la pensée de rendre la liberté sans règle à un pays qui n'en veut pas.

L'action de l'intelligence sur la vie est vieille comme le monde, et elle agit sous la loi de sa responsabilité ; la liberté de la presse lui sert d'organe, et cette liberté ne peut appartenir qu'aux civilisations avancées.

C'est une erreur, messieurs, de croire qu'en Angleterre la liberté de la presse est aussi vieille que la monarchie. Ici, M. le procureur impérial s'attache à justifier cette proposition par l'énumération de documents historiques, et arrive à établir que la presse n'a été véritablement et complétement libre en Angleterre, que lorsque les droits de la maison de Hanovre n'ont plus été mis en question.

A Dieu ne plaise, messieurs, ajoute M. le Procureur impérial, que je reproche à l'Angleterre d'avoir restreint la liberté de la presse. Mais, messieurs, puisqu'on fait des comparaisons, moi aussi j'ai le droit de comparer. Jamais dynastie à son début ne s'est appuyée sur des lois plus douces, plus modérées et plus libérales que celles qui nous gouvernent aujourd'hui ; le fait est incontestable. Et, après quelques explications sur ce point, M. le Procureur impérial poursuit ainsi :

Maintenant, messieurs, j'ai hâte d'arriver à l'objet du procès. C'est la première fois qu'un procès de presse a lieu depuis l'avènement de l'Empire. Quel que soit le talent de l'écrivain, il écrit toujours sous sa responsabilité. Eh bien, messieurs, qu'est-ce que c'est que le *Correspondant?* C'est un journal religieux qui sort trop souvent de cette spécialité pour s'aventurer sur le terrain de la politique. Messieurs, dans cette occasion l'administration pouvait suspendre ce journal qui déjà avait dirigé deux attaques contre le gouvernement que s'est donné la France, et qui déjà avait été deux fois averti ; l'administration n'a pas voulu de cette suspension, le *Correspondant* vivra ; mais nous avons voulu, nous, un débat public, et nous vous demandons une répression pour les délits qui ont été commis.

Ici, M. le Procureur impérial s'efforce de retracer la situation politique dans laquelle se trouvait l'Angleterre, au moment du voyage qu'y a fait M. de Montalembert; il décrit longuement les épisodes du siége de Lucknow et rend hommage au courage des huit cents anglais et des deux cents anglaises qui ont lutté pendant quatre mois contre les efforts de cent mille barbares ; il se demande alors, si, dans l'article incriminé, M. de Montalembert a voulu retracer les mœurs et les institutions anglaises, ou s'il a été mu par une pensée de dénigrement contre le gouvernement français.

Analysant l'article, il insiste sur la bienveillance marquée de M. de Montalembert pour les institutions anglaises et va jusqu'à y voir des vœux formés contre la France elle-même dans l'éventualité d'un conflit.

Votre œuvre, monsieur, dit-il en s'adressant directement à M. de Montalembert, est une œuvre impie, anti-française, et je ne sache pas que jamais la passion ait pu entraîner un Anglais à faire des vœux pour les ennemis de sa patrie.

Non, monsieur, votre œuvre n'était pas seulement un tableau historique et politique des institutions de l'Angleterre, ce que vous avez voulu, c'est de dire à la France qu'en Angleterre la bourgeoisie règne et l'aristocratie gouverne, et vous regrettez qu'en France l'aristocratie ne gouverne pas.

Ah ! messieurs, poursuit M. le Procureur impérial, les institutions politiques sont l'œuvre du temps, elles sont l'œuvre de Dieu même et les hommes ne sont quelquefois que les instruments aveugles dont se sert la Providence. Lorsque, en 1814, un vieux roi vint donner à la France une charte, on vit ce que peuvent valoir les importations étrangères ; la presse tant vantée aujourd'hui devint pouvoir unique dans l'Etat. Il n'y eût plus de balance entre les pouvoirs et la France, reprenant sa marche naturelle, aspira à l'unité et à la simplicité, et elle en est enfin arrivée à se donner de nouveau à la dynastie impériale.

Ce qui vous porte, monsieur, à attaquer cette dynastie, c'est l'orgueil, ce sentiment qui fait que les hommes qui s'éloignent du pouvoir deviennent les ennemis de l'autorité ; ce que vous auriez dû emprunter à l'Angleterre, c'est son respect pour la loi et pour l'autorité ; vous vous trouvez privé de liberté en France, monsieur, vous vous trouvez enchaîné, bâillonné par nos lois ; eh bien, je vous dis moi, que la France ne craint pas la comparaison avec l'Angleterre ; elle a la liberté de la presse, la liberté de l'enseignement, la liberté de la conscience, l'égalité civile, l'inamobivilité de la magistrature, un corps législatif nommé par le suffrage universel, et quoique vous en disiez, j'affirme que je vis sous un gouvernement libre.

M. le Procureur impérial examine rapidement les passages incriminés, et termine en rappelant l'enthousiasme spontané que des populations renommées, les unes par leur attachement aux idées libérales, les autres par leur dévouement au principe monarchique, ont fait récemment éclater sur les pas de Leurs Majestés Impériales.

Ce spectacle-là, ajoute-t-il en s'adressant une dernière fois à M. de Montalembert, est un spectacle plus grand que celui des meetings anglais. Vous en auriez senti la grandeur à l'époque où votre cœur battait comme celui de la France ; vous avez dit dans une occasion solennelle que l'Eglise était plus qu'une femme, qu'elle était une mère ! Eh bien, monsieur, la patrie est une mère aussi et cette mère vous l'avez outragée, vous l'avez jetée aux pieds de l'Angleterre et vous l'avez frappée au visage.

La presse anglaise vous a applaudi, mais pour emprunter encore une de vos paroles, les applaudissements de l'étranger sont déjà votre châtiment.

—

PLAIDOIRIE DE Mᵉ BERRYER.

Quelque puissantes qu'eussent été auprès de vous, les généreuses, franches, pénétrantes paroles que M. de Montalembert eut pu vous faire entendre, avec son bien dire accoutumé, bien qu'assurément il lui appartint plus qu'à tout autre d'expliquer devant vous l'égalité et l'identité de ses convictions à toutes les époques et sous tous les régimes, nous n'avons pas voulu lui laisser la tâche de parler de lui-même comme il convient, comme il a droit qu'il en soit parlé. C'est à nous de remplir ce devoir, à nous qui avons été mêlés avec lui aux grandes agitations, aux grandes luttes de la vie politique, à nous qui, dans des rangs divers avons pu quelquefois ne pas nous associer à ses pensées, à ses vues, à ses impulsions sur la marche des affaires et sur les conduites à suivre, nous qui tenons à honneur de dire que, dans tous les temps comme aujourd'hui, nous avons voulu maintenir les principes fondamentaux d'ordre et de liberté dont il était l'éloquent défenseur.

Oui, au milieu des terreurs publiques, nous étions pleinement unis dans ce fier et courageux vouloir, nous avions la même pensée et nous disions avec lui : Sauvons la société, mais sauvons aussi la liberté, et c'est avec cette même devise, ce même cri d'armes, que je viens repousser une accusation injuste, mal fondée, imprudente et mal avisée, j'allais dire téméraire.

Il me sera facile, messieurs, de vous amener à remplir votre devoir, comme je m'efforcerai de remplir le mien.

Nous n'avons pas à craindre que dans ce procès de presse, le premier, vous a-t-on dit, qui se soit produit depuis l'Empire, aucune considération puisse vous faire oublier la sainteté et l'indépendance du grand pouvoir de justice qui vous est confié.

L'écrit de M. de Montalembert : *Un débat sur l'Inde au Parlement anglais,* est l'objet d'une poursuite dans son ensemble et dans ses détails.

Assurément quand on veut juger une œuvre aussi étendue et aussi sérieuse, il ne faut pas s'arrêter à des mots épars tombés de la plume, à des phrases isolées qu'on interprète, qu'on altère, qu'on dénature, qu'on exagère, c'est à l'ensemble qu'il faut s'attacher. Pour juger un tel écrit il ne suffit pas de se placer au point de vue de l'accusation, il faut juger l'homme lui-même, ses principes, sa vie. Cette vie elle a été toute de luttes ; depuis près de trente ans, elle a été livrée aux regards de tous. Il était bien jeune quand la France, échappée aux souffrances, aux hontes, aux misères que les trois tyrannies de la Convention, du Directoire et de l'Empire avaient fait peser sur elle, se reposait sous la Monarchie constitutionnelle, et reprenait sous un gouvernement fort et libre le grand travail commencé à cette époque immense de 1789.

C'est au milieu de ce travail, de ce mouvement, de ces appréhensions

jalouses, que se développent l'intelligence et la conscience de M. de
Montalembert.

Nourri vigoureusement dans la foi de ses pères, nourri dans les traditions d'une noble et chrétienne famille, il s'est senti, dès sa jeunesse, appelé à défendre les institutions, les principes, les libertés, pour
lesquels la France avait déjà tant sacrifié et tant souffert, et bientôt
obéissant à ces nobles inspirations, il se déclarait le défenseur, l'ami des
libertés religieuses et des libertés politiques du pays.

On a cherché des contradictions dans ses paroles et dans ses écrits ;
ah ! j'ai la mémoire aussi ; il fit beau voir, en 1831, dans le sein de la
Chambre des Pairs, ce jeune homme de vingt ans à peine, venant justifier sa tentative d'ouvrir une école libre dans Paris. Ce n'est pas un
souvenir fugitif ; tous furent profondément émus, en entendant ce
jeune gentilhomme de vieille race, libéral et catholique, faisant publiquement cette profession de foi : « La foi n'est pas morte dans tous
» les cœurs ; c'est à elle que j'ai donné de bonne heure et mon cœur et
» ma vie ; ma vie, une vie d'homme, c'est aujourd'hui surtout bien peu
» de chose : mais ce peu de chose, consacré à une grande et sainte cause,
» peut grandir avec elle ; quand on a fait à une cause pareille abandon
» de son avenir, j'ai cru et je crois encore qu'il ne faut fuir aucune de
» ses conséquences, aucun de ses dangers ; » et depuis qui peut dire
qu'il ait un moment donné un démenti à sa parole ?

Dix-sept ans plus tard (la magistrature serait bien ingrate si elle
l'avait oublié), il défendait à la tribune de l'Assemblée nationale le
principe de l'inamovibilité judiciaire.

En 1835, c'est lui encore qui défendait énergiquement la liberté de la
presse alors que des mesures de rigueur étaient demandées contre elle
à la suite d'un grand crime ; à l'homme qui a tenu une pareille conduite et un pareil langage, allez-vous demander si, dans une occasion
solennelle touchant à de grandes questions, il a voulu avoir recours
aux journalières, puériles et menteuses ressources de la plume d'un libelliste et d'un pamphlétaire ? Non, c'est avec plus de dignité que, fidèle à
lui-même, il aborde de pareils sujets ; il a vu tomber la tribune, il a vu
enchaîner la presse, oui, *enchaîner*, car c'est là le mot, vous l'avez dit
vous-même en ajoutant que c'était le vœu du pays. Il va en Angleterre
et là il retrouve de mâles discussions ; quel spectacle à ses yeux surpris
et déjà désaccoutumés des grandeurs de la liberté ; une proclamation de
lord Canning agite toute l'Angleterre, parce que le mot de confiscation
s'y trouve prononcé ; l'horreur de cette violation du plus sacré des
droits a soulevé la conscience du pays ; devant ce sentiment, toutes les
rivalités sont tombées, la vieille Angleterre a oublié les luttes des partis,
et la nation toute entière applaudit à ces nobles paroles de M. Roebuck :
« Je suis Anglais ; mais il y a des choses pour moi plus sacrées et plus
» grandes que la grandeur de l'Angleterre, et parmi ces choses je place

» le progrès du genre humain dans l'enseignement et dans la pratique
» de la vertu et de l'honneur. »

Quelle devait être l'émotion de M. de Montalembert. Comment n'aurait-
il pas vivement senti l'amertume des regrets ; il avait, lui aussi, pris part
aux luttes de la tribune ; il avait connu les magnificences de la liberté.
Ce qu'il retrouvait dans la vieille Angleterre, pouvait-il oublier qu'il
l'avait eu en France alors que toutes les poitrines s'ouvraient pour
laisser voir le fond des cœurs, et que, palpitant d'intérêt, le pays assis-
tait par les mille voix de la presse à cet effort commun de toutes les
grandes intelligences et de tous les bons citoyens.

Venez nous dire maintenant qu'il y a bientôt deux cents ans l'Angleterre n'avait pas toutes ses libertés ; M. de Montalembert tout ému de
ses regrets ne s'est pas demandé cela. Il s'est demandé pourquoi la
France n'avait pas conservé les mêmes libertés dont elle jouissait il
y a moins de dix ans, et pourquoi elle ne pourrait plus aujourd'hui
faire elle-même ses propres affaires.

Ah ! vous condamnez l'expression de ces regrets ; vous dites que
c'est un outrage au pays, un acte anti-français, quelque chose de
criminel ; eh ! quoi, nous coupables envers le pays ! Nous, moi, coupables ! pour avoir regretté les institutions sous lesquelles la France a
vécu, pour lesquelles nous avons combattu.

Coupables. Ah ! laissez moi dire toute ma pensée ; non, c'est le pays
qui serait coupable envers nous.

Notre tort, c'est d'avoir cru à la France, d'avoir aimé ce qu'elle aimait,
d'avoir réclamé avec elle et pour elle les garanties de la liberté, enfin
d'avoir été ce que la France a voulu que nous fussions, ce que nous
sommes et ce que nous serons toujours.

Non, celui qui toute sa vie a été animé par une foi si pure, ne
descend pas, quand il exprime ses regrets, à l'outrage et au dénigrement,
il est guidé par des sentiments plus hauts ; libéral et catholique, il
a défendu pendant toute sa carrière nos libertés politiques et religieuses ; rien ne lui tenait plus à cœur que la dignité de l'Eglise dont
il est le fils soumis ; cette dignité, il la trouve compromise à son retour
d'Angleterre ; il a lu quelques écrivains se disant catholiques et pré-
tendant avoir en monopole la défense de l'orthodoxie et de l'autorité ;
il a vu dans leurs écrits que ce qu'il venait de voir était une FARCE
jouée à grand appareil ; il les a entendus applaudir aux massacres de
Delhi et de Cawnpore, outrageant ainsi tous les principes de l'humanité et de la religion, et jaloux de saisir toutes les occasions d'exhaler
leur haine contre la nation protestante et surtout contre la nation libérale. C'est alors qu'il laisse échapper de sa poitrine cette parole la plus
belle qui soit jamais sortie d'une poitrine d'homme : « J'ai horreur de
» l'orthodoxie qui ne tient aucun compte de l'humanité et de l'hon-
» neur. » Cela suffit, messieurs, pour faire saisir la véritable pensée

de M. de Montalembert ; au moment où il écrivait, il avait oublié par quels moyens, dans quelles circonstances s'était fondé le gouvernement nouveau ; il s'adressait à ces étranges catholiques, à ces royalistes ingrats qui compromettaient si gravement et l'Eglise et la Monarchie.

Si donc, pour être vrais, vous envisagez l'article dans son ensemble, vous serez forcés de reconnaître qu'il a été dicté par les sentiments les plus nobles et les plus élevés. Quant à l'intention directe et personnelle d'attaquer les institutions actuelles de la France, où donc en trouvez-vous la trace ? Lisez l'écrit incriminé, vous verrez que M. de Montalembert sait y féliciter le gouvernement d'avoir, avec une courageuse persévérance, maintenu l'alliance anglaise, allant jusqu'à vanter la sagesse avec laquelle il a su renoncer à des exigences qui compromettaient le droit d'asile, et enfin avec quel respect ne parle-t-il pas du maréchal « qui représente si dignement la France en Angleterre. »

Mais, nous dit la prévention, il ne s'agit pas d'attaque directe, vous connaissez les habiletés du langage, l'attaque est dans les contrastes perpétuels que vous établissez entre les libertés de l'Angleterre et la condition actuelle de la France. Messieurs, l'homme qui venait d'assister aux débats du Parlement anglais, trouvait ce contraste dans les faits ; nous verrons tout à l'heure, si les expressions dont il s'est servi sont coupables, mais je le répète, il n'a fait que constater un fait.

M. LE PRÉSIDENT. — Me Berryer, le tribunal a laissé passer des expressions bien chaudes, des allusions bien vives, mais il est forcé de vous arrêter dans la voie périlleuse où vous vous engagez ; vous plaidez ce qu'a écrit M. de Montalembert, et vous renouvelez le délit en cherchant à le justifier.

Me BERRYER. — Des allusions, monsieur le Président, ma parole m'a bien trahi, si elle a rien caché de ma pensée. (Rires dans l'auditoire.)

M. LE PRÉSIDENT. — Je ne puis pas vous laisser dire qu'il n'y a plus de liberté en France.

Me BERRYER. — Ah ! monsieur le Président, s'il en est ainsi, s'il faut nier ce qui est plus éclatant que la lumière du jour, s'il faut mentir, mentir, mentir, mentir à mon intelligence, mentir à ma conscience, je n'ai plus qu'à me taire, je n'ai plus qu'à m'asseoir, je renonce à la défense.

M. LE PRÉSIDENT. — Me Berryer, vous ne mentirez pas.

En 1811, lorsque vous vous êtes fait inscrire à ce barreau que vous avez illustré, vous avez prêté un serment, que vous avez renouvelé depuis, celui de garder le respect dû aux lois. Vous avez toujours tenu ce serment, et vous le tiendrez aujourd'hui encore.

Me BERRYER. — Je viole mon serment, mais vous me faites frémir, M. le Président, vous portez ma pensée vers des temps, où l'éloge d'un homme de bien, l'éloge d'une vertu, d'un bon sentiment, d'une bonne

loi, était considéré comme un crime. — Non non, je ne veux pas rappeler ces temps, — *Legimus capitale fuisse*. Non, je n'accepte pas que l'éloge d'un gouvernement libre soit une injure par cela seul que ce gouvernement contraste avec les institutions actuelles de la France. Cet éloge dans la bouche de M. de Montalembert était tout patriotique. Ce n'était pas chez lui une idée passagère, car en 1847, à une époque où on ne pouvait se méprendre sur sa pensée, il vantait déjà les libertés anglaises, mais en même temps il ajoutait : « J'aime mieux être fran-
» çais qu'anglais, il y a quelque chose de plus beau que de posséder
» la liberté, c'est de la conquérir, » et c'est ce sentiment, cette vertu patriotique que vous voulez lui dénier.

Lisez donc l'écrit que vous incriminez ; certes, en ce qui me concerne, c'est avec plus de réserve et de prudence que j'accepterais l'union que l'Angleterre offre aujourd'hui à notre commerce, à notre industrie, à nos armes. Mais que veut après tout M. de Montalembert, ce qu'il veut c'est que l'union étroite de ces deux peuples fasse verser sur le sol français quelque peu de ce flot de liberté, qui porte la grandeur, la puissance et les prospérités de l'Angleterre.

Ne dites pas que l'article n'est pas français, car M. de Montalembert y déplore que la grandeur coloniale de l'Angleterre se soit élevée sur nos ruines ; il dit bien haut, dans ce passage même que vous attaquez, que seule entre les nations catholiques, la France a su coloniser d'une manière durable, et prévoyant enfin les rivalités qui pourraient surgir entre la France et l'Angleterre il n'hésite pas à proclamer que l'avantage serait incontestablement pour la France.

En écrivant cet article il a voulu rendre hommage à la France et lui dire qu'elle est digne d'être libre comme l'Angleterre, qu'elle peut comme elle supporter la liberté ; loin de l'attaquer, il la défend et il la défend contre votre propre langage, M. le Procureur Impérial.

Vous nous dites que la liberté aurait des périls pour la France ; ignorez-vous donc qu'au jour des dangers, alors que les dangers ne venaient pas d'en haut, alors qu'ils venaient des bas fonds de la société, M. de Montalembert était de ceux qui luttaient avec courage contre les excès pour la commune défense de l'ordre et de la liberté ? ce qu'il a dit alors, il le répète aujourd'hui encore et c'est avec un sentiment tout français.

Et maintenant entrons dans des détails et voyons si les lois pénales dont vous demandez l'application peuvent s'appliquer à M. de Montalembert.

Ici je ne puis me défendre d'exprimer un sentiment d'étonnement qui sera partagé par tout ce qu'il y a d'intelligent dans le monde ; — à quelles lois a-t-on recours ? On évoque les lois du 11 août 1848 et du 27 juillet 1849, mais ces lois pourquoi ont-elles été faites ? Elles ont été faites pour maintenir et faire respecter les principes et les institutions qui régissaient alors la France; elles ont été faites pour faire respecter la souveraineté du peuple et le suffrage universel; les temps sont bien changés aujourd'hui; la constitution d'alors est brisée et ce serait une étrange analogie que de vouloir appliquer des lois qui ont été créées pour des situations qui n'existent plus. Le crime de M. de Montalembert; c'est d'avoir exprimé un regret de ce que les principes que devaient protéger ces lois ont été vaincus, de ce que les institutions n'existent plus.

La loi de 1848, elle a été faite au lendemain des journées de juin, alors que tout en réprimant les excès, on tenait à garantir la libre discussion, la tribune libre, la presse libre, et croyez-vous que le jugement qui s'appuierait aujourd'hui sur une telle loi, n'exciterait pas dans le monde une stupéfaction universelle : Voilà pour le point de vue général.

Arrivons maintenant à la précision des délits.

Vous reprochez à M. de Montalembert d'avoir excité à la haine et au mépris du gouvernement, vous dites qu'à la page 205 il a attaqué le gouvernement et les hommes du gouvernement? Comment cela? — On lit dans l'article : « Quand les oreilles me tintent tantôt du bourdonne-
» ment des chroniqueurs d'antichambre, tantôt du fracas des fanatiques
» qui se croient nos maîtres et des hypocrites qui nous croient leurs
» dupes, quand j'étouffe sous le poids d'une atmosphère chargée de
» miasmes serviles et corrupteurs, je cours respirer un air plus pur
» et prendre un bain de vie dans la libre Angleterre. » Le mot d'anti-chambre vous a frappé, et vous avez dit que M. de Montalembert avait prétendu que le gouvernement actuel n'était qu'une antichambre.

M. de Montalembert a voulu combattre et flétrir les hommes qui voudraient que le gouvernement fut tout entier dans l'antichambre, là où ils adulent, où ils tendent la main, où ils mendient, où ils s'é-vertuent à porter des complaisances aussi fâcheuses pour celui qui les reçoit que honteuses pour celui qui les donne; — des antichambres, il y en a eu dans tous les temps et sous tous les régimes. Si je hantais les abords des palais où il y a des antichambres, j'y retrouverais toujours les mêmes hommes et les mêmes usages; c'étaient eux qui aux pre-miers jours de la Restauration se proclamaient les amants de la légi-timité, qui plus tard, à la cour de la royauté de Juillet, venaient offrir de lâches services insolemment refusés par ceux-là même auxquels on les offrait; ce sont ces mêmes hommes qui toujours flattant, sollicitant, mendiant, quémandant, trafiquant de leur conscience pour obtenir un avancement dans leur carrière, en ont fait l'épreuve dès les premières années de ma jeunesse.

Et c'est pour cela que je suis devenu un homme modéré, non pas mo-déré dans mes convictions, dans mon attachement à la monarchie et à la liberté, mais modéré dans ma conduite, modéré dans mon langage, comprenant que les autres n'aient pas les mêmes idées que moi, et respectant partout le courage et la dignité.

J'ai vu au commencement de 1814 ces hommes qui avaient le monopole du royalisme, six mois ne s'étaient pas écoulés, et ils allaient rouler au seuil de l'établissement des cent jours, ce sont ces hommes là qui peuplent les antichambres, qui en sont les chroniqueurs et qui sont la perte de tous les régimes, c'est à eux que s'est adressé M. de Montalembert, à eux qui conspirent contre la dignité de notre église et contre celle de la France.

Laissons donc ces vaines accusations, M. de Montalembert n'a pas attaqué le gouvernement, il a attaqué les hommes qui le déshonorent.

A la page 209 on incrimine encore le passage suivant : « Au Canada, une noble race française et catholique, arrachée malheureusement à notre pays, mais restée française par le cœur et par les mœurs, doit à l'Angleterre d'avoir conservé ou acquis avec une entière liberté religieuse, toutes les libertés politiques et municipales que la France a répudiées. »

Mais en vérité quel crime a donc commis M. de Montalembert en disant que le Canada avait conservé des libertés municipales que la France a répudiées ? Est-ce que les lois qui règlent aujourd'hui la formation des conseils municipaux et l'établissement des magistratures municipales sont aussi libérales que celles qui nous régissaient autrefois ? S'il y a d'ailleurs un reproche, ce n'est pas au gouvernement qu'il s'adresse, c'est au pays, c'est à la France qui a répudié ces libertés; l'accusation tombe à faux.

Le Ministère public veut voir encore le délit d'excitation à la haine et au mépris du gouvernement dans le passage de l'écrit incriminé où M. de Montalembert aurait donné à entendre que la France a aujourd'hui les habitudes et les instincts des peuples mineurs.

Le crime de M. de Montalembert serait d'après la prévention d'avoir voulu dire à la France qu'elle était en tutelle. Eh bien ! je le demande, ne faut-il pas pousser bien loin les interprétations pour voir là un délit ? Et ne faut-il pas surtout perdre complètement de vue le but que s'est proposé l'écrivain? mais lisez donc la page qui précède, lisez la page qui suit, qu'a voulu M. de Montalembert? il a voulu vanter le régime de la publicité, il a cherché à le faire apprécier par ses résultats et il a montré qu'au milieu de tous les excès qu'on peut reprocher à la presse : « la discussion, la rectification, ou la réparation suivent, pas à pas, la » dénonciation ou l'injure »

Voilà ce qu'a voulu exprimer M. de Montalembert, voilà ce qu'il a réellement exprimé, et il serait vraiment dérisoire de lui reprocher d'avoir injurié la France par cela seul qu'il a fait l'éloge d'un régime de discussion libre et publique.

La prévention trouve encore le même délit dans le passage de l'écrit

incriminé page 261, où M. Montalembert oppose l'élite des honnêtes
gens fidèles à leurs croyances, malgré tous les mécomptes et toutes les
défaites à la foule qui déserte ces croyances et aux lâches qui les insul-
tent. On a renoncé à voir dans ce passage comme on l'avait fait tout
d'abord, le délit d'excitation à la haine et au mépris des citoyens les
uns contre les autres; mais comment y trouve-t-on davantage une pensée d'excitation à la haine et au mépris du gouvernement?

En parlant des lâches qu'il flétrit, M. de Montalembert n'a pas désigné
les hommes qui nous gouvernent; cette élite d'honnêtes gens dans
laquelle il tient à honneur d'être placé, ce ne sont pas les hommes
de nos jours, ce sont ceux qui ont été nos modèles, ce sont ceux qui
« jusque dans l'exil, jusques sur l'échafaud » (et Dieu merci l'échafaud
n'est plus de notre temps) sont restés fidèles à la cause de la liberté
et du droit, et en l'exprimant comme il le fait, c'est aux flatteurs et aux
lâches de tous les temps qu'il oppose ces honnêtes gens de tous les
temps.

Arrivons au troisième délit reproché à M. de Montalembert.

M. de Montalembert aurait manqué au respect dû aux lois en disant
page 215 et 252 de l'article incriminé qu'en France on ne pouvait parler
qu'avec circonspection « sous la salutaire terreur d'un avertissement
» qu'il fallait ne s'engager qu'avec prudence dans des discussions
» politiques, et redouter d'être amené par ses adversaires sur un ter-
» rain, où il ne serait plus permis d'exprimer sa pensée, où l'on
  pourrait rencontrer un obstacle venant de l'administration, ce qu'il
» appelle un *bâillon officiel*. »

Je ne relis pas l'article, Messieurs, vous l'avez sous les yeux et je
puis dès à présent le discuter.

D'abord peut-on faire un reproche à M. de Montalembert d'avoir rappelé qu'en France, le journaliste, l'écrivain, l'éditeur lui-même ne doit
jamais se départir de *la salutaire terreur d'un avertissement.*

En vérité, Messieurs, je me demande comment il y aurait là un délit,
l'avertissement est légal, l'administration peut dire à chaque instant à
l'écrivain : Je vous avertis une fois, *deux fois*, et faites y bien attention,
à la troisième fois *je vous supprime*, J'anéantis votre journal, la pensée
même de votre propriété ne m'arrêtera pas; c'est donc un avertissement
salutaire que celui qui peut prévenir une pareille suppression, et le
mot salutaire est plus.

Mais pour qui sait les choses, et ici il faut dire toute ma pensée, car
dans un débat judiciaire on ne peut parler à demi mots et à voix
basse comme on le ferait dans la chambre d'un malade. — Le Bâillon
officiel, c'est autre autre chose que l'avertissement l'égal; il n'y a pas
un journal qui n'ait reçu à certain jour la visite d'un monsieur en
habit noir, ayant quelquefois l'apparence d'un homme respectable et
qui, envoyé par ordre officiel, vient sous forme d'invitation dire au

gérant ou à l'éditeur : *dans tel procès vous ne parlerez pas de ceci, dans telle discussion vous ne répondrez pas à tel'e attaque ; vous voudrez bien ne pas reproduire telle pièce...* Il y a même des fêtes dont on avertit de ne pas parler.

Ici M. le Président interrompt l'orateur ;

Me Berryer dit-il, vous parliez tout-à-l'heure de la chambre d'un malade, vous vous trompiez, mais maintenant vous vous croyez à la tribune, vous vous êtes défendu de la pensée d'attaquer les lois et c'est précisément ce que vous allez faire.

Me BERRYER. — C'est précisément ce que je n'allais pas faire, (rires prolongés) car le Bâillon officiel qui intervient pour empêcher le journalisme de s'aventurer sur un terrain périlleux, ce n'est pas *l'avertissement légal,* c'est l'avertissement administratif, avertissement qui, lui aussi, quoique illégal doit inspirer de salutaires terreurs. Et cet avertissement, on peut bien, sans crainte d'être accusé d'attaquer les lois l'appeler *Bâillon.* Ce n'est pas là l'attaque à une loi, c'est tout au plus la censure de certains actes de l'administration, censure qui aux termes mêmes des lois que vous invoquez est expressément autorisée.

Permettez moi donc de ne pas insister plus longtemps sur ce point ; et de même, dois-je m'arrêter au second passage dans lequel la prévention relève le même délit, parce que suivant elle M. de Montalembert y attaque à propos de l'inviolabilité de nos fonctionnaires publics, une des dispositions de la Constitution de l'an 8, Constitution qui est bien loin de nous ; certes, ce n'est pas d'aujourd'hui qu'on regrette de voir les agents de l'administration par fois trop abrités contre l'action indépendante de la justice. Mais, c'est la première fois qu'on érige en délit l'expression d'un pareil regret.

J'arrive au dernier chef de la prévention, celui relatif aux attaques dirigées contre le suffrage universel et contre les droits que l'Empereur tient de la Constitution.

Les passages incriminés sur ce point se trouvent aux pages 206, 260 et 266 du numéro qui a été saisi.

M. de Montalembert y déclare « qu'il ne prétend nullement convertir les » esprits progressifs qui regardent le gouvernement parlementaire comme » avantageusement remplacé par le suffrage universel.» Il y félicite l'Angleterre de *« savoir tout ménager, tout réparer sans avoir besoin de se » mettre en tutelle ; »* et enfin de travailler à toutes les améliorations et à toutes les réformes dont elle a besoin, *« non par l'humiliante tutelle » d'un pouvoir sans contrôle, mais par la généreuse coalition de toutes » les forces libres et de tous les sacrifices spontanés. »*

Où donc, Messieurs, se trouve le délit qui est reproché à M. de Montalembert? — M. de Montalembert dit qu'il ne veut engager aucune polémique, qu'il n'espère convertir personne, il ne met pas en question le dogme de la souveraineté du peuple, il n'attaque pas le principe du suffrage universel, il examine les conséquences, les produits du suffrage universel. Certes, les lois protectrices du dogme de la souveraineté du peuple ne peuvent avoir eu pour objet d'interdire tout examen sur l'application de ce dogme, sur l'exercice de cette souveraineté. Il ne suffit pas de se rappeler les événements qui se sont produits pour demeurer convaincu de cette vérité : — En trois ans qu'a fait le suffrage universel? — il nous a donné tour à tour une assemblée en laquelle résidait toute souveraineté, il nous a donné un Président élu pour dix ans, enfin il a voulu le rétablissement de la dignité impériale. — Or quelle est la loi qui, dans chacune de ces périodes, à chacun de ces changements, a interdit d'examiner, de discuter et de préférer les unes aux autres, les manifestations d'une volonté si mobile?

Et maintenant qu'a fait M. de Montalembert?

Dans le premier des passages incriminés, il a discuté les actes du suffrage universel en respectant les principes; et dans les deux autres, il n'a parlé ni de la France, ni du suffrage universel, il s'est borné à se demander ce que fera ou ne fera pas l'Angleterre.

Ce n'est donc pas dans la lettre de l'écrit incriminé qu'on pourrait trouver un délit, on ne le trouverait qu'en recourant à des inductions qui seraient manifestement contraires au véritable esprit de l'article.

Il ne me reste plus qu'à répondre au délit d'attaque aux droits que l'Empereur tient de la Constitution.

Je vais m'en expliquer dans des termes convenables et légaux.

Et d'abord, les passages qui font l'objet de cette inculpation, sont uniquement relatifs à l'avenir de l'Angleterre, à la ligne qu'elle doit suivre, aux périls qu'elle doit éviter;

Le chef de l'Etat n'y est ni nommé ni désigné, et il faut une interprétation forcée pour chercher, dans ces passages, une allusion qui n'y est pas écrite.

Mais ce n'est pas tout, la prévention recourt pour réprimer ce prétendu délit aux lois de 1848 et de 1849, or ces lois avaient pour objet de maintenir le respect dû aux dépositaires des pouvoirs publics aux termes de la Constitution de 1848 et cette Constitution a été brisée; — Avez-vous d'autres lois?

Vous accusez M. de Montalembert d'avoir attaqué les droits et l'autorité que l'Empereur tient de la Constitution actuelle, et c'est en vertu d'une loi qui avait précisément pour but de défendre la Constitution brisée en 1851; — Serait-ce par analogie que vous voudriez étendre cette disposition pénale à M. de Montalembert, mais, procéder par analogie en matière pénale, ce serait inouï, ce serait monstrueux.

La loi de 1819 avait pour objet de punir les attaques contre la personne du Roi et l'autorité constitutionnelle dont il était investi.

La loi de 1825 modifia cette disposition en protégeant contre ces attaques les droits que le Roi tenait de sa naissance.

Après la révolution de 1830, on sentit que ces dispositions n'étaient plus applicables, et dès le 29 novembre, même année, une loi nouvelle ayant pour but de protéger les droits nouveaux de la royauté de juillet, était votée par les chambres;

En 1848 la souveraineté passe à une assemblée unique et la loi du 11 août 1848, assure le respect dû aux institutions républicaines;

Peu de mois après, la Constitution de 1848 confia le pouvoir exécutif à un Président responsable, et aussitôt la loi du 27 juillet 1849 vint protéger l'autorité du Président de la République, telle qu'elle était définie par la Constitution républicaine.

Y a-t-il eu rien de pareil au jour de l'avènement de l'Empire?

Où donc est la loi qui est venue protéger les droits dévolus au nouvel Empereur?

Cette loi, je ne la connais pas, et que m'importent les causes de cette lacune, ne me suffit-il pas de la constater? Quand bien même M. de Montalembert aurait attaqué les droits attribués au pouvoir nouveau par la Constitution que l'Empereur a faite, vous ne pourriez pas vous prévaloir contre lui des lois faites pour protéger la Constitution que l'Empereur a brisée.

J'ai fini, Messieurs, et il ne me reste plus qu'à résumer en peu de mots ce que j'ai pu vous dire pour la défense de M. de Montalembert.

Dominé par les grands souvenirs qui pénétraient l'âme de M. de Montalembert, j'ai pu m'abandonner parfois à toute mon émotion, et affaiblir ainsi les arguments de ma défense. — Mais, j'en ai l'espoir, vous n'oublierez pas, vous ne perdrez pas un instant de vue dans vos délibérations le caractère et la vie entière de l'homme que vous avez à juger. — M. de Montalembert, cet homme si élevé, non-seulement par la naissance, par la dignité ineffaçable de la Pairie, mais encore et surtout par les sentiments, par le talent, par l'âme, n'est pas un libelliste, un pamphlétaire; M. de Montalembert a obéi à une double inspiration, il a voulu exprimer son regret des libertés perdues et protester énergiquement contre les écrivains soi-disant religieux, soi-disant catholiques, qui, méconnaissant tous les principes de la religion, de l'humanité et de l'honneur, ne craignaient pas d'insulter l'Angleterre et d'applaudir aux massacres de Delhi et de Cawnpore.

En glorifiant l'Angleterre, M. de Montalembert n'a commis aucun délit, on le reconnaît, et quant au contraste mis en relief par l'écrit incriminé entre les institutions des deux pays, M. de Montalembert ne l'a pas cherché, il l'a trouvé.

Dire que ce contraste doit cesser, le désirer, l'espérer, ce n'est pas insulter la France, c'est l'honorer.

Quant aux lois que vous invoquez, elles ont été faites pour défendre les institutions que M. de Montalembert défend et regrette; vous ne voudrez donc pas les lui appliquer, et vous ne le pouvez pas, car en matière pénale on ne procède pas par analogie.

Ah! messieurs, ne nous faites pas un crime de nos légitimes regrets. Nous vieillissons, nous n'avons plus qu'une chaleur qui s'éteint, laissez-nous mourir tranquilles et fidèles! Nous sommes assez malheureux de voir notre cause, notre sainte et glorieuse cause, trahie, vaincue, reniée, insultée; laissez-nous croire que nous pouvons lui garder au fond de nos cœurs un inviolable attachement, laissez-nous le penser, laissez-nous le dire! Laissez-nous garder et rappeler le souvenir de ces grands combats de la parole qui nous ont fait connaître, qui nous ont fait aimer les généreuses institutions que nous avons défendues, que nous défendrons toujours et auquel nous serons fidèles jusqu'à notre dernière heure.

RÉPLIQUE DE M. LE PROCUREUR IMPÉRIAL.

Messieurs, dit M. le Procureur impérial, je viens répondre à une admirable plaidoirie; mais, malgré mon infériorité personnelle, je n'éprouve aucune hésitation, car je viens défendre contre mon illustre adversaire la cause de la société, la cause du gouvernement que la France s'est donné librement et solennellement dans la manifestation la plus éclatante qu'ait vu le monde. Et d'abord un mot sur la question d'application des lois. On a soutenu devant vous que les lois invoquées n'étaient pas applicables. Quoi donc! serait-il vrai qu'à chacune de nos révolutions toutes les lois protectrices de la société et du gouvernement aient disparu! En sommes-nous venus là; sommes-nous si malheureux que nous soyons livrés sans défense à toutes les attaques de la parole et de la pensée! Non, messieurs, les lois qui protègent le chef de l'État s'appliquent à tous les gouvernements, et s'il était vrai que toutes nos lois fussent emportées par nos révolutions périodiques, ne serait-ce pas aggraver encore la crainte déjà si terrible des révolutions?

Un mot aussi sur le reproche qu'on nous adresse de ne pas permettre l'éloge de l'Angleterre. Sur le terrain d'un juste éloge, tous les esprits éclairés vous suivront. Oui, admirez l'Angleterre, vous en avez le droit; mais il ne vous est pas permis de chercher entre l'Angleterre et la France un contraste mensonger et injurieux. Vous n'avez pas le droit, monsieur, de sacrifier la France à l'Angleterre. Vous n'avez pas le droit de sacrifier ainsi la vérité et l'histoire. Oubliez-vous tout ce qui manque au pays que vous exaltez, ce que possède le pays que vous abaissez? L'Angleterre a-t-elle comme nous la distinction des deux pouvoirs?

Est-ce la confusion des pouvoirs que vous admirez en Angleterre ? Avez-vous à ce point cessé d'être catholique ?

Vous avez osé dire qu'en Angleterre la religion catholique jouit de plus de liberté qu'en France; mais si, ce qu'à Dieu ne plaise ! le Souverain-Pontife se trouvait de nouveau menacé sur son trône par les factions, vous le verriez, l'épée qui sortirait du fourreau ne serait pas l'épée de la nation protestante, mais celle de la nation catholique.

L'Angleterre a-t-elle comme nous l'inamovibilité de la magistrature, a-t elle comme nous enfin l'institution du ministère public ? Êtes-vous de ceux, monsieur, qui regardent cette institution comme un reste de la barbarie ? Direz-vous, comme le disait naguère un journal, que l'interrogatoire des accusés est une relique du moyen-âge ? Ah ! monsieur, combien de libertés que possède la France et qui manquent à l'Angleterre ! L'Angleterre a-t-elle comme la France la plus précieuse des libertés, la consécration du pouvoir par l'élection, le suffrage universel ? Quoi ! il vous sera permis de dire qu'en France ne règnent ni les lumières ni les lois ! Il vous sera permis de réserver pour l'Angleterre la loi et la lumière ! Il vous sera permis de parler d'antichambre, de gouvernement d'antichambre, de classer parmi les lâches, les hypocrites, les fanatiques, tous ceux qui ne pensent pas comme vous, de vous classer vous et vos amis dans un rang à part, et de vous appeler modestement, vous et les vôtres, une élite d'honnêtes gens ! Et ce ne sera pas là un outrage au gouvernement ! D'ailleurs, monsieur, ce que vous dites maintenant, vous l'avez toujours dit, vous avez toujours été un ennemi violent des gouvernements, vous parliez de celui de Louis-Philippe comme vous parlez aujourd'hui de celui de l'Empereur.

A une époque où vous étiez bien jeune, il est vrai, vous avez publié une traduction des *Pèlerins polonais*, d'Adam Mickiewicz ; et là dans la préface, vous osiez dire que la France n'était pas moins martyrisée que la Pologne; vous osiez dire que les magistrats tenaient à la fois du laquais et du bourreau. Voilà comme vous parliez alors d'un gouvernement que vous aimiez, disiez-vous. Ah ! monsieur, je faisais allusion tout à l'heure à cette séance mémorable où vous avez dit que les journalistes voulaient fondre des balles pour l'émeute; vous aussi vous avez coulé des balles pour l'émeute. Vous l'avez reconnu vous-même, vous en avez fait amende honorable, vous en avez demandé pardon à Dieu et aux hommes. C'était d'un grand esprit de reconnaître vos égarements, mais pourquoi voulez-vous recommencer aujourd'hui? Tenez, voici ce que vous écriviez :

Ici M. le Procureur impérial lit un passage de l'écrit de M. de Montalembert cité plus haut. Dans ce passage, écrit en 1832, le jeune pair de France, s'indignant de l'abandon dans lequel avait été laissée la Pologne, reprochait au gouvernement français son inaction en termes très-vifs et très amers. « La France, disait-il en terminant, semble soumise au supplice que l'antiquité faisait subir à la femme adultère : elle étouffe dans la boue. »

Messieurs, s'écrie M. le Procureur impérial, j'ai tenu à vous faire connaître cet écrit. L'Empereur est vengé !

—

Après la réplique de M. le Procureur impérial Cordoen, la parole est donnée à Mᵉ Dufaure.

Mᵉ DUFAURE. Messieurs, nous sommes loin du débat. Je pensais que M. le Procureur impérial dans ses dernières paroles aurait tenu à préciser la discussion, je pensais qu'il nous aurait fait connaître le texte des lois qu'il vous demande d'appliquer; qu'il nous aurait dit quels sont les chefs de la prévention dans lesquels il persiste et quels sont ceux qu'il abandonne; quels sont parmi les passages incriminés ceux qu'il continue à trouver coupables et quels sont ceux qu'il a reconnus irréprochables en entendant les explications de mon confrère Mᵉ Berryer. Rien de tout cela ! et qu'ai-je à dire de toute la discussion que je viens d'entendre ?

Je viens, nous a dit M. le Procureur impérial, défendre le pacte passé en 1852 entre la nation et le chef actuel de l'Etat. Mais contre qui le défendre ? Songeons-nous à l'attaquer ? cè n'est pas la cause qui se débat devant nous, et nous avons intérêt à ce qu'on ne s'en écarte pas ?

Je veux, quant à moi, ramener la discussion sur son véritable terrain; et pour repousser la prévention, je veux essayer de la préciser.

Je défends le gérant du *Correspondant*. Le gérant, vous a-t-on dit, est responsable, aux termes de la loi, et cela suffit. — Le gérant est responsable, cela est vrai, et M. Douniol n'entend pas décliner cette responsabilité. Mais il est important de vous le faire connaître, pour que vous puissiez apprécier sa conduite.

Douniol ne se présente pas devant vous comme M. le comte de Montalembert avec le double prestige d'un mérite d'orateur et d'écrivain depuis longtemps éprouvé, et d'un grand nom, noblement porté. C'est un simple ouvrier typographe, qui par son travail, son activité, son industrie, a mérité d'être choisi pour remplir les fonctions de gérant du *Correspondant*, et qui s'est acquitté de cette tâche avec autant d'intelligence que d'intégrité.

En 1850, il a pris un brevet de libraire-éditeur; et depuis cette époque il n'est pas sorti de ses presses un seul ouvrage dont la morale la plus sévère ait pu être blessée. Le *Correspondant*, la revue, dont il est le gérant, est avant tout une revue religieuse; on vous a représenté cette publication comme exclusivement politique, on vous a dit que son esprit est systématiquement hostile au gouvernement, on a prétendu qu'il est impossible de croire à la bonne foi du gérant après les deux avertisse-

ments qui ont successivement frappé son journal. Je réponds que
journal n'a pas un caractère politique et que les deux avertissements
cet égard ne prouvent rien, parce que tous deux ont été donnés à l'occasion de discussions religieuses et non à l'occasion de questions politiques.

Le second des ces avertissements, par exemple, était motivé par un
article de M. de Montalembert sur les *appels comme d'abus*; c'est là une
question qui depuis le commencement du siècle divise l'Église et l'État,
sur laquelle on peut ne pas partager l'opinion de M. de Montalembert,
mais qui assurément appartient au domaine, de la discussion religieuse.

Vous n'êtes pas le seul, il est vrai, M. le Procureur impérial, qui ayez
signalé la ligne politique du *Correspondant* comme dangereuse et sa
polémique comme violente. Il y a quelques jours, le jour même où
nous devions paraître à cette barre, un journal, l'adversaire habituel
du *Correspondant* qualifiait, avec le goût exquis qui le distingue, cette
ligne politique de *tapage stérile et malheureux*. Il est indispensable que
je vous fasse connaître le véritable caractère de la *revue* qu'on attaque
ainsi.

Fondé, il y a 30 ans, pour la défense de la liberté civile et religieuse, *le Correspondant* rencontre aujourd'hui deux adversaires ha-
bituels. Contre le premier, qui nous livre avec un talent sérieux
et élevé les études de l'Allemagne sur les origines de notre religion, *le
Correspondant* défend les vieilles et fortes traditions de i'Eglise catholique; contre le second, plus dangereux pour la' foi catholique, contre
ce journal soi-disant religieux, qui, pour soulever les plus détestables
passions, fait appel aux plus funestes souvenirs des plus mauvais jours
du moyen-âge; contre *l'Univers*, en un mot, *le Correspondant* défend
avec une infatigable constance nos libertés civiles, la tolérance et la
modération.

Le moment est-il bien choisi pour faire taire la revue que je défends
et laisser le champ libre à ses adversaires. Voyez avec quelle joie peu
contenue, l'*Univers*, triomphe par avance, et semble vouloir indiquer aux
magistrats ce qu'ils ont à faire.

« Si le *Correspondant* succombe, dit-il, nous n'en aurons nulle joie,
» car il ne nous causait aucun préjudice; nous n'en aurons aucun regret,
» car il ne pouvait faire aucun bien. Sa ligne politique n'a été qu'un
» tapage stérile et malheureux, sa ligne religieuse a été effacée et incertaine. » Une ligne effacée! quand l'*Univers* ose faire l'éloge de l'inquisi-
tion, le *Correspondant* proteste. Une ligne incertaine! quand il se trouve
dans la rédaction de l'*Univers* des apologistes de la révocation de l'Edit
de Nantes, c'est dans les pages du *Correspondant* qu'un jeune écrivain
plein de talent et de cœur a protesté avec une éloquente indignation.
Voilà pour la ligne religieuse que le *Correspondant* a suivie! d'autres

mérites encore le distinguent. Je voudrais pouvoir vous faire parcourir ce recueil ; je ne dis pas que tous les articles atteignent la même hauteur, mais je pourrais vous en signaler quelques uns dont notre littérature doit être justement fière. Je voudrais vous lire, soit cet admirable parallèle entre Pindare et Bossuet écrit dans un style qui rappelle la langue de ces deux grands poëtes ; soit ces paroles sublimes du père Lacordaire sur la mort de M. de Ravignan. Vous voudrez, je l'espère, avant de prononcer par courir le *Correspondant*, vous y retrouverez ces sentiments généreux, ces nobles inspirations qui élèvent et fortifient les âmes.

Le *Correspondant* a encore une autre qualité, très grande à mes yeux, à l'époque où nous vivons : en la proclamant j'accomplis en quelque sorte un devoir de reconnaissance. Cette qualité, c'est l'impartialité même envers les adversaires de ses idées. A la fin de l'année dernière, mourait dans une retraite honorée, un illustre général qui avait glorieusement servi son pays. Presque tous les journaux restèrent muets devant la tombe de ce grand homme de bien.

Le Correspondant, dont la ligne politique différait si complètement de celle du général Cavaignac, trouva cependant, pour apprécier sa vie, les paroles les plus dignes et les sentiments les plus nobles, d'abord dans un article signé par M. de Corcelles, puis dans quelques pages retrouvées, pour ainsi dire, dans le tombeau de M. de Salvandy, pages écrites en 1847, et dans lesquelles le ministre du roi racontait, en des termes qui honorent l'un et l'autre, son entrevue avec le général commandant, une de nos provinces d'Afrique.

Ainsi, impartial à l'égard de tous, digne et quelquefois grand par sa rédaction littéraire, seul défenseur parmi nous de la foi catholique modérée et tolérante, voilà *le Correspondant*.

De telles qualités sont-elles choses si communes qu'il soit opportun de supprimer le journal qui se place ainsi au-dessus des passions des partis.

M. LE PROCUREUR IMPÉRIAL. — Je ne veux pas vous interrompre, mais je dois vous dire que vous vous trompez. *Le Correspondant* ne sera pas supprimé.

Mᵉ DUFAURE. —Pouvez-vous me l'assurer, monsieur le Procureur impérial ?

M. LE PRÉSIDENT. — Veuillez, Mᵉ Dufaure, éclairer le tribunal. La suppression du journal serait-elle la conséquence légale de la condamnation du gérant ?

Mᵉ BERRYER. —Mais sans doute.

M. LE PROCUREUR IMPÉRIAL. — Je répète que *le Correspondant* ne sera pas supprimé.

Mᵉ DUFAURE. — Le tribunal comprend que la parole de M. le Procureur impérial, dont je ne mets pas en doute la sincérité, ne suffit pas à me rassurer. Je reprends.

J'ai dit que la suppression suivrait la condamnation du journal. Cette condamnation, voyons si vous pouvez la prononcer.

Le premier reproche que l'on fait à l'article de M. de Montalembert, c'est un reproche général. On prétend qu'il est conçu dans un esprit de dénigrement systématique. Le prétexte de cet écrit, dit M. le procureur impérial, ce sont les affaires de l'Inde ; son but véritable, c'est le dénigrement du gouvernement de l'Empereur.

Pour répondre à ce reproche général, il faudrait lire tout entier l'article de M. de Montalembert. Vous voudrez faire cette lecture que l'heure avancée m'interdit. Vous la ferez, et vous verrez quel est l'ennemi que M. de Montalembert s'attache à combattre. Cet ennemi, c'est ce journal soi-disant religieux dont je vous ai parlé tout à l'heure ; ce journal s'est fait l'allié des égorgeurs de l'Inde. M. de Montalembert consacre les vingt premières pages de son écrit à exprimer l'indignation et le dégoût que de pareils sentiments lui inspirent. Voilà, je le répète, l'ennemi auquel il s'attaque. Du gouvernement français et de sa politique, il ne dit qu'un mot, et ce mot est l'éloge de la persévérance avec laquelle le gouvernement français maintient l'alliance avec l'Angleterre, alliance que *l'Univers* attaque chaque jour. Puis, M. de Montalembert raconte les séances du Parlement anglais auxquelles il a assisté. Il fait, avec une émotion que le tribunal partagera, la peinture de ces magnifiques discussions. Il nous montre dans le Parlement ces éminents orateurs, ces grands hommes d'Etat qui mettent au service de leur pays leur expérience politique et leur éloquence. Il nous montre l'Angleterre toute entière, émue, attentive : magnifique tableau d'un grand peuple dont les plus obscurs citoyens suivent avec intérêt et intelligence les grands débats engagés sur les affaires publiques.

Nous rencontrons ensuite un épisode raconté d'une manière charmante. Au milieu de cette discussion solennelle, tout à coup tout est suspendu, le parlement interrompt ses séances, l'Angleterre se donne deux jours de vacances pour assister aux courses d'Epsom.

Dans le brillant récit de ces jeux olympiques de l'Angleterre, trouvons-nous quelque chose qui s'adresse au gouvernement français ? Oui, M. de Montalembert, au milieu de tous les hommes d'Etat qui se pressent à Epsom, aperçoit l'ambassadeur de France, et il consacre quelques lignes à l'éloge mérité de l'illustre maréchal. Puis il se demande quel sera l'avenir de l'Angleterre ; à l'intérieur il ne voit aucun danger, mais à l'extérieur, il croit apercevoir certains périls, et il les signale au peuple anglais. On l'accuse d'avoir formé des vœux contre son pays ; non, pas un mot ne peut motiver une accusation semblable ; relisez le passage incriminé, vous n'y trouverez pas un mot contre la France, vous n'y trouverez rien que l'éloge de l'Angleterre.

M. le Procureur impérial faisait tout à l'heure, avec une éloquence que je ne me flatte pas d'égaler, le parallèle de l'Angleterre et de la France, est-ce que M. de Montalembert a rien fait de semblable? Non, tout ce qu'on nous a dit de la législation civile, et de la législation criminelle et de la séparation des pouvoirs, tout cela n'a rien à faire ici. Tout ce parallèle est hors de la cause; je le répète, M. de Montalembert ne s'est occupé que de l'Angleterre seule. Est-ce un crime de faire l'éloge de l'Angleterre? Est-ce un crime de lui signaler les périls qui peuvent la menacer? Qu'a donc fait M. de Montalembert? ce que Montesquieu avait fait avant lui. « Quand j'ai voyagé dans les pays étrangers, dit le grand » publiciste, je m'y suis attaché comme au mien propre. » Lorsqu'il a écrit ces paroles, Montesquieu revenait d'Angleterre; n'était-il pas Français, celui-là?

Vous avez pourtant dit que M. de Montalembert a fait une œuvre impie, une œuvre anti-française. Tenez, c'est là un reproche banal et sans portée, que tous les partis se renvoient tour à tour, qui est à la portée de tous les pamphlets, et que l'on a trop su exploiter dans tous les temps pour qu'il ait encore quelque valeur.

En vous écoutant, je me rappelais involontairement la lettre par laquelle le ministre de la police du premier Empire, signifiait à madame de Staël son ordre d'exil à propos de la publication du bel ouvrage de *l'Allemagne*. « Il ne faut point, écrivait le duc de Rovigo, rechercher la cause de l'ordre » que je vous ai signifié, dans le silence que vous avez gardé à l'égard » de l'Empereur dans votre dernier ouvrage; ce serait une erreur, il » ne pouvait pas y trouver de place qui fut digne de lui... Il m'a paru » que l'air de ce pays-ci ne vous convenait point, et nous n'en sommes » pas encore réduits à chercher des modèles dans les peuples que vous » admirez. Votre dernier ouvrage n'est point français... » C'est la même accusation que vous formulez aujourd'hui contre M. de Montalembert.

Eh quoi! voici un homme qui, depuis sa première jeunesse, a consacré sa vie entière au service de son pays. Avec quel désintéressement, c'est ce que personne n'a jamais mis en doute. On nous a tous accusés, chacun à notre tour, d'ambition, on a cherché à expliquer notre conduite par des vues personnelles et intéressées; calomnies puériles, auxquelles nous ne prendrons pas la peine de répondre, mais que quelques-uns pouvaient accueillir.

Mais ces calomnies mêmes, on n'a jamais osé les formuler contre M. de Montalembert. A quoi donc serviront les services rendus au pays? Comment, un homme aura sacrifié le repos du foyer, les joies de la famille, il aura passé dans l'étude quelquefois passionnée des affaires publiques les plus belles années de sa vie, donné à son pays tous ses travaux, toutes ses veilles, et sa vie ne protestera pas pour lui et un jour, en police correctionnelle, on pourra lui dire: « Vous êtes un mauvais Français! »

Laissons de côté cette accusation aussi injuste que vulgaire; je vous ai fait connaître le véritable caractère de l'écrit de M. de Montalembert, je vous ai dit à quel adversaire il s'adresse. Nous allons examiner maintenant quels sont les passages de cet écrit dans lesquels on veut voir un délit, et quels sont les textes de lois qu'on vous demande d'appliquer.

Permettez-moi d'abord une réflexion générale sur les lois qui régissent la presse :

Je comprends et j'admets que les manifestations de la pensée ne puissent être absolument sans entraves ; qu'elles doivent être renfermées dans certaines limites. Mais à la condition que *ces entraves* ne rendront pas absolument impossible toute expression de la pensée, et que *ces limites* seront exactement définies. Où est la force d'une nation ? Comment se forme son esprit public ? N'est-ce pas par cet ensemble de pensées communes qui naît de l'échange des pensées individuelles. Là, où les individus ne peuvent se communiquer librement leurs idées, il n'y a pas de nation. Et ne comprenez-vous pas en même temps qu'il serait le plus triste de tous les peuples, celui chez lequel les limites qui restreignent l'expression de la pensée n'étant pas exactement définies, les magistrats pourraient acquitter qui bon leur semble, et condamner qui leur déplaît.

Aussi, dans notre pays, toutes les lois qui ont réglementé l'existence de la presse, ont précisé autant qu'elles l'ont pu les délits qu'elles ont entendu punir. C'est là le caractère de toutes ces lois qui peuvent d'ailleurs différer entre elles quant à la sévérité des peines qu'elles appliquent.

Il y a, en effet, des temps heureux et paisibles où la société n'est pas menacée ; à ces époques les gouvernements ont foi en eux-mêmes, les lois sont larges et généreuses. Tel est le caractère de cette loi de 1819 qui demeurera l'éternel honneur de la monarchie constitutionnelle, et à laquelle sont attachés les noms de M. de Serre, de M. Royer Collard et de M. le duc de Broglie.

Il y a des époques, au contraire, où la société menacée de toutes parts a besoin pour se défendre de lois plus rigoureuses. Ainsi en 1848 et 1849 sous un gouvernement dont le nom seul effrayait, qu'attaquaient à la fois et ceux qui lui préféraient la monarchie, et ceux qui lui préféraient l'anarchie, il a fallu édicter des lois sévères. M. le Procureur impérial n'a voulu voir dans cette époque qu'un temps de désordre et d'anarchie, je lui en demande bien pardon, ce fut aussi une époque de défense et de gouvernement. Les lois dont la société avait besoin, furent faites alors ; il est permis à mes amis et à moi de s'en souvenir, et M. le Procureur impérial n'aurait pas dû l'oublier, puisque ce sont précisément ces lois qu'il invoque et dont il demande l'application.

Le gouvernement actuel peut choisir la législation la plus large ou préférer la législation rigoureuse. Mais quelle que soit celle dont il entend s'armer, il ne peut substituer des interprétations arbitraires à des textes précis.

Quels sont ces textes? que disent-ils?

Prenez la loi de 1819, prenez celles de 1848 et de 1849, toutes ont eu en vue des faits déterminés et précis; elles répriment les *attaques* contre le gouvernement, les *attaques* contre les lois, les *excitations* au mépris du gouvernement, les *excitations* à la haine des citoyens les uns envers les autres. Toutes ces expressions impliquent l'idée de faits directs, déterminés, intentionnels.

Mais ces intentions vous ne pouvez les supposer si l'écrivain ne les a pas ouvertement manifestées, vous ne pouvez davantage substituer aux délits prescrits et déterminés par le texte de la loi, des délits que vous aurez créés par analogie. L'interprétation, l'analogie en matière criminelle, c'est l'arbitraire, et devant les tribunaux j'ai le droit de protester, et je proteste contre l'arbitraire.

Si au lieu de faits précis, d'attaques directes, vous ne trouvez dans l'écrit de M. de Montalembert que des doutes, des insinuations, des allusions, j'affirme qu'il n'y a pas de condamnation possible.

Passons successivement en revue les cinq délits pour lesquels *le Correspondant* est poursuivi.

Le premier de ces délits prétendus serait, suivant le ministère public, l'excitation à la haine et au mépris du gouvernement. Vous connaissez le sens de ces mots, voyons les passages incriminés.

M. de Montalembert a dit « que dans les circonstances qu'il rappelle l'Angleterre a préféré la force morale à la force matérielle, que l'Angleterre n'est pas placée sous l'humiliante tutelle d'un pouvoir sans contrôle. » C'est, dit-on, attaquer le gouvernement de la France. Mais pour qu'il y ait un délit, il faudrait que le gouvernement fût désigné!

Ici, M. de Montalembert ne s'occupe pas de la France, et en vérité, je ne vois pas pourquoi vous trouvez dans ses paroles un outrage contre notre gouvernement plutôt que contre l'Autriche, la Russie, la Turquie et les autres gouvernements absolus. Le délit ici n'existe que dans l'interprétation, et l'interprétation, c'est vous qui la faites. Veuillez donc vous rappeler la situation de mon client, M. Douniol. Quel peut être son crime? C'est d'avoir sciemment laissé paraître dans le journal qu'il dirige des attaques contre le gouvernement. Je suppose qu'au moment où M. de Montalembert apportait son article, M. Douniol lui eût dit : « M. le comte, j'en suis bien fâché, mais je ne puis insérer » votre écrit dans ma revue, parce qu'il contient des allusions outra- » geantes pour le gouvernement français. » M. de Montalembert n'eût-il pas eu raison de lui répondre : « Mais, M. le gérant, si quelqu'un fait » injure au gouvernement français, c'est vous et non pas moi. C'est vous » qui avez l'esprit assez mal fait pour le voir sous de prétendues allu- » sions. Pourquoi appliquez-vous au gouvernement ce qui s'adresse ici » au journal *l'Univers*, là au pouvoir absolu, pris à un point de vue

» abstrait? Pourquoi cherchez-vous des noms là où je ne désigne per-
» sonne. C'est vous qui êtes le coupable et non pas moi. »

Veuillez me dire, messieurs, ce que M. Douniol aurait pu répondre.

On relève encore sous le même chef de prévention ce que M. de Montalembert a dit du Canada ; c'est un délit d'avoir écrit que le Canada a
conservé sous la domination anglaise les libertés politiques et municipales que la France a répudiées. J'arrive ici à la partie la plus délicate
de ma défense, puisque c'est sur ce terrain que mon honorable confrère
a été plusieurs fois interrompu. Il faut pourtant que je m'explique sur
ce point.

M. le Procureur impérial nous a fait un tableau rapide de notre histoire contemporaine. Il nous a dit qu'après la chute de l'Empire un
« *vieux roi* » avait donné à la France certaines institutions libres impor-
tées de l'Angleterre ; que plus tard un autre gouvernement monarchique
avait encore étendu les libertés politiques ; que chacun d'eux avait été
miné et détruit par ces libertés mêmes ; la France n'avait pu les supporter et n'en voulait plus. Il a ajouté que le gouvernement actuel avait, à
son grand honneur, supprimé ces libertés funestes, c'est bien là le
résumé exact d'une partie de son premier réquisitoire. Qu'a dit M. de
Montalembert? Que la France avait eu certaines libertés qu'elle a répudiées. C'est la constatation, l'affirmation d'un fait. Ce fait, M. le Procureur impérial le constate et l'affirme également.

Oui, c'est vous qui l'avez dit, M. le Procureur impérial, vous avez dit
que la France, au temps où elle possédait des institutions libres, aspirait
à *l'unité* et à la *simplicité* du gouvernement impérial ; qu'elle est heureuse aujourd'hui de se reposer sous le gouvernement d'un seul. Vous
vous êtes récrié que la France eût répudié ses anciennes libertés. Pour
s'être servi des mêmes mots, quel crime M. de Montalembert a-t-il
commis ?

Que lui reproche-t-on encore ? Il a dit « qu'il n'est pas de ceux qui
» placent le gouvernement entier dans une antichambre. » On s'empare
de ces paroles et on lui dit : Vous insultez le gouvernement français, vous
l'appelez un gouvernement d'antichambre.

Quoi! dire qu'il y a des chroniqueurs d'antichambre, c'est dire que le
gouvernement est un gouvernement d'antichambre!

Mais relisez le passage incriminé, relisez-le avec la page qui le précède
et la page qui le suit, vous n'y trouverez rien qui justifie cette étrange
interprétation.

M. de Montalembert s'attaque aux théoriciens de l'absolutisme, aux
fanatiques et aux hypocrites que vous connaissez, aux chroniqueurs
d'antichambre ; il voit dans l'antichambre de tristes chroniqueurs dont
il est fatigué, il n'y voit pas le gouvernement.

Et en supposant que M. de Montalembert, dans son article, se soit proposé d'attaquer le gouvernement français, comment peut-on lui prêter l'idée d'adresser à ce gouvernement un reproche aussi vide de sens? Y a-t-il un gouvernement au monde auquel pareille qualification puisse s'appliquer aussi peu.

Permettez-moi, M. le président, un seul mot sur l'Empereur : ce mot n'aura rien de blessant. Quand on se représente cette volonté puissante et solitaire, qui se forme sans consulter personne et toujours impénétrable (ses anciens ministres en savent quelque chose), il faudrait être insensé pour penser ou pour dire que, sous un tel chef, le gouvernement du pays appartient aux subalternes de l'antichambre.

Le second chef de la prévention, c'est le délit d'attaques contre le respect dû aux lois.

Ce délit, le ministère public le trouve dans un passage où M. de Montalembert dit que les journaux sont toujours sous la salutaire terreur de l'avertissement et sous la menace du bâillon officiel. L'expression d'*avertissement*, je ne la relève plus, c'est le mot légal; quant au terme de bâillon officiel, voyons, qu'a-t-il de coupable? Indique-t-il un fait faux? Non, qui dit bâillon, dit entrave apportée à la liberté de parler. La liberté de parler est-elle aujourd'hui soumise à des entraves. Cela ne se discute pas.

Mais si le fait constaté est vrai, du moins l'expression n'est-elle pas bien vive? j'en conviens. Mais la vivacité dans l'expression, n'est-ce pas précisément ce qui caractérise les écrits de M. de Montalembert? On vous a parlé de la réserve et de la mesure habituelle de son langage? Pour moi, et M. de Montalembert me permet de le lui dire, je ne connais personne qui apporte dans la controverse plus de vivacité et d'ardeur.

Tenez, on vous lisait tout à l'heure quelques pages écrites par M. de Montalembert à propos de la Pologne. Je ne veux pas me demander ce qu'avait à faire ici, un écrit publié en 1833, par un jeune homme de 23 ans, qui ne pouvait contenir son émotion lorsque, au moment où tombait la Pologne, on venait dire à la tribune : « l'ordre règne à Varsovie! » Mais enfin, M. le Procureur impérial en lisant cet écrit, pouvait plus ou moins comprendre que le calme du langage n'est pas précisément la qualité dominante de M. de Montalembert. Pouvait-il en être autrement? Allez vous demander à l'homme de tribune, à l'orateur, à l'écrivain d'imagination et de cœur, traitant un de ces sujets politiques qui le remuent et le passionnent, d'employer la froide rectitude d'expression d'un mathématicien? Comparez une page de l'éloquent secrétaire perpétuel de l'Académie française traitant quelque grand sujet de morale ou d'histoire avec une page du Traité de géométrie de Legendre ; je ne veux pas assigner de rang entre ces deux morceaux, chacun d'eux est parfait dans son genre, mais à coup sûr il y aura entre eux une grande différence de forme. Eh bien ! soit, M. de Montalembert a été vif dans la forme, trop vif si vous voulez. Il s'est servi d'expressions brûlantes, je vous concède tout cela. Où est le délit? ah certes! il n'est pas dans les lois de 1848 et de 1849. Veuillez reporter vos souvenirs vers cette époque, veuillez vous rappeler le caractère et la forme des écrits qui se publiaient alors sans être poursuivis et vous vous convaincrez facilement que les lois d'alors ne réprimaient pas le plus ou moins de vivacité du langage, mais seulement les attaques que ce langage pouvait couvrir. Ces attaques, je ne les rencontre pas dans la brochure incriminée.

J'arrive au dernier délit reproché à M. de Montalembert. On l'accuse de s'être rendu coupable d'attaques contre les droits que l'Empereur tient du suffrage universel et de la Constitution.

C'est là, messieurs, une accusation grave, par les conséquences qu'entraînerait une condamnation. Songez en effet, que votre décision, si elle était conforme aux conclusions du ministère public, placerait M. de Montalembert sous l'application de la loi de sûreté générale de 1858; et quand vous auriez prononcé une peine insignifiante, cinquante francs d'amende par exemple (en faisant application des circonstances atténuantes, vous pourriez n'appliquer qu'une amende), l'administration pourrait à son tour, sans contrôle, comme il lui plairait, infliger à M. de Montalembert 10 ans, 20 ans de transportation ou d'exil. Voilà les conséquences qu'aurait une condamnation sur ce chef. Mais devons-nous la redouter?

Je ne veux pas revenir sur ce que mon confrère Me Berryer a dit avec tant de puissance. Il vous a démontré que les lois de 1848 et de 1849, ne sauraient protéger les droits que le chef de l'Etat tient de la Constitution de 1852. Et comment, en effet, admettre et concevoir que l'état de choses fondé en 1851, dans les circonstances que vous savez, puisse invoquer pour sa sauvegarde les lois destinées à protéger les pouvoirs sortis de la Constitution de 1848!

J'ajoute qu'en fait le délit n'existe pas. Je reprends les passages poursuivis, aucun d'eux ne constitue une *attaque* dans le sens de la loi. Voulez-vous que nous cherchions à préciser, par exemple, ce que les lois ont toujours entendu par ces mots « attaque contre les droits du souverain. » En 1831, un journal, *la Gazette de Bretagne* avait qualifié d'usurpation l'acte par lequel le Roi Louis-Philippe avait été appelé au trône. Il y avait là, à coup sûr, attaque bien caractérisée contre les droits que le Roi (c'étaient les termes dont se servait la législation d'alors) tenait de la Charte qu'il avait jurée. *La Gazette de Bretagne* fut condamnée. Elle devait l'être. Mais y a-t-il rien de semblable ici? Ah! je le comprends! Si M. de Montalembert, recherchant dans quelle circonstance s'est établi l'Empire, avait directement attaqué le gouvernement actuel dans son principe et lui avait en quelque sorte reproché un vice d'origine, il aurait fait ce qu'avait fait *la Gazette de Bretagne*. Il aurait commis le même délit. Mais voyons, que reprochez-vous à M. de

Montalembert? Il a constaté que l'Angleterre n'est pas soumise à « l'humiliante tutelle d'un pouvoir sans contrôle. » M. le Procureur impérial voit dans ces paroles une atteinte aux droits de l'Empereur ; moi, j'y retrouve ce que j'ai entendu dire à toutes les époques.

J'ai de tout temps entendu reconnaître par tout le monde, que la centralisation du pouvoir constitue pour la nation une véritable tutelle. C'est ce que j'ai entendu souvent développer à la tribune. C'est ce que mon honorable ami M. de Tocqueville a établi dans ce livre remarquable où il démontrait il y a quelques mois que l'administration déjà centralisée de l'ancien régime continua jusqu'à nos jours, moins modifiée qu'on ne le croit. C'est enfin, ce que constatait il y a peu de semaines dans un discours prononcé à Limoges un homme dont on ne suspectera pas les intentions, car c'est un des princes de la famille impériale ; et dans ce discours le prince Napoléon affirmait qu'il est opportun de relâcher les liens de *cette tutelle.*

Il y a parmi nous, sur cette question, deux grandes opinions en présence : Les uns soutiennent que la tutelle administrative est indispensable au pays, les autres pensent qu'elle lui est nuisible. M. de Montalembert a choisi la seconde de ces opinions, on peut ne pas partager son avis, mais voir un délit dans ses paroles, en vérité, il y a de quoi confondre !

J'ai parcouru tous les passages incriminés sans y trouver les délits qu'on vous signalait. Et pourtant *il est facile* quand, dans un article de 80 pages, on prend çà et là quelques lignes ; quand on rapproche, quand on recoud ces fragments, quand on les commente, quand on les dénature, il est facile de forger des délits imaginaires. Mais l'accusation ne saurait se soutenir un instant devant l'article examiné dans son ensemble.

Mais, nous dit M. le Procureur impérial, M. de Montalembert a fait une œuvre impie, il a manqué de patriotisme, il a préféré les institutions de l'Angleterre à celles de son pays, et on cite la phrase suivante : « Je » suis de ceux qui croient et ont toujours cru la France assez forte pour » supporter le règne du droit, de la lumière et de la liberté. » Étrange reproche, dont M. de Montalembert ne se défend pas.

Oui, il estime et il aime assez son pays pour le croire capable de supporter des institutions qui rendent d'autres nations heureuses et puissantes, pour le croire digne de ces trois biens suprêmes, le droit, la lumière et la liberté. Oui, M. de Montalembert est resté fidèle à cette croyance de toute sa vie ; il souhaite, comme toujours, pour la France le règne du droit, de la lumière et de la liberté.

Je suis sûr que former de pareils vœux, ce n'est pas manquer de patriotisme, le tribunal dira si c'est commettre un délit.

L'audience, suspendue après la plaidoirie de Mᵉ Dufaure, est reprise à huit heures.

* M. le président Berthelin. Audienciers, faites entrer les sergents de ville. (Une escouade de quinze sergents de ville se répand dans la salle d'audience.) Nous n'avions fait placer dans l'auditoire qu'un seul sergent de ville, comptant que le public garderait, comme nous le lui avions recommandé, un profond silence. Puisque l'on n'a pas tenu compte de nos injonctions, nous sommes décidés à user de l'autorité que la loi nous donne. Gardes, surveillez attentivement le public, et si le moindre signe d'approbation ou d'improbation se fait entendre, saisissez immédiatement l'interrupteur et amenez-le à la barre. Le tribunal statuera.

M. le président prononce alors au milieu d'un religieux silence le jugement suivant :

« Attendu que dans la Revue dite *le Correspondant*, a paru le 25 octobre 1858 un article intitulé : *Un débat sur l'Inde au Parlement anglais* ;

» Attendu qu'au cours de cet article, écrit dans un esprit de dénigrement systématique, l'auteur par le contraste perpétuel qu'il se plaît à faire ressortir entre les institutions que la France s'est données et celles d'une puissance alliée de la France, prend à tâche de déverser l'ironie et l'outrage sur les lois politiques, les hommes et les actes du gouvernement ; que trois délits : 1o le délit d'excitation à la haine et au mépris du gouvernement ; 2o le délit d'attaque contre le principe du suffrage universel et les droits et l'autorité que le chef de l'État tient de la Constitution, et 3o le délit d'attaque contre le respect dû aux lois et l'inviolabilité des droits qu'elles ont consacrées, ressortent de l'ensemble dudit article, et particulièrement des passages commençant par ces mots : « Quand les oreilles me tintent, » page 205 ; « Je concède, » page 206 ; « Au Canada, » page 209 ; « Nous avons non-seulement, » page 215 ; « J'en étais pour ma part, » page 252 ; « En un mot, la force, » page 260 ; « Pendant que les réflexions, » page 261 ; « J'ai déjà indiqué, » page 266 ;

» Quant au quatrième délit imputé aux prévenus ;

» Attendu que si aux passages incriminés se rencontrent des expressions qui ne devraient pas se trouver sous la plume d'un écrivain qui se respecte, et si ces expressions sont de nature à semer la désunion et l'excitation parmi les citoyens, elles ne manifestent pas suffisamment de la part de l'auteur l'intention de troubler la paix publique, que ce dernier délit ne se trouve donc pas complétement caractérisé ;

» Que le comte de Montalembert et Douniol demeurent convaincus d'avoir commis les trois délits ci-dessus relevés à leur charge ; délits prévus et punis par les art. 1er et 4 du décret du 11 août 1848, 1er et 3 de la loi du 27 juillet 1849 ;

» Faisant desdits articles application aux prévenus ;

» Condamne le comte de Montalembert à six mois d'emprisonnement et 3,000 fr. d'amende,

» Douniol à un mois d'emprisonnement et 1,000 fr. d'amende ;
» Dit qu'ils seront solidairement tenus desdites amendes ;
» Les renvoie sur le surplus des chefs de la prévention, les condamne aux dépens et fixe à un an la durée de la contrainte par corps. »

—

M. le comte de Montalembert s'est empressé de faire appel de ce jugement.

—

Avant de donner les débats qui ont eu lieu devant la cour d'appel, nous insérons ici deux lettres qui ont une valeur historique : elles concernent l'incident de la *grâce*.

« Paris, 2 décembre 1858,

» Monsieur le rédacteur,

» Le *Moniteur* de ce matin contient, dans sa partie non-officielle, une nouvelle que j'apprends en le lisant. Il s'exprime ainsi :
« S. M. l'Empereur, à l'occasion du 2 décembre, a fait grâce à M. le comte » de Montalembert de la peine prononcée contre lui. »
» Condamné le 24 novembre, j'ai interjeté appel de la sentence prononcée contre moi.
» Aucun pouvoir en France n'a eu, jusqu'à présent, le droit de faire remise d'une peine qui n'est pas définitive.
» Je suis de ceux qui croient encore au droit et qui n'acceptent pas de grâce.
» Je vous prie et, au besoin, vous requiers de vouloir bien insérer cette lettre dans votre prochain numéro.
» Agréez, etc.
» (*Signé*) CH. DE MONTALEMBERT. »

—

« Paris, le 29 novembre 1858.

» A S. Ém. le Cardinal-Archevêque de Paris.

» Monseigneur,

» Le numéro de l'*Indépendance belge* arrivé aujourd'hui à Paris annonce que Votre Éminence, après avoir déjà fait diverses démarches dans mon intérêt se proposerait d'intervenir auprès de l'Impératrice, à l'effet d'obtenir remise de la peine qui vient d'être prononcée contre moi.
» Je sais qu'il ne faut pas attacher une foi entière à des assertions de cette nature, mais l'immense publicité dont jouit le journal qui la contient, l'émotion que cette nouvelle a produite chez mes amis, tout me fait un devoir de

signaler ce langage à Votre Éminence, et de protester, au besoin, contre les intentions qu'il suppose.

» Fier et honoré d'une condamnation qui constate ma fidélité aux principes politiques de ma vie entière et qui vient si à-propos pour justifier aux yeux de l'Europe, tout ce que j'ai dit ou pensé sur la condition actuelle de la France, je n'ai en ce moment d'autre ambition, que de laisser à mes juges la responsabilité de leurs actes ; je ne pourrais donc regarder que comme une véritable injure, la moindre faveur émanée du pouvoir impérial.

» Au milieu des variations dont j'ai été témoin et des épreuves dont j'ai été victime, mon honneur est resté intact ; c'est pour le préserver de toute atteinte même apparente, que je me permets d'exprimer à Votre Éminence, une inquiétude, peut-être superflue, mais profondément légitime.

» J'ai l'honneur d'être, Monseigneur, avec un profond respect, de Votre Éminence, le très-humble et obéissant serviteur,

» *(Signé)* CH. DE MONTALEMBERT. »

—

COUR IMPÉRIALE DE PARIS.

———

Chambre des appels de police correctionnelle.

Audience du 21 décembre 1858.

PRÉSIDENCE DE M. PERROT DE CHEZELLES.

Délit de presse. — Article de M. le comte de Montalembert dans
le Correspondant.

Longtemps avant l'ouverture de l'audience, une foule nombreuse
remplit la salle. Beaucoup de magistrats ont pris place derrière la cour.
L'espace réservé devant la cour est occupé en partie par des dames.
Le reste de la salle est rempli par des avocats avec ou sans robe et par
des hommes dont plusieurs ont joué à une autre époque un rôle politique. Parmi ces derniers nous remarquons MM. Villemain, Odilon Barrot, de Falloux, anciens ministres; L. Vitet et Denis Benoist, tous deux
vice-présidents de l'Assemblée nationale au 2 décembre 1851; Rivet, de
Corcelles, de Flavigny; le comte Beugnot, le marquis de Vogué, de
Dampierre, anciens représentants; MM. Lenormant, Léonce de Lavergne,
membres de l'Institut; de Lévis-Mirepoix, etc., etc.

M. le procureur général Chaix-d'Est-Ange occupe le siége du ministère public; il est assisté de M. l'avocat général Roussel.

MM. Dufaure et Berryer sont au banc de la défense. M. le comte de
Montalembert est assis entre eux.

A onze heures, la cour entre (1) et l'audience est ouverte.

M. LE PRÉSIDENT. — M. de Montalembert, quels sont vos nom, pré-
noms, qualités et demeure?

M. DE MONTALEMBERT. — Charles, comte de Montalembert, ancien
pair de France, membre de l'Académie française, demeurant à Paris.

M. LE PRÉSIDENT. — Vous vous reconnaissez auteur de l'article intitulé : *Un débat sur l'Inde au Parlement anglais?*

M. DE MONTALEMBERT. — Oui, monsieur.

(1) Elle se compose de M. Perrot de Chezelles président , MM. Minsarrat,
Pasquier, Jourdain, Frayssinaud, Bonniot de Solignac, Metzinger, Saillard,
Treilhard et Conchon, conseillers.

M. LE PRÉSIDENT. — Cet article a été publié dans *le Correspondant* par vous ?

M. DE MONTALEMBERT. — Oui, monsieur.

M. LE PRÉSIDENT. — Avez-vous quelque chose à dire pour votre défense.

M. DE MONTALEMBERT. — Je m'en rapporte à ce que diront mes défenseurs.

M. le conseiller Treilhard fait le rapport de l'affaire. Il se borne à donner connaissance à la cour des passages de l'article incriminé sur lesquels le jugement du tribunal s'est appuyé pour justifier l'existence des trois délits pour lesquels une condamnation a été prononcée contre M. de Montalembert. Il donne lecture ensuite de l'interrogatoire de ce dernier devant le juge d'instruction, et du jugement du tribunal correctionnel.

Me DUFAURE. — J'assistais devant les premiers juges un client qui ne se présente plus devant vous ; le délit qui lūi était imputé était étroitement lié à celui que l'on reprochait à M. le comte de Montalembert. Il était inculpé pour n'avoir pas reconnu dans l'écrit que M. de Montalembert lui avait donné à publier, le caractère délictueux que la prévention relevait, que le tribunal a condamné. Mais M. Douniol n'était pas seul en cause; il était le représentant d'une revue, organe sérieux d'opinions respectables. Il a craint de compromettre la conservation de son journal en persévérant dans sa défense; il n'a pas fait appel.

Privé de mon client, j'ai cédé facilement à l'invitation qui m'a été faite par M. de Montalembert, et par son éminent défenseur de venir prendre ma modeste part dans le débat qui se renouvelle devant vous; j'y étais d'autant plus porté que j'avais dit aux premiers juges, et c'est ma conviction bien réfléchie, que la cause qui s'agite n'est pas seulement la cause personnelle de M. de Montalembert, qu'elle a, si j'ose le dire, un caractère plus élevé, qu'elle est celle de tout homme qui met quelque prix à ce que notre pays ne perde pas l'habitude des grandes études historiques et politiques, à ce qu'il conserve dans ce genre de travaux la renommée et l'autorité qu'il a acquises depuis deux siècles, et qui doit vouloir que les esprits élevés qui se livrent à ces nobles et grandes études conservent encore quelque liberté de penser, de parler et d'écrire. Et à vrai dire, non-seulement je pense que la cause actuelle n'est pas exclusivement celle de M. de Montalembert, mais encore j'aurais désiré, j'aimerais mieux qu'elle ne portât pas un nom-propre et qu'elle se présentât seule et dégagée du prestige même qu'un tel nom peut jetter sur elle.

Je n'oublie pas d'ailleurs que devant vous, à mesure que nous montons dans la hiérarchie judiciaire, les personnalités conservent moins d'importance, l'écrit se présente plus dégagé des raisons, de l'intérêt ou des préventions qu'inspire son auteur; il se présente seul en face de la loi qui l'absout ou le condamne, et, de votre côté, vous qui rendez un arrêt souverain, qui créez par chaque arrêt un précédent qui sera invoqué, qui aura ses conséquences, vous êtes naturellement plus préoccupés de l'interprétation que vous allez donner à la loi que ne peuvent, que ne doivent en être préoccupés les premiers juges. Dans les causes que vous jugez journellement, vous avez des lois tellement précises, tellement définies que quelque application que vous en fassiez, la loi n'en souffre aucune atteinte. Mais pour ces délits de presse, où la définition est à vrai dire impossible, où le vague de la loi est inévitable, un précédent peut-être terrible, et il serait douloureux qu'il eût été arraché des juges par les impressions qu'ils peuvent subir de telle parole, ou de tel acte de la vie du prévenu.

Je me rassure donc, je suis parfaitement convaincu qu'il n'y a plus pour vous dans ce débat que deux choses : un écrit qu'on accuse, une loi d'après laquelle vous devez le juger. Aussi la discussion que j'ai à vous présenter sera-t-elle toute juridique, et la personnalité n'y tiendra aucune place.

Néanmoins, avant de l'aborder il est un incident dont je ne puis me dispenser d'entretenir la cour.

On a répandu dans le public, et des journaux amis du gouvernement ont répété, que le débat qui s'agite devant vous était inutile, que l'on ne comprenait pas pourquoi M. le comte de Montalembert poursuivait son appel, qu'il avait été condamné à la vérité par une première sentence, mais que depuis la condamnation il était intervenu un acte qui lui avait fait remise de la peine; qu'alors le débat que nous portions devant vous n'était plus qu'une espèce de jeu, qu'un désir trop passionné d'exprimer en public les sentiments hostiles dont on peut être animé.

M. de Montalembert a besoin de protester contre cette insinuation qui a été trop répandue et la cour me permettra d'ajouter que les deux défenseurs qui se présentent pour lui ont besoin pour leur dignité personnelle de lui dire que le débat qu'ils viennent soutenir n'est pas un jeu, qu'il est sérieux et qu'ils poursuivent sincèrement le résultat que leur paraît demander la justice et l'honneur de leur client.

Il est vrai que depuis la condamnation, et dans *le Moniteur* du 2 décembre, tout le monde a pu lire la note suivante, partie non-officielle :

« Paris, le 1er décembre.

» L'Empereur, à l'occasion de l'anniversaire du 2 Décembre, a fait » grâce à M. le comte de Montalembert de la peine prononcée contre » lui. »

Cette note était singulière, la cour me permettra de le lui dire. M. de Montalembert était dans les délais de l'appel, il avait le droit de vous demander la réformation du jugement que le tribunal de police correctionnelle avait rendu. Cette note avait l'étrange effet de mettre les magistrats supérieurs qui avaient le droit de connaître librement de l'affaire dans l'alternative, ou de prononcer une condamnation dont on disait à l'avance qu'elle n'aurait aucun effet, ou de prononcer un acquittement contradictoire avec l'acte que l'on attribuait au chef de l'Etat, car, je vous le montrerai tout à l'heure, la grâce suppose la justice de la condamnation. Si la note était vraie, ce serait la confirmation par acte administratif du jugement que vous avez le droit d'anéantir.

Cela était singulier.

Il y avait de bien autres choses encore qu'on ne s'expliquait pas.

Les premiers juges avaient eu devant eux deux prévenus. Pour l'un, ils avaient prononcé une condamnation sévère; pour l'autre, ils avaient admis des circonstances atténuantes, ils avaient adouci la condamnation. Et la grâce que la partie non-officielle du *Moniteur* annonçait était pour celui que le tribunal avait sévèrement frappé, et ne touchait en rien celui pour lequel le tribunal avait reconnu des circonstances atténuantes.

Enfin tous ceux qui croyaient à la note, voyaient, je puis le dire, personne ne me démentira, moins un acte de clémence qu'un trait d'esprit et d'ironie, dirigé contre M. de Montalembert par le souvenir du deux décembre. Quand on y regardait de près tout cela semblait si bizarre que nous n'avons pas cru à la note.

Aussi notre client n'a reçu aucun avis officiel. On ne lui a fait connaître aucun décret portant remise de la peine, nous ne croyons pas à l'existence d'un décret; M. le Procureur général peut aisément nous détromper en le montrant. Toujours est-il que, pour le moment, M. de Montalembert se présente à vous ne connaissant pas d'autre grâce que celle que *le Moniteur* a bien voulu lui accorder par la petite note non officielle du 2 décembre.

Ce n'était pas tout. Cette raison à elle seule suffirait pour que nous ayons un intérêt sérieux à soutenir notre appel : mais il y en a une autre. La cour sait quel est le caractère de la grâce accordée, même quand elle est réelle et qu'elle a été régulièrement accordée. La grâce, à la différence de l'amnistie, fait remise de la peine mais laisse subsister la condamnation et les conséquences autres que la peine même qui peuvent y être attachées. Les effets de la grâce ont été définis mieux que je ne pourrais le faire par la cour de cassation.

On lit dans un arrêt du 11 juin 1825 : « L'effet des lettres de grâce est limité à la remise de tout ou partie des peines prononcées. Elles laissent subsister le délit, la culpabilité des graciés et déclarent même la justice de la condamnation. »

Voilà l'effet de la grâce. Elle laisse subsister le délit. Elle déclare la justice de la condamnation. Aussi a-t-on toujours pensé et toujours décidé que la grâce faisait remise de la peine en ce sens que M. de Montalembert, par exemple, condamné à l'amende et à la prison ne paierait pas l'amende, ne subirait pas ses six mois de prison, mais que toutes autres conséquences de la condamnation, qui ne sont pas proprement considérées comme peines subsisteraient. Elles subsistent à ce point que le jurisconsulte distingué dont je tiens l'ouvrage entre les mains, M. Demolombe, professe que la mort civile n'est pas effacée par la grâce. Ainsi il y a eu condamnation; une nouvelle poursuite intervient, il y a récidive, car la première condamnation n'a pas été détruite. En outre, aux termes de l'article 6 de la loi du 27 février 1858, celui qui a été condamné en vertu de l'article 1er de la loi du 27 février 1849 est exposé, pendant toute sa vie, à la volonté du gouvernement, à être exilé, déporté, tout cela subsiste; rien de tout cela n'est détruit par la grâce.

Ne me dites pas que M. le comte de Montalembert n'a pas à le craindre, que son nom le met à l'abri de ces rigueurs. Je tiendrai pour insensé celui qui accorderait une telle confiance à l'avenir et qui n'aurait aucun souci d'être exposé à un tel danger. Mais, enfin, la loi du 27 février 1858 continuerait à rester applicable à M. de Montalembert même après une grâce régulière. Voilà tout ce que je voulais dire sur ce point.

De grâce, nous n'avons qu'une note du *Moniteur*. Eussions-nous une grâce régulière, subsisteraient encore des effets attachés à la condamnation dont la grâce déclarerait la justice, effets qui suffisent à rendre très-sérieux pour M. de Montalembert le recours salutaire que la loi lui permet d'exercer devant vous.

Ainsi c'est sérieusement que nous venons devant la cour demander la réformation pleine et complète du jugement que le tribunal de police correctionnelle a rendu.

Nous la demandons. Avons-nous raison de la demander? C'est la question encore juridique sur laquelle j'appelle l'attention de la cour.

Vous avez entendu tout à l'heure la lecture du jugement qui a été rendu par le tribunal de police correctionnelle. Vous avez vu que M. de Montalembert était prévenu de quatre délits, que sur ces quatre délits, il en est un sur lequel le tribunal a cru que la poursuite était mal fondée et sur lequel il a prononcé un acquittement.

Je n'aurais pas à en parler si le tribunal en prononçant l'acquittement n'avait employé les expressions suivantes :

« Attendu que si aux passages incriminés se rencontrent des expressions qui ne devraient pas se trouver sous la plume d'un écrivain qui se respecte, et si ces expressions sont de nature à amener la desunion et l'excitation parmi les citoyens, ils ne manifestent pas suffisamment de la part de l'auteur l'intention de troubler la paix publique, que ce dernier délit ne se trouve pas complétement caractérisé, etc. »

Donc les trois passages qu'on citait comme constituant le délit d'excitation au mépris et à la haine des citoyens les uns contre les autres, ne contiennent pas le caractère de culpabilité que la loi exige et s'il n'y avait pas eu d'autre motif de poursuite, M. de Montalembert aurait été renvoyé des fins de la plainte, par conséquent n'aurait pu faire appel, et dans quelle situation? Le tribunal tout en l'acquittant lui inflige ce reproche : « Aux passages incriminés se rencontrent des expressions qui ne devraient pas se trouver sous la plume d'un écrivain qui se respecte et des expressions qui sont de nature à amener la désunion et l'excitation parmi les citoyens. » Cela ne me paraît pas complétement juste : adresser à un écrivain, en le déclarant innocent, des critiques de cette amertume et le mettre dans cette situation qu'il ne peut en appeler à des juges supérieurs !

Et comment M. de Montalembert avait-il mérité ce reproche? En employant à une page les expressions de *chroniqueur d'antichambre,* qualification qu'il donne à quelques écrivains qu'il ne nomme pas, qu'il ne désigne personnellement par aucun allusion ; en écrivant dans la même page les mots de *fanatiques* et *d'hypocrites ;* en parlant dans un autre des *traducteurs censurés* chargés de fournir la presse étrangère de tous les passages des journaux anglais qui peuvent compromettre l'alliance anglo-française; et enfin en parlant des lâches qui ont insulté à cette noble croyance que la France peut supporter comme tout autre pays le règne du droit, de la lumière et de la liberté !

C'est dans tous ces passages et je n'en omets pas un, que l'auteur aurait employé des expressions que doit s'interdire un écrivain qui se respecte.

Quoi ! parce que l'écrivain a vu parmi nous ou à l'étranger des traducteurs censurés poussant à la rupture de l'alliance anglo-française, parce qu'il a vu des chroniqueurs d'antichambre, des fanatiques et des hypocrites, il a oublié le respect qu'il se devait à lui-même ? Prenez les écrits de tous les hommes qui, à une époque quelconque, ont jeté un regard sur la société au milieu de laquelle ils vivaient, et dites-moi s'il y en a un seul qui ait trouvé une société assez pure, assez irréprochable, assez incontestablement et universellement grande, pour que les mots d'hypocrites, de fanatiques, de traducteurs censurés, de chroniqueurs d'antichambre ne puissent pas se trouver sous sa plume sans qu'il ait manqué au respect qu'il se devait à lui-même.

Je le répète donc, le tribunal dans cette qualification qu'il a adressée à M. de Montalembert a été d'une sévérité difficile à comprendre, d'une sévérité que je crois injuste, et d'autant plus injuste que ces expressions étant accompagnées d'un acquittement, un tribunal supérieur ne pouvait les corriger.

Maintenant et après avoir parlé du délit que l'auteur n'a pas commis, j'ai à parler des trois délits que le tribunal a admis et pour cela je demande à la cour de vouloir bien entendre une nouvelle lecture des termes du jugement :

« Attendu qu'au cours de cet article écrit dans un esprit de dénigrement systématique, l'auteur par le contraste continuel qu'il se plaît à faire ressortir entre les institutions que la France s'est données et celles d'une puissance alliée de la France, prend à tâche de déverser l'ironie et l'outrage sur les lois politiques, les hommes et les actes du gouvernement; que trois délits : 1º le délit d'excitation à la haine et au mépris du gouvernement ; 2º le délit d'attaque contre le principe du suffrage universel et les droits et l'autorité que le chef de l'Etat tient de la Constitution, et 3º le délit d'attaque contre le respect dû aux lois et l'inviolabilité des droits qu'elles ont consacrés, ressortent de l'ensemble dudit article et particulièrement des passages commençant par ces mots... »

(Le jugement indique les passages qu'a lus M. le rapporteur.)

Voilà les motifs donnés par le tribunal. Au nombre de ces délits pour lesquels l'écrivain a été condamné, je relève principalement et d'abord le second, le délit d'attaque contre le principe du suffrage universel, contre les droits et l'autorité que le chef de l'Etat tient de la Constitution.

Je m'attache d'abord à ce délit, parce que c'est lui qui, entraînant la peine la plus forte, a décidé en définitive de la pénalité qui a été prononcée contre M. de Montalembert. Je m'y attache encore pour un autre motif, parce que ce délit étant puni, dit le tribunal, par la loi du 27 juillet 1849, art. 1er, c'est lui qui attire sur l'écrivain condamné l'application de l'article 6 de la loi du 27 février 1858. C'est lui et lui seul. Si M. de Montalembert avait été condamné seulement pour les autres, il n'y avait pas application possible des terribles mesures administratives que cette loi autorise.

Ainsi voilà bien le délit dont j'ai à parler en ce moment : attaque contre le principe du suffrage universel, première partie de la condamnation et attaque contre les droits et l'autorité que l'Empereur tient de la Constitution, seconde partie de la condamnation.

Attaque contre le principe du suffrage universel. Il est remarquable que ce délit n'est pas prévu par l'art. 1er de la loi du 27 juillet. Cet article de la loi du 27 juillet n'a aucun rapport avec les attaques contre le principe du suffrage universel. J'en donne lecture à la cour.

« Les art. 1 et 2 du décret du 11 août 1858 sont applicables aux attaques contre les droits et l'autorité que le président de la République tient de la Constitution et aux offenses envers sa personne...

On reproduit donc dans l'article 1er de la loi du 27 juillet 1849 les dispositions de la loi du 11 août 1848 qui protégeait les droits de l'Assemblée nationale alors souveraine. On reproduit ces dispositions pour les appliquer au Président de la République qui est devenu le chef du pouvoir exécutif depuis l'élection du 10 décembre. Mais quant au principe du suffrage universel on le laisse dans la loi du 11 août 1848 où il est écrit, et la loi du 27 juillet 1849 y est complétement étrangère. La cour sait pourquoi je lui fais cette remarque. Je tiens toujours à écarter autant que possible l'application de la loi du 27 février 1858 et cette application n'est possible qu'avec l'article 1er et la loi de 1849.

Maintenant je remonte à l'article 1er de la loi du 11 août 1858. Il parle en effet du suffrage universel, je ne le conteste pas et voici en quels termes.

Art. 1er : « Tonte attaque par l'un des moyens énoncés en l'article 1er, de la loi du 17 mai 1819 contre les droits et l'autorité de l'Assemblée nationale, contre les droits et l'autorité que les membres du pouvoir exécutif tiennent des décrets de l'Assemblée, contre les institutions républicaines et la Constitution, contre le principe de la souveraineté du peuple et du suffrage universel sera punie, &... »

Tel est l'article qu'invoque le ministère public pour demander la condamnation de M. de Montalembert comme coupable d'avoir attaqué le principe du suffrage universel.

La Cour sait à quelle occasion cette loi a été rendue. La France venait de traverser deux effroyables crises dans lesquelles le principe de la souveraineté du peuple et du suffrage universel avait été odieusement méconnu, la première, celle du 15 mai, et la seconde, celle des journées de juin; la Cour se rappelle que les révoltés, et dans la journée du 15 mai et dans les journées de la fin du mois de juin 1848, proclamaient que l'Assemblée nationale avait perdu tous ses droits à la confiance du peuple, que la souveraineté nationale qui l'avait envoyée siéger ne pouvait pas couvrir les fautes qu'elle avait commises par ses tendances réactionnaires. Ils portaient la plus violente attaque à ce principe du suffrage universel consacré par la révolution de février, le lendemain du jour où elle avait éclaté.

Lorsque le pouvoir eut passé dans des mains aussi fermes et aussi loyales qu'il y en a jamais eu parmi les pouvoirs de ce monde, on songea immédiatement à réprimer de pareils excès et à se défendre contre de si violentes attaques. C'est pour cela que fut faite, à cette époque, la loi du 11 août 1848, protégeant le principe de la souveraineté du peuple et le principe du suffrage universel. Certes, il n'y avait rien de plus imprévu, et je ne m'étendrai pas sur cette idée qui me mènerait trop loin, que l'application d'une telle loi faite dans de telles circonstances et avec une telle intention, à l'écrit que M. le comte de Montalembert a publié et particulièrement à ce qu'on prétend trouver de coupable dans cet écrit.

Voici, en effet, en quoi et par quel passage de son écrit M. de Montalembert a porté atteinte, a dirigé une attaque contre le principe du suffrage universel. Ce n'est pas l'ensemble de l'écrit, on ne l'a pas prétendu. Dans l'ensemble de l'écrit, M. de Montalembert ne se préoccupe pas un moment du suffrage universel, c'est dans une phrase insérée à la page 206. Vous allez voir la violente attaque que M. de Montalembert dirige contre le principe du suffrage universel et à quel point il a mérité la condamnation portée contre lui.

« Je concède d'ailleurs, dit-il, à qui veut, que rien, absolument rien;

» dans les institutions ou les personnages politiques de la France actuelle
» ne saurait ressembler aux choses et aux hommes dont je voudrais
» donner ici un rapide crayon. *Il va sans dire que je ne prétends nulle-*
» *ment convertir les esprits progressifs qui regardent le gouverne-*
» *ment parlementaire comme avantageusement remplacé par le suffrage*
» *universel.* »

Voilà, je l'affirme, la cour a lu l'écrit comme moi, le seul passage de l'écrit où il soit question du suffrage universel.

Depuis que ce malheureux procès est intenté, j'ai lu et j'ai relu cette phrase, j'ai employé toute la faculté d'analyse que je puis avoir pour en discerner les éléments divers et pour en faire sortir une pensée coupable. Je l'avoue à ma honte : il m'a été impossible d'y parvenir. Lorsque je l'analyse j'y vois que M. de Montalembert suppose ou, si vous voulez, affirme qu'il y a en France des esprits qui regardent le gouvernement parlementaire comme avantageusement remplacé par le suffrage universel. Il le dit, il l'affirme, cela n'est pas contestable. S'il n'y avait pas en France des esprits animés de cette conviction, M. de Montalembert ne serait pas poursuivi en ce moment devant vous.

Il qualifie ces esprits, il les appelle progressistes. Ce n'est une injure pour personne. Tout le monde a la prétention d'être progressiste. Il n'y a pas une institution au monde qui n'inscrive sur son drapeau le mot *progrès*. Seulement chacun l'entend à sa façon ; mais personne ne peut se trouver offensé de ce qu'on le considère comme progressif en lui attribuant une certaine croyance. Et puis M. de Montalembert déclare qu'il n'entend pas convertir ces esprits progressifs. Il renonce à raisonner, à discuter avec eux, il ne veut pas les convertir.

Me dira-t-on, et c'est la seule chose que j'ai trouvée suspecte dans la phrase : Il en résulte que M. de Montalembert ne partage pas leur opinion, car s'il partageait leur opinion il ne parlerait pas de les convertir. Renoncer à les convertir est avouer une opinion contraire.

Soyons francs : cette remarque est vraie. Mon client, dans la phrase que je viens de lire, avoue, de la façon la plus modeste, une opinion contraire. Voyons ! Avouer une opinion contraire, avouer même qu'on croit que le suffrage universel n'a pas convenablement, avantageusement remplacé le gouvernement parlementaire, est-ce que c'est là un délit ? Est-ce une attaque contre le principe du suffrage universel ? Chose étrange ! La loi du 11 août 1848 était dirigée contre des attaques à main armée et les attaques les plus violentes dont une société civilisée ait jamais eu à souffrir ; et cette loi maintenant tombe à ce point qu'elle est dirigée contre un simple doute exprimé, contre une opinion à peine entre-vue. Quoi ! l'écrivain ne partage pas complétement l'enthousiasme que d'autres esprits peuvent avoir pour le suffrage universel, et n'est pas convaincu que le gouvernement parlementaire soit avantageusement remplacé par lui, et c'est avec cela qu'on forme le délit pour lequel les peines sévères du jugement ont été prononcées.

Je le répète encore parce qu'on aurait peine à le croire. Il n'y a pas dans les 70 pages que M. de Montalembert a livrées au *Correspondant* un mot qui vienne ajouter à la phrase dont je viens de donner lecture, un seul mot qui directement ou indirectement parle du suffrage universel.

Il m'est impossible, quelque intention que j'aie de ne pas sortir de mon débat juridique, il m'est impossible de ne pas faire une réflexion : si je me reporte par la pensée à dix ans d'ici, je trouve un temps, un ordre de choses où la grande question politique était la réforme électorale et une réforme électorale qui consistait à ajouter à un corps de deux ou trois cent mille électeurs vingt ou vingt-cinq mille citoyens, qui, par leur instruction, par leur position sociale semblaient donner des garanties d'indépendance et de lumière. C'était la grande question pour laquelle l'opposition faisait les plus énergiques efforts, sur laquelle on rencontrait la résistance la plus décidée de la part des hommes qui se disaient sages et conservateurs par excellence. Question tellement vive qu'elle a eu sa grande part d'influence sur le sort d'une monarchie. Dix ans se sont écoulés, le principe du suffrage universel dans toute son étendue est maintenant admis par la loi. Je me garde bien de l'attaquer. Mais on ne s'arrête pas là.

Non seulement il est légalement admis, non-seulement il est protégé par une loi pénale, mais on va jusqu'à cet excès de foi, et (si le tribunal n'avait pas dit que le mot *fanatisme* ne peut-être employé que par un écrivain ou un orateur qui ne se respecte pas), je dirais jusqu'à ce fanatisme, que pour peu qu'on élève des doutes sur la valeur du suffrage universel on sera considéré comme coupable d'un délit ! Cela est-il possible ?

Ce n'est pas la loi que j'attaque. La loi a défendu le principe ; elle doit être respectée, mais c'est l'interprétation abusive qu'on donne à la loi.

Voilà le premier délit pour lequel le tribunal de police correctionnelle a condamné les prévenus.

Le second, comme la Cour le sait, est celui-ci : L'écrivain a attaqué les droits et l'autorité que l'Empereur tient de la Constitution. Voilà comment est formulé le délit, et ce délit est puni, dit le jugement, par l'article 1er de la loi du 27 juillet 1849, dont je donne à la Cour une nouvelle lecture :

« Les articles 1 et 2 décret du 11 août 1848 sont applicables aux attaques contre les droits et l'autorité que le Président de la République tient de la Constitution, et aux offenses envers sa personne. »

Dans la lecture que nous avons donnée du jugement, la Cour a peut-être remarqué que le tribunal, en rappelant l'article de la loi du 27 juillet 1849, n'a pas précisément reproduit le texte de cet article. Tandis

que la loi dit : « Les droits que le Président de la République tient de
la Constitution, » le tribunal a écrit : « Les droits que le chef de l'Etat
tient de la Constitution. »

On se demande d'où peut venir ce léger changement introduit dans le
texte d'une loi pénale que le tribunal est tenu de copier dans son jugement. Je dois le dire à la cour.

Devant les premiers juges, nous recherchions si l'article 1er de la loi
du 27 juillet était applicable aux attaques contre les droits et l'autorité
que l'Empereur tenait de la Constitution. Nous faisions remarquer au
tribunal que l'un des principes les plus sacrés en matière de loi pénale,
c'était que le texte précis des lois devait être appliqué tel qu'il était écrit
par le législateur lui-même et que les tribunaux n'avaient pas la faculté
de s'en écarter même sous le prétexte de l'analogie.

L'analogie a été combattue par les jurisconsultes de tous les temps
surtout en matière de lois pénales, et un jurisconsulte qui a écrit avant
notre révolution de 1789, à une époque où certes la législation pénale
ne péchait pas par trop de douceur, Prost de Royer, disait au mot
Analogie :

« C'est dans le droit criminel que l'analogie est affreuse, quand elle
» s'avise de régler les délits et les peines. Il vaut mieux qu'un délit
» imprévu et non spécifié par la loi reste impuni, sauf à statuer pour
» l'avenir que de voir l'honneur, la sûreté et la vie même soumis à un
» arbitraire qui peut tout enchaîner par l'analogie. »

Nous faisions remarquer que ce qui venait appuyer cette opinion de
tous les temps, c'était ce qui s'était passé relativement même aux lois
de la presse.

Ainsi, depuis quarante ans, chacun des gouvernements que nous
avons eus a compris la nécessité de défendre contre les attaques de la
presse ou de tout autre mode de publication le principe même et l'autorité du chef de l'Etat.

En 1819, en 1822, on avait pris soin de défendre contre leur attaque
les droits et l'autorité que le chef de l'Etat tenait de sa naissance, tenait
de la Charte qu'il avait octroyée à la France. C'était le langage de l'époque.
Voilà le principe des lois de 1819 et de 1822.

La révolution de Juillet éclata. On pouvait bien dire que par analogie, le Roi de la révolution de Juillet devait être protégé par les lois
de 1819 et de 1822, que le changement dans l'origine du pouvoir n'y
faisait rien, et un tribunal de cette époque aurait pu prendre le mot *chef
de l'Etat* pour appliquer les lois antérieures aux circonstances postérieu-
res à la révolution.

On ne l'a pas cru ainsi, et dès le mois de novembre 1830, peu de mois
après la révolution de juillet, on a pris soin de faire une loi par laquelle
on reproduit, sauf les modifications que les circonstances de l'époque
exigeaient, les dispositions des lois de 1819 et de 1822. Après la révo-

lution de Février, l'Assemblée nationale devient souveraine. On aurait
pu dire par analogie que l'Assemblée nationale était protégée par les
lois qui avaient protégé les Rois de la branche aînée ou le Roi de la
branche cadette. Non, on sent le besoin de faire un article pour protéger
l'Assemblée nationale et le représentant du pouvoir exécutif, et on a
soin de faire l'art. 1er de la loi du 11 août 1848.

Enfin un nouveau changement survient. La Constitution de 1848 est
votée, le Président de la République est nommé. On trouverait aisément
dans l'art. 1er de la loi du 11 août une analogie suffisante pour protéger
le Président de la République contre les attaques dont ses droits et son
autorité peuvent être l'objet. On ne le pense pas, on n'admet pas le
principe que les lois pénales s'appliquent par analogie ; on fait la loi
du 27 juillet 1849 qui rend la loi de 1848 applicable au Président de
la République.

Vous voyez cette tradition invariablement suivie dans notre législation. A mesure que le pouvoir change, on sent le besoin de le protéger
par des lois nouvelles.

La loi du 27 juillet 1849 a eu son autorité jusqu'au 2 décembre 1852.
Le chef de l'Etat a porté jusqu'à ce moment 2 décembre 1852, le titre
de Président de la République ; mais alors il l'a très-volontairement
abdiqué.

En vertu d'un premier sénatus-consulte, puis d'un plébiscite, puis
encore d'un second sénatus-consulte, il a pris le titre et la dignité impériales. De ce moment, placé dans la situation où était le Roi Louis-
Philippe après la Révolution de Juillet ; où était l'Assemblée nationale
après le 24 février ; où était le Président de la République après le
20 décembre 1848, de ce moment une loi nouvelle était évidemment
nécessaire pour qu'on pût appliquer une pénalité.

C'est ce que nous avions l'honneur de dire au tribunal et voilà pourquoi le tribunal dans son jugement n'a pas répété les mots *Président de
la République*, mais, pour rendre l'article 1er de la loi du 27 juillet 1849
applicab'e, a préféré les mots *chef de l'Etat*. Et, en effet, l'expression est
générale. Si elle se trouvait dans la loi du 27 juillet 1849, la loi serait
applicable. Mais elle n'y est pas, on ne l'y a pas mise ; et on a voulu constater dans cette loi comme dans toutes les lois de toutes les époques
dont je viens de parler l'existence et le caractère du pouvoir qui régnait
alors.

Il y a une autre raison pour que cette loi ne subsiste pas et qu'on ne
puisse pas l'appliquer. Vous allez le comprendre immédiatement.
Lorsque la loi du 27 juillet 1849 a été faite, le président de la République tenait ses droits de la constitution et exclusivement de la constitution. La loi pouvait se borner à dire : les droits que le Président de la
République tient de la constitution. L'Empire, au contraire, a donné au
chef de l'Etat des droits qui ne naissent pas seulement de la constitution

mais encore des sénatus-consultes dont elle a été suivie. Remarquez
que la constitution du 14 janvier 1852 a été modifiée par un sénatus-
consulte du 7 novembre 1852, par un plébiscite du 1er décembre,
par un second sénatus-consulte du 25 décembre qui abroge dix articles
de la Constitution du 14 janvier 1852 et qui donne à l'Empereur des
droits nouveaux qu'il n'avait pas encore. Si on veut faire une loi qui
protége les droits du chef de l'Etat, ce ne sont pas seulement ceux qu'il
tient de la Constitution, il faut bien protéger les droits non moins importants qui lui sont accordés par les sénatus-consultes que je viens de
rappeler : à moins qu'on ne me dise encore que par analogie l'article 1er
de la loi du 27 juillet 1849 est applicable non·seulement pour les droits
que l'Empereur tient de la Constitution du 14 janvier 1852, mais encore
pour tous les droits qui lui sont attribués par les sénatus-consultes de
novembre et de décembre. Ainsi l'analogie! toujours l'analogie!

Je persiste à penser qu'en droit pénal, où tout est de rigueur, où les
lois doivent être appliquées textuellement, il n'y a pas de loi applicable
au premier délit, au délit qui a trait aux attaques contre les droits et l'autorité de l'Empereur.

Je suppose maintenant cette loi applicable et je recherche dans l'écrit
de M. de Montalembert en quoi il a porté atteinte aux droits et à l'autorité que le chef de l'Etat tient de la Constitution.

Je n'ai pas envie pour savoir si M. de Montalembert a attaqué, comme
le dit la loi, les droits et l'autorité que le chef de l'Etat tient de la Constitution, de rechercher quels sont ces droits, et cette autorité. La Cour
peut être très-sûre que je n'élève aucune contestation sur ce point. On
peut les faire aussi étendus, aussi absolus qu'on le voudra. Je n'en
rabats rien; je les crois sans limites ; mais je me demande si un seul de
tous ces droits, que vous formulerez comme vous voudrez, est attaqué
par l'écrit que notre client a publié.

Attaqué ! Le mot *attaquer* a un sens dans notre langue, qui, grâce au
ciel! ne peut être douteux. Attaquer ce n'est pas douter, c'est contester
avec une certaine hostilité. Il n'y a pas d'attaque sans cette réunion de
deux choses : une contestation et des hostilités au fond de cette contestation. Attaquer le pouvoir, attaquer l'autorité très-souveraine que la
Constitution donne au chef de l'Etat, ce serait soutenir qu'il n'a pas ce
pouvoir, qu'il ne peut l'avoir, que la Constitution ne peut le lui
donner, ce serait l'attaquer dans sa source, dans son origine, dans sa
légalité. Je comprends ce qu'est une attaque mieux que je ne puis le
définir; la Cour le comprend comme moi.

Quels sont les passages de l'écrit de M. de Montalembert dans lesquels
la prévention a vu cette attaque ?

Sur ce point encore, ce n'est pas l'ensemble de l'écrit, ce ne sont pas
les 70 pages de cet écrit qui contiennent une attaque contre les droits et
l'autorité que l'Empereur tient de la Constitution ; ce sont deux passages

qui ont été nettement indiqués devant les premiers juges, qui ont été
rappelés par le jugement. Ces passages se trouvent à la page 260 et à la
page 269 du journal. Je prie la Cour de me permettre de les lire. Je
voudrais que la Cour pût les écouter en se dégageant de l'impression qu'a
produite hier sur elle la lecture du jugement et des autres documents
du procès. Un écrit, après tout, n'est coupable qu'à cause de l'impression
qu'il peut produire sur un lecteur intelligent, attentif, mais non prévenu. Je voudrais que la Cour fut dans cette disposition au moment où
je vais lire les deux passages condamnés. S'il se rencontre au milieu des
phrases, une phrase, un mot coupable, la Cour ne m'arrêtera pas à
cause de sa bienveillance accoutumée, mais votre mouvement, vos gestes, vos regards le signaleront. Vous allez voir la page 260.

Je rappelle d'abord à quelle occasion elle a été écrite. L'auteur vient
de raconter les grandes scènes parlementaires qui ont eu lieu à l'occasion des affaires de l'Inde, et, après les avoir résumées, en avoir dit
l'éclat et le résultat, voici en quels termes il s'exprime :

« Ce n'était donc pas à tort que des orateurs très-divers félicitaient la
» Chambre de l'issue du débat ; car ce qui venait de se passer était le
» triomphe de la raison et de la justice, triomphe consolidé par la modé-
» ration et la prudence de tous les partis, triomphe obtenu par les
» seules armes de la discussion et de l'éloquence. L'esprit de parti avait
» été abattu et déjoué. Tous les intérêts légitimes avaient été noblement
» défendus et reconnus ; l'honneur d'un grand fonctionnaire accusé et
» absent avait trouvé de fidèles et zélés champions ; son caractère avait
» été mis à l'abri de tout reproche, avec une honorable sollicitude, par
» ceux-là mêmes qui avaient le plus sévèrement jugé sa conduite. L'au-
» torité gouvernementale avait été maintenue par des hommes aussi
» complétement étrangers à sa responsabilité qu'indépendants de son
» influence. Un ministre éloquent, mais imprudent, et qui s'était puni
» lui-même de l'indiscrétion et de l'exagération de son langage, devait
» se sentir plus que consolé en entendant ses doctrines victorieusement
» soutenues par les voix les plus imposantes, et implicitement approu-
» vées par la majorité législative. » L'humanité, l'équité, les droits des
» vaincus et des faibles, avaient trouvé pour champions les orateurs les
» plus intrépides et les plus écoutés d'une assemblée dont les échos
» retentissent dans le monde entier, et leur voix allait pénétrer jusque
» sur les bords du Gange, pour y rétablir, dans leur intégrité, les lois
» d'une guerre loyale et les conditions d'une conquête civilisatrice :

> . Ille super Gangem, super exauditus et Indos,
> Implebit terras voce ; et furialia bella
> Fulmine compescet linguæ...

» En un mot, la force morale avait été ouvertement et noblement pré-
» férée à la force matérielle par les organes d'une grande nation qui
» peut et qui veut faire elle-même ses affaires, que rien n'abat ni n'ef-
» fraye, qui se trompe quelquefois, mais qui ne pousse à bout ni les
» hommes ni les choses, enfin qui sait tout ménager et tout réparer,

» sans avoir besoin de se mettre en tutelle et de chercher le salut en
» dehors de sa virile et intelligente énergie. »

Voilà toute cette belle page ! Avez-vous saisi le délit au passage ? Au
moment où je lisais avez-vous vu une attaque contre les droits et l'autorité que l'Empereur tient de la Constitution du 14 janvier 1852 ? Y a-t-il un
mot qui vous ait révoltés, blessés, étonnés ? Et cependant on est allé
chercher d'un œil inquiet au milieu de ce grand hommage à une nation
qui vit par elle-même, qui se gouverne elle-même, ces mots si naturellement écrits : *Sans avoir besoin de se mettre en tutelle.* C'est là le délit
que personne n'aurait deviné pas même l'auteur.

Quoi ! c'est là une attaque contre les droits et l'autorité que le chef
de l'Etat tient de la Constitution ? En vérité lire le passage, rappeler
l'accusation n'est-ce pas tout dire ? n'est-ce pas avoir tout fait et me
reste-t-il quelque chose à ajouter pour montrer que ce premier passage
ne contient absolument rien de ce que l'accusation y a trouvé.

A la page 266 de son écrit M. de Montalembert s'exprime ainsi :

« J'ai déjà indiqué ici même et je salue de nouveau avec bonheur le
» symptôme le plus significatif et le plus consolant de l'état actuel de
» l'Angleterre : c'est la persévérante ardeur que met l'élite de la nation
» anglaise à poursuivre les réformes sociales et administratives, à amé-
» liorer l'état des prisons, les logements insalubres, à propager l'in-
» struction populaire, professionnelle, agricole et domestique, à
» augmenter les ressources du culte, à simplifier la procédure crimi-
» nelle et civile, à travailler en toutes choses au bien-être moral et
» matériel des prolétaires, non par l'humiliante tutelle d'un pouvoir
» sans contrôle, mais par la généreuse coalition de toutes les forces
» libres et de tous les sacrifices spontanés. »

C'est la même pensée sous une expression un peu plus vive. Dans
tout cela pas un mot direct de la France. Du reste la pensée de l'auteur
est écrite très-clairement.

Voilà de grandes améliorations sociales. Elles sont énumérées avec
éloge. M. de Montalembert se félicite de nouveau qu'une nation abandonnée à elle-même soit capable de les opérer aussi bien que si elle
était placée sous la tutelle d'un pouvoir sans contrôle. Il suppose donc,
et c'est une grande concession, que même un pouvoir sans contrôle
pourrait les opérer comme une nation livrée à elle-même.

C'est encore là, cependant, selon le jugement, une attaque contre les
droits et l'autorité que le chef de l'Etat tient de la Constitution ! Quels
sont, je le demande, les droits attaqués ? En quoi sont-ils mis en doute,
sont-ils contestés dans une mesure quelconque ? Sous quel rapport le
sont-ils ? Sous le rapport de leur caractère, de leur origine, de leur légi-
timité ?

Je crains qu'il ne règne une fausse idée dans les débats très-rares dont la presse peut-être aujourd'hui l'objet, une idée que je voudrais écarter. On s'imagine que parce que la constitution du pouvoir a changé parmi nous les lois que vous appliquez à la presse doivent être appliquées plus sérieusement qu'elles ne l'auraient été avant le régime impérial. Je dis qu'elles ne l'auraient été auparavant, car personne ne croira que des passages semblables eussent été même traduits devant les tribunaux à une époque antérieure à la constitution du pouvoir actuel. Mais on croit que sous le régime actuel, les tribunaux doivent être plus sévères, doivent voir plus facilement des délits, doivent appliquer des peines plus rigoureuses. Je ne le crois pas et je demande à la Cour la permission de combattre cette idée qui à mon sens est une erreur et que je ne voudrais pas voir présider à vos arrêts.

Le premier acte par lequel, depuis le 2 décembre 1851, on a statué sur les délits de la presse, est l'acte du 31 décembre de cette année 1851 qui a déféré du jury aux tribunaux ordinaires, aux tribunaux correctionnels, la connaissance de cette nature de délit. Je n'ai pas un mot à en dire. Les convenances les plus simples m'interdisent toute réflexion à cet égard. Tout ce que je puis en dire c'est qu'en vous déférant la connaissance de ces délits, le législateur n'a changé en aucun point les définitions que la loi en donnait et les peines qu'elle y appliquait. Cela ne peut pas m'être contesté.

Le second acte qui a eu quelque rapport aux lois de la presse, c'est la Constitution elle-même du 14 janvier 1852, qui proclame solennellement dans son article 1er, qu'*elle reconnaît, confirme* et *garantit les grands principes de 1789 qui sont la base du droit public des Français.*

Au nombre de ces principes, on ne me contestera pas que se trouve la liberté de la presse.

Enfin, le troisième acte est le décret organique de la presse qui a été publié le 17 février 1852, et je veux signaler le caractère de ce décret important.

Lorsqu'en 1822, le pouvoir de cette époque avait cru devoir rendre plus sévères les lois qui régissaient la presse, on avait fait la loi du 25 mars de cette année 1822 qui avait ce double caractère, premièrement d'étendre la définition des délits, de rendre coupable des faits de publication qui ne l'étaient pas avant elle; secondement d'aggraver les peines.

Cela était clair; on voulait rendre la juridiction plus sévère à l'égard des écrits; on étendait le délit, on aggravait la peine. Lorsque le décret organique de 1852 a été fait, il a eu un tout autre caractère. Vous le lirez depuis le premier article jusqu'au dernier; vous ne verrez pas un mot qui ait pour but d'étendre la définition des délits déjà prévus par les lois précédentes, ni d'aggraver les peines. Vous y verrez que nul journal ne peut s'établir sans l'autorisation du pouvoir administratif, après une condamnation. Vous y verrez que le pouvoir administratif peut lui donner deux avertissements et ensuite prononcer sa suppression. Vous y verrez que pour le besoin de la sûreté générale, un journal peut être immédiatement supprimé par le pouvoir administratif.

Que fait donc cette loi ?

Elle chercha dans l'action administrative des moyens assurés pour prévenir les abus de la presse. Voilà le caractère de la loi. C'est à l'action de l'administration qu'on demande de prévenir des abus. Mais quant au pouvoir des tribunaux, quant à la définition des délits, quant à l'application des peines, le décret de février 1852 n'en dit rien, laissant le soin de rechercher dans les lois antérieures la définition des délits qu'elles donnent et les peines qu'elles prononcent.

Si cela est vrai, j'écarte donc, plaidant devant des magistrats et avec les lois applicables aux délits de la presse, toute idée que la législation nouvelle exigerait plus de sévérité que l'ancienne. La législation est plus sévère en tant qu'elle donne au pouvoir administratif des droits qu'il n'avait pas, mais elle ne l'est pas en ce qui vous concerne. Elle vous laisse les mêmes délits à juger, les mêmes peines à appliquer.

C'est par là que je voulais terminer l'examen que j'ai fait du premier délit pour lequel M. le comte de Montalembert a été condamné. Ainsi il n'a pas commis le délit d'attaque contre le principe du suffrage universel, ni le délit d'attaque contre les droits et l'autorité que le chef de l'Etat tient de la Constitution.

Je passe à l'examen de la seconde partie du jugement.

Vous savez quels étaient les deux autres délits : excitation à la haine et au mépris du gouvernement impérial, et ensuite attaque contre le respect dû aux lois de l'Etat.

Ici vous me permettrez d'être plus rapide que je ne l'ai été dans l'examen du premier délit et à vrai dire, je n'entrerai pas dans les détails et je suivrai l'exemple que m'a donné le tribunal.

Le tribunal pour condamner s'exprime ainsi :

« Attendu qu'au cours de cet article écrit dans un esprit de dénigrement systématique, l'auteur, par le contraste continuel qu'il se plaît à faire ressortir entre les institutions que la France s'est données et celles d'une puissance alliée de la France, prend à tâche de déverser l'ironie et l'outrage sur les lois politiques, les hommes et les actes du gouvernement. »

Si je voulais entrer dans les détails, je demanderais quelles sont les lois politiques, quels sont les actes, les hommes du gouvernement contre lesquels l'auteur a déversé l'ironie et l'outrage.

Les lois politiques ! Il n'en est qu'une qui soit rappelée par M. de Montalembert dans son écrit. Elle est citée à la page 262 et voici ce qu'il en dit :

« La loi qui a mis un terme à l'existence de la Compagnie des Indes » confié le gouvernement de la Péninsule à un secrétaire d'Etat assisté

» d'un conseil inamovible, dont la moitié des membres est à la nomina-
» tion de la Conronne et l'autre moitié élective. Un article de cette loi
» dispose que lorsqu'un particulier aura quelque plainte à élever contre
» l'administration de l'Inde, il devra poursuivre le secrétaire d'Etat. Ce
» n'est qu'une application réglementaire de ce grand principe de droit
» commun de l'Angleterre, d'après lequel tout citoyen peut avoir recours
» devant la justice contre tout officier pub ic, garantie immense et trop
» peu connue de la liberté britannique, qui contraste avec cette inviola-
» bilité de nos moindres fonctionnaires créée par la Constitution de
» l'an VIII, que l'on avait la naïveté, même sous le régime constitu-
» tionnel, de ranger pour les conquêtes de 1789. »

Voilà la loi citée, c'est la Constitution de l'an 8, en particulier l'article 75, dont l'autorité a été reconnue à toutes les époques. M. de Montalembert attaque, jette l'ironie et l'outrage sur l'article 75 de la Constitution de l'an VIII ! De quelle manière ? En disant qu'on avait la naïveté
de croire même sous le régime constitutionnel que cet article 75 était
une des conquêtes de 89. Je me rappelle, en effet, les grandes discussions qui se sont élevées dans les Chambres à l'occasion de cet article 75.
Je me rappelle que les défenseurs rappelaient qu'une des créations de 1789
était la distinction des pouvoirs administratif et judiciaire, et que pour que
cette distinction fût sérieuse, il était nécessaire que les fonctionnaires de
l ordre administratif fussent protégés par un grand corps administratif,
par le conseil d'État. On allait donc chercher dans la distinction des deux
pouvoirs, l'origine et la justification de l'art. 75 de la Constitution de
l'an VIII. Avait-on raison ? Avait-on tort ? Les Chambres ont toujours
décidé qu'on avait raison, puisque l'art. 75 a été maintenu. Mais l'opinion
qu'avait alors M. de Montalembert et qu'il conserve encore aujourd'hui,
que cet art. 75 n'est pas une des conquêtes de 1789, cette opinion qu'il
exprime comment serait-elle une ironie et un outrage contre l'art. 75 de
la Constitution de l'an VIII ! Comment ! il n'est pas permis d'exprimer
cette opinion que l'art. 75 n'est pas une conquête de 1789, qu'il a une
autre date et qu'il est inspiré par d'autres idées que celles qui régnaient
en 1789, car, veuillez le remarquer, je n'équivoque pas sur le mot, M. de
Montalembert ne dit rien de plus sur les actes du gouvernement. Ces 70
pages insérées dans *le Correspondant* du 25 octobre sont employées tout
entières à étudier les actes du gouvernement anglais, de la nation anglaise ;
il n'y a qu'une page où M. de Montalembert parle en réalité d'un acte
du gouvernement français. C'est la page 229 et je ne fais aucune difficulté
de la lire.

« Nous croyons pouvoir parler de cet incident, dit M. de Montalem-
» bert, d'autant plus librement que notre gouvernement, *avec une sa-
» gesse qui l'honore*, a déjà spontanément renoncé à insister sur les points
» qui l'inquiétaient alors. »

Les hommes du gouvernement. On a jeté sur eux l'ironie et l'outrage ?
Dans tout l'écrit il ne se trouve qu'un mot dit sur un seul des hommes

du gouvernement; c'est à la page 249. Dans les 70 pages que la Cour lira, elle ne trouvera pas un seul des hommes attachés au gouvernement actuel, un seul autre qui soit nommé, ou indirectement désigné. Et que dit M. de Montalembert de celui qu'il nomme? C'est à l'occasion des courses d'Epsom. « Le cordon bleu du turf (car c'est ainsi que
» l'on désigne le prix qui porte son nom aux courses d'Epsom), voilà
» ce qui paraît à tous, et à lui surtout (le comte Derby), l'objet légitime
» et naturel de son ambition. Le gagnera-t-il, oui ou non? C'est là la
» question dont la solution occupe tous les esprits et attire, au milieu
» de la foule, toutes les notabilités de la politique et de la diplomatie,
» *entre autres, M. le maréchal Pélissier, qui représente si dignement notre*
» *pays et notre armée et jouit auprès de nos voisins d'une si grande et si*
» *juste popularité.* »

Voilà le seul homme de tous ceux qui sont attachés au gouvernement actuel qui soit nommé dans les 70 pages de la brochure et vous voyez si M. de Montalembert jette sur lui l'ironie et l'outrage.

J'ai répondu à ce reproche particulier inséré dans le passage du jugement dont je donnais lecture tout à l'heure à la Cour et maintenant je prends les expressions générales qui le précèdent. C'est dans un esprit et dans un désir de dénigrement systématique que l'article tout entier a été écrit, dénigrement qui résulte du rapprochement continuel qu'il fait des institutions anglaises avec les nôtres.

En envisageant cette question d'un point de vue général, le reproche adressé par le tribunal à l'écrivain est-il juste et la Cour le confirmera-t-elle ?

Je voudrais pouvoir convier la Cour à lire, indépendamment de tout ce qu'elle a entendu pour l'accusation et la défense, l'article entier, et, après l'avoir lu, chacun de MM. les conseillers à rentrer en eux-mêmes et à se rendre compte de l'impression générale que leur laisserait cette lecture. M'excite-t-elle à la haine et au mépris du gouvernement français, au mépris de nos lois. Je voudrais qu'on pût le faire. C'est une épreuve que j'ai faite plusieurs fois sur moi-même, et consciencieusement voilà les trois impressions principales qui me sont restées.

Une de ces impressions et c'est à elle que se rattache l'origine de l'écrit, c'est que ceux qui attaquaient l'alliance anglo-française, qui l'attaquaient journellement avec une hostilité implacable, ceux qui l'attaquaient jusqu'à faire des vœux, ils sont assez manifestes dans leurs écrits, pour les rebelles de l'Inde contre la nation civilisée qui voulait les soumettre, ceux-là étaient bien blâmables, et que M. de Montalembert avait raison de les attaquer comme il l'a fait. Voilà ma première impression : la Cour verra si elle la partage.

La seconde impression est celle-ci : c'est que l'Angleterre est une nation où tout se fait beaucoup plus par les efforts du génie individuel,

de l'initiative personnelle que par l'action ou l'influence du gouverne-
et que les résultats de cette initiative personnelle sont magnifiques. Voilà
la seconde impression qui reste après la lecture de l'écrit.

La troisième, c'est que cette grande initiative personnelle en Angleterre, a pour organe, pour instrument salutaire, deux grandes choses :
une publicité à peu près illimitée et des institututions représentatives qui,
à un jour donné, sous l'impulsion de la nation entière, appellent les
hommes les plus éminents du pays à discuter et à décider souverainement de ses intérêts les plus élevés.

Voilà les trois impressions qui, après la lecture de l'article, me sont
restées des opinions que M. de Montalembert a exprimées. Je passe en
revue ces trois impressions pour rechercher ce qu'il peut y avoir de
coupable dans un écrit qui les inspire. Est-il vrai quant à la première de
ces impressions qu'elle a été l'origine et le motif de la publication de
M. de Montalembert ?

Tenez ! voyez les premiers mots qui suivent le préambule : Voyez-le
arriver immédiatement à la page 207, à l'objet de sa publication :

« A la fin du printemps dernier l'état de l'Hindostan et le sort de
» l'insurrection qui avait éclaté depuis un an dans les provinces septen-
» trionales de cette immense région, étaient encore la principale préoc-
» cupation de l'Angleterre... Je portais dans cette étude une ardente et
» profonde sympathie pour la grande nation chrétienne et libre à qui
» Dieu impose cette terrible épreuve, et je sentais redoubler cette sym-
» pathie en présence de l'acharnement inhumain de tant d'organes de la
» presse continentale et malheureusement de la presse soi-disant con-
» servatrice et religieuse, contre les victimes des massacres du Bengale.
» A chaque Anglais que je rencontrais, j'aurais voulu dire que je n'ap-
» partenais par aucun côté aux partis dont les organes ont applaudi et
» justifié les égorgeurs, et qui font encore chaque jour des vœux so-
» lennel pour le triomphe des hordes musulmanes et païennes sur les
» héroïques soldats d'un peuple chrétien et allié de la France. »

A qui ces légitimes reproches s'adressent-ils ? Est-ce au gouvernement,
dans une mesure quelconque ? Est-ce même à aucun des organes du
gouvernement. Y en avait-il un seul qui eût émis les opinions contre lesquels M. de Montalembert s'exprime avec une telle énergie ? Pas un. Et
bien loin de considérer le gouvernement comme sympathique aux écrits
contre lesquels il s'élève, M. de Montalembert a soin de mettre en
note :

» J'estime que l'éloge a peu de valeur et peu de dignité. Quand la cri-
» tique n'est pas permise. Mais je me sens à l'abri de tout soupçon de
» servilité en rendant un juste hommage à la courageuse persévérance
» avec laquelle le gouvernement de l'Empereur maintient une alliance
» dont la rupture augmenterait certainement sa popularité, mais porte-
» rait un coup fatal à l'indépendance de l'Europe et aux véritables
» intérêts de la France. »

Ainsi dès la première page, les adversaires, je ne veux pas dire

les ennemis, que rencontre M. de Montalembert et auquel il s'adresse,
ce sont ceux qui dans certains organes de la presse, attaquaient chaque
jour l'alliance anglo-française, allant même, il faut le croire, contre le
vœu du gouvernement qu'on prétend défendre par la poursuite que nous
combattons.

Je vous ai lu un passage. Ayez la bonté de lire toutes les pages qui
suivent, jusqu'à la page 228; vous verrez la lutte ardemment suivie
contre ceux auxquels l'écrivain fait allusion dans le passage que je viens
de rappeler.

Il montre les avantages que la cause catholique elle-même a retirés
de l'extension de la puissance anglaise.

« Tout cela, dit-il, à la page 210, tout cela est oublié, méconnu
» ou calomnié par certains écrivains royalistes et catholiques, qui
» versent chaque jour les flots de leur venin sur la grandeur et
» la liberté de l'Angleterre. Etranges et ingrats royalistes qui ou-
« blient, etc., catholiques plus étranges encore qui ne craignent
» pas de compromettre non seulement tous les droits de la justice
» et de la vérité, mais encore les intérêts mêmes de l'Eglise, etc., on
» est révolté par ces déclamations sanguinaires, etc. Je reconnais, du
» reste, ce souffle ; je l'ai respiré et détesté aux jours de mon enfance, etc.,
» mais il nous est doux surtout de rappeler ici la libérale et paternelle
» souscription de Pie IX en faveur des victimes anglaises dans l'Inde.
» C'était à la fois un gage touchant de l'invincible mansuétude de son
» âme pontificale et la plus concluante réfutation de ces prophètes de la
» haine qui prêchent une irréconciliable inimitié entre l'Eglise et la
» grandeur britannique. Pour ma part, je le dis sans détour, j'ai horreur
» de l'orthodoxie qui ne tient aucun compte de la justice et de la vérité,
» de l'humanité et de l'honneur, etc..... »

Enfin, je lirais les vingt premières pages de l'écrit de M. de Montalembert. J'y trouverais, je vous montrerais partout cette lutte résolue qu'il
engage contre ceux qui, à cette époque, avec la violence qu'il signale,
attaquèrent l'alliée de la France. Je recherche quel est l'esprit, quel est
le dessein dans lequel cet article a été publié. Je viens d'en avoir la révé-
lation certaine ; il a été publié pour répondre à ces attaques qui, comme
le dit M. le comte de Montalembert dans la note que j'ai lue, sont directement contraires aux vues du gouvernement, à l'honneur et aux véritables intérêts de la France.

Voilà donc l'esprit dans lequel l'article a été écrit et j'ai justifié la première impression qu'il m'a laissée.

Pour justifier la seconde et la troisième, il faudrait lire tout ce que raconte M. de Montalembert des débats qui ont eu lieu au parlement d'Angleterre. Il en fait un récit animé, entraînant. Pour peu qu'on soit arrivé
dans la vie, qu'on ait pris part à des débats de cette nature, il est impossible de ne pas s'éveiller et s'enflammer au récit de M. de Montalembert,
et de ne pas admirer une de ces grandes batailles intellectuelles aujour-

d'hui si rares dans le monde. Il n'y a rien qui puisse être considéré comme une excitation à la haine et au mépris du gouvernement français.

L'admiration est un sentiment qu'il ne faut pas proscrire. La proscription que vous prononceriez contre lui ne vous servirait jamais, soyez-en bien convaincus.

Et puis, après avoir employé une quarantaine de pages de son écrit à raconter cet incident de la vie parlementaire anglaise, M. de Montalembert arrive dans les dernières pages à parler des dangers intérieurs et extérieurs que l'Angleterre peut courir, et surtout il s'attache à faire ressortir les merveilles de cette initiative personnelle, qui, à ses yeux, dans son opinion, fait la grandeur de l'Angleterre et sa véritable force.

« Mais ce n'est pas seulement, dit-il, à la page 270, et c'est une
» espèce de résumé, dans les régions de la grande industrie pour y
» frapper tous les regards et arracher des témoignages d'admiration aux
» plus rebelles, que se produisent ces merveilles de l'initiative libre et
» personnelle. Pour moi, je me sens bien plus ému et plus rassuré
» encore, quand je la contemple à l'œuvre dans les entrailles mêmes
» de la société, dans les profondeurs obscures de la vie quotidienne ;
» et c'est là qu'il faut la voir plonger au loin ses racines et développer
» sa vigoureuse végétation, pour bien juger tout ce que vaut pour l'âme
» et le corps d'une nation la noble habitude de pourvoir par elle-même
» à ses besoins et à ses dangers. »

Voilà l'impression que le spectacle de l'Angleterre a laissée dans le cœur de M. de Montalembert et qu'il communique au moins à quelques-uns de ses lecteurs, celle que j'ai éprouvée en le lisant.

Mais dans ces grandes expositions de philosophie politique on ne procède pas toujours par affirmation ; des comparaisons viennent naturellement jeter du jour sur les pensées que l'on exprime. Il n'est pas étonnant que l'esprit, les habitudes, les institutions libres de l'Angleterre soient comparés aux mœurs et aux institutions des pays soumis au pouvoir absolu.

Ce sont des rapprochements nécessaires, inévitables, pour lesquels le tribunal a été trop sévère. De ce que dans un passage l'écrivain aura dit : « sans se mettre en tutelle, » dans un autre : « sans se placer sous l'humiliante tutelle d'un pouvoir sans contrôle; » faudra-t-il dire qu'il excite à la haine et au mépris du gouvernement français ou qu'il attaque nos lois ?

Défendre de tels rapprochements, ce serait interdire absolument l'examen de la plus grande question que puissent traiter l'historien et le publiciste, question qui s'impose à vous pour peu que vous ayez la prétention d'étudier le passé ou la vie actuelle des sociétés humaines. Quels sont les résultats de l'action prolongée d'un pouvoir absolu, sans limites et sans contrôle? Quels sont ceux d'une grande liberté, de l'initiative personnelle se développant dans toute son indépendance? M. de Montalembert examine, compare, évidemment il a sa préférence ; il ne la dissimule pas. Pourquoi de telles spéculations ne seraient-elles plus légitimes? Supprimerez-vous tous les historiens qui s'y livrent? *L'Esprit des lois* n'est qu'une longue et magnifique comparaison de cette espèce, et Montesquieu aussi, il y a un siècle, préférait visiblement les institutions de l'Angleterre à celles qu'il leur comparait; retirerez-vous son beau livre des mains de notre jeunesse? Nous le reprendrez-vous à nous-mêmes?

Si vous aimez mieux vous attacher à l'étude des sociétés actuelles, vous les trouverez toutes agitées de la même question, et celles qui acceptent l'absolu de la soumission ou recherchent l'absolu de la liberté et celles qui, entre les deux, ainsi que dit Tacite, *nec totam servitutem pati possunt, nec totam libertatem.* Serait-il dit que la France n'exprime pas, par la plume de ses écrivains, une opinion sur une question qui occupe le monde.

Mais on en exprime une et ici j'en appelle à l'impartialité des adversaires de M. de Montalembert,

Tous les jours, les ministres de l'Empereur dans leurs circulaires, des fonctionnaires de l'ordre le plus élevé, dans leurs discours aux conseils généraux, les deux premiers chefs de la magistrature, dans les comices agricoles, même les représentants du ministère public, dans leurs discours de rentrée, tous les jours, avec une conviction que j'honore, rappellent et exaltent les bienfaits de l'autorité sans contrôle du pouvoir absolu, leurs discours, quelquefois en très-beau style, se répandent à des milliers d'exemplaires. Vous avez pu les lire le dimanche à la campagne, sur les murs de nos églises, après la messe. Je ne blâme pas le gouvernement de répandre ces beaux discours, de soutenir ces théories; il a raison, mais au milieu de ce concert universel d'acclamations pour les bienfaits du pouvoir absolu, ne sera-t-il pas permis à un écrivain de raconter, dans un journal mensuel qui a un nombre limité de lecteurs, les résultats de l'initiative personnelle dans un pays voisin, de dire les grandes choses que la liberté peut produire? sera-t-il coupable d'un délit pour les avoir exposées?

Cet écrivain, d'ailleurs, n'aura-t-il pas dans sa situation personnelle quelque justification? S'il a pris part lui-même aux affaires politiques, s'il y a consacré autrefois tous les efforts de sa plume et de sa parole, s'il a vécu, soldat actif et vaillant du gouvernement parlementaire, en retrouvant ces institutions, en les revoyant en action dans un pays voisin, il sentira revivre tous les souvenirs de sa jeunesse, et ces souvenirs deviendront facilement des regrets.

Je ne voudrais rien dire contre mon cher et pauvre pays, mais nous avons, ce me semble, une étrange disposition. Les regrets qui s'attachent aux personnes non-seulement nous les souffrons, mais nous les honorons. Un homme aura suivi l'Empereur Napoléon sur les champs de bataille de l'Europe, il aura avec lui combattu pendant vingt ans, il aura vaincu, il aura souffert avec lui et pour lui, et puis, pendant l'exil, après la mort, il se nourrira tristement des souvenirs que lui a laissés cette grande intelligence qu'il a eu l'honneur d'approcher. Un ancien et fidèle serviteur aura vu un vieux Roi à cheveux blancs, dont il avait admiré la dignité et éprouvé la bonté, tomber d'un trône glorieux pour prendre la route de l'exil; il conserve pour lui de respectueux et ineffaçables regrets.

Un autre aura assisté à l'intérieur d'une royale et auguste famille dans laquelle, comme le dit une simple et belle épitaphe inscrite sur le tombeau des Douglas à l'abbaye de Westminster, dans laquelle toutes les filles étaient chastes et tous les fils étaient vaillants; il conservera leurs souvenirs pieusement et il ira mêler ses larmes à la douleur de ses deuils trop répétés. Je le dis à l'honneur de ce pays, de tous, pouvoir et citoyens, on respectera, on honorera de tels regrets. Pourquoi ne voulez-vous pas qu'il y ait quelque regret aussi pour des idées dont notre intelligence s'est nourrie, pour des institutions dont nous espérions voir sortir la grandeur de notre patrie?

Un homme est entré dans la vie publique à l'âge où nous autres nous cherchions laborieusement une profession. Il y est entré avec toutes les illusions et toutes les ardeurs de la jeunesse; il a eu le bonheur de prendre en main, dès les premiers jours, une sainte et grande cause, et il l'a prise en main avec une telle autorité que personne en France n'a pu lui contester le droit d'en porter le drapeau; il l'a défendue pendant vingt ans au milieu des luttes les plus vives; il a obtenu des succès personnels éclatants, et ce qui lui était bien plus précieux encore, des succès réels pour la cause qu'il défendait; et il a obtenu tout cela par la liberté de la discussion, de la tribune; je ne m'étonnerai vraiment pas lorsque la tribune sera tombée, lorsque tout fera silence autour de lui, s'il va dans un pays voisin et s'il assiste à l'un de ces grands drames de la libre discussion dans lesquels se succèdent les plus éminents orateurs d'un pays très-éclairé, je ne m'étonnerai pas s'il s'anime avec eux, s'il se passionne avec eux. Il croira revoir ses rivaux, ses amis, ses combats d'autrefois; il éprouvera le besoin de dire, d'exprimer tout haut ses émotions. Son langage sera vif et coloré. Et si, au milieu de ses expressions, quelque terme de comparaison avec des pays qui s'accommodent d'une autre vie publique lui échappe, vous ne saisirez pas ce mot au passage; vous n'oublierez pas l'impression générale d'un écrit de 70 pages pour ne garder en mémoire qu'une phrase isolée, une expression trop vive, y voir un délit, et le condamner !

Je demande pardon à la Cour de m'être laissé écarter, par les expressions générales du jugement qui accusent M. de Montalembert d'un dénigrement systématique, du thème juridique que je m'étais proposé et auquel je reviens. Je me suis efforcé d'établir qu'il n'y avait pas d'attaque au suffrage universel, qu'il n'y avait pas d'attaque contre les droits et l'autorité que le chef de l'Etat tient de la Constitution. Je crois avoir montré que le délit général d'excitation à la haine et au mépris du gouvernement et d'attaque contre le respect dû aux lois n'existe pas non plùs. J'espère donc que la poursuite tombera devant l'impartiale sagesse de la Cour.

(Applaudissements dans l'auditoire).

L'audience est suspendue pendant une demi-heure. A sa reprise, M. le Procureur générale prononce son réquisitoire.

M. le Procureur général CHAIX-D'EST-ANGE. — On veut mêler au procès une question qui lui est ce me semble étrangère et qu'il faut en écarter immédiatement ; c'est celle qui est relative à la grâce faite à M. de Montalembert.

Rappelons ces quelques faits.

A la date du 25 octobre 1858, dans le *Correspondant*, parut un article de M. de Montalembert qui donna lieu à des poursuites. Il fut traduit en police correctionnelle. La sixième chambre à la date du 24 novembre prononça un jugement qui reconnût que dans cet écrit M. de Montalembert s'était rendu coupable de trois délits et le condamna aux peines édictées par la loi : Huit jours s'étaient écoulés, lorsque tout à coup parut dans *le Moniteur* un article qui annonçait que spontanément et de sa volonté l'Empereur avait gracié M. de Montalembert des peines prononcées par la loi. La grâce, et il ne faut pas d'équivoque sur ce point, était pleine, entière, absolue, sans réserve et levant toutes les conséquences attachées à la décision judiciaire. Cependant elle intervenait, ou au moins elle était annoncée dans un moment où le délai de l'appel n'était pas encore expiré. M. de Montalembert avait incontestablement le droit d'interjeter appel. Je ne conteste rien de ce qui a été dit sur ce point. Si le ministère public alléguait une fin de non recevoir, s'il disait : La grâce a mis fin au procès, il n'appartient pas à M. de Montalembert de renouveler le débat ; la justice est dessaisie et lui même est désintéressé ; Je comprendrais ces observations. Je suis tout à fait de l'avis de son défenseur, la grâce suppose le délit, elle suppose la justice de la condamnation et tant qu'un homme a le droit de demander des juges, on n'a pas le droit de lui imposer une grâce.

Pourquoi donc revenir sur la grâce? Pour dire qu'elle a été trop prompte, que le Souverain a cédé trop vite à un besoin d'indulgence, que se rappelant, au milieu même de la procédure, les services signalés que M. de Montalembert, tant de fois et si bien inspiré, avait rendus à l'ordre, l'empereur a immédiatement conçu la pensée de lui faire grâce, qu'il n'a pas compulsé le code de notre procédure criminelle, qu'il n'y a pas lu qu'en effet, M. de Montalembert avait dix jours pour appeler et qu'il a cru devoir étendre sur lui une main et une grâce que M. de Montalembert serait heureux d'accepter. M. de Montalembert ne l'a pas voulu, et il est ici devant ses juges, et il demande à ê re de nouveau jugé par eux·

Tout à l'heure le défenseur de M. de Montalembert semblait préoccupé d'une question qui ne doit nous préoccuper ni l'un ni l'autre. Le débat est-il bien sérieux? Est-ce une comédie? un jeu que nous venons en effet jouer devant la justice? Aucun doute ne peut s'élever sur ce point. Il y a un intérêt considérable, immense, c'est celui de la susceptibilité de M. de Montalembert. Il a raison de craindre autre chose que la prison.

Quel que soit le résultat de l'arrêt; quel que soit le sort réservé à M. de Montalembert, la clémence de l'Empereur peut s'étendre encore une fois sur lui. M. de Montalembert n'en a pas moins le droit de plaider sérieusement à cette barre qu'il a défendu une conviction sincère, loyale, qu'il l'a défendue dans les termes de la loi, et qu'il doit sortir d'ici innocenté par la justice et non gracié par la clémence.

A chacun son œuvre, la justice doit prononcer dans la sincérité de sa conscience. A l'Empereur le droit souverain, le plus souverain de tous les droits, celui d'examiner s'il doit ou ne doit pas faire grâce.

M. de Montalembert a été condamné pour trois délits différents. On l'a trouvé coupable de ces délits prévus et punis par le décret du 11 août 1848 et par la loi du 27 juillet 1849.

Il était prévenu d'un quatrième délit. Celui là a été écarté. On se plaint néanmoins de la sentence. On se plaint des motifs. Ils contiennent un blâme. Oui, on a pu trouver qu'il n'y avait pas de délit en effet sur ce point dans le langage tenu par M. de Montalembert, qu'il pouvait appeler ses adversaires politiques des hypocrites, des lâches, des fanatiques, des chroniqueurs d'antichambre, que c'était son droit, qu'il n'avait pas commis ce délit d'excitation à la haine des citoyens les uns contre les autres. Mais en même temps c'était le droit incontestable du tribunal de regretter que ces expressions trop vives, trop passionnées, se fussent rencontrées sous sa plume. C'est là ce que je trouve dans ce jugement sur le chef qui profite à M. de Montalembert et sur lequel il n'y a pas d'appel *à minima*.

Il est donc reconnu coupable de ces trois délits prévus par le décret du 11 août 1848 et par la loi du 27 juillet 1849.

Cependant ces dispositions législatives sont-elles encore en vigueur ou bien au contraire, comme on vient de le plaider tout à l'heure au moins pour un de ces délits, ces dispositions législatives ont-elles été virtuellement abrogées, de telle sorte que les lois qui protègent les fonctionnaires de la République, le Président de la République, qui protègent son honneur contre toute espèce d'attaques, d'offenses, d'outrages soient tombées avec la République, que le nouveau sou erain, le nouveau chef de l'Etat ne puisse plus invoquer leur protection, de telle sorte que depuis le 2 décembre 1852, comme on vient de le plaider, depuis le jour où l'Empire a été proclamé, toutes les lois de la République protectrices de l'ordre public au profit de celui qui était alors le chef de l'Etat et qui était chef du pouvoir exécutif, sont tombées et que le chef de l'Etat nouveau est complètement livré à tous les outrages, à toutes les attaques sans défense aucune. Ceci n'est pas soutenable.

Avant même de discuter une pareille question, il me semble que le bon sens, la raison qui sont quelque chose, quand il s'agit de l'application des lois, répondent suffisamment à un pareil argument, et qu'une pareille interprétation n'est pas possible.

Il est impossible que quand un gouvernement succède à l'autre, ce gouvernement nouveau, surtout dans les premiers temps, qui sont peut-être les plus difficiles et les plus embarrassants à traverser, se trouve absolument sans droit, sans protection, sans défense; que toutes ces lois qui protégent l'ordre public, l'énergie du gouvernement, sa considération, tombent avec lui et qu'en conséquence le pouvoir nouveau, jusqu'à ce qu'il ait eu le temps de faire de nouvelles lois, soit complètement désarmé et livré à la merci et aux attaques du premier venu. Cela est impossible.

Ainsi, pour répondre aux exemples qu'on a cités tout à l'heure, lorsque la monarchie élective a succédé à la monarchie de droit divin, il y avait des lois qui protégeaient les droits que le Roi tenait de sa naissance. C'était la loi de 1822. Un principe nouveau s'établit. Est-ce qu'au moment où il sera proclamé, c'est-à-dire à la date du 9 août, le Roi nouveau qui tient ses droits de l'élection, ne sera pas protégé par cette loi qui protégeait les droits que le Roi ancien tenait de sa naissance ?

Oui, dit-on, et la royauté nouvelle aurait été désarmée jusqu'au 29 novembre 1830, jusqu'à ce qu'on eût remplacé la formule de la loi, jusqu'à ce qu'on eût changé et mis à la place des mots : « des droits que le Roi tient de sa naissance, » ceux-ci : « les droits que le Roi tient du vœu de la nation. » Cela n'est pas possible, et vous dire qu'aujourd'hui depuis le 2 décembre 1852 le chef de l'État actuel se trouve absolument dépourvu de protection, c'est vous dire une chose impossible.

Pourquoi peut-il invoquer les lois qui le protégent, lorsqu'il est le chef de l'État sous un titre aussi bien que sous un autre? Par une raison toute simple, c'est que le gouvernement succède à toutes les lois civiles, d'ordre, de sûreté que le gouvernement précédent avait cru devoir faire dans son intérêt.

On nous dit que nous sommes obligés de changer les formules. On relève curieusement dans le jugement qu'au lieu de mettre : *le Président de la République,* suivant les termes du décret du 11 août 1848, on a mis le *chef de l'État.* Est-ce qu'on ne sait pas que c'est là ce qui se fait tous les jours, que toutes les fois qu'il y a un changement de gouvernement au lieu de mettre procureur impérial, on met procureur du roi et qu'on change ainsi les termes, qu'il n'y a pas besoin d'une législation nouvelle, d'une loi succédant à une autre loi, mais que par simple ordonnance, à son jour, à son temps, le gouvernement déclare que la formule sera changée et que notamment on met le *gouvernement de la République* avant que le gouvernement de la République n'ait dit que les appellations seraient changées. Et ainsi lorsqu'il y avait dans le Code pénal, par exemple, des lois qui défendaient de livrer le territoire de l'empire aux ennemis de l'empire, alors même que l'empire avait été remplacé par une royauté nouvelle, le lendemain si un ami de l'empire voulait livrer le territoire du royaume aux ennemis du Roi on appliquerait, malgré le changement de formule, la disposition de la loi et on lui dirait : Vous avez voulu livrer le territoire non pas de la République, non pas de l'Empire, mais du royaume, vous êtes un ennemi du royaume, vous rentrez sous l'application de cette loi faite pour un autre temps, pour un autre régime, pour un autre gouvernement, et qui néanmoins doit s'appliquer à tous les régimes, à tous les gouvernements.

C'est là ce qui est expliqué dans tous les auteurs que je n'ai pas besoin de vous lire, ce qui est expliqué par des arrêts que je pourrais mettre sous vos yeux, ce qui est tranché par la loi elle-même.

Je dis que cela a été jugé par des arrêts et je vous demande la permission de vous en citer un seul. C'est un arrêt tout récent.

Dans le ressort de la cour de Poitiers une adresse avait été faite. On a cru trouver dans cette adresse des délits. On l'a poursuivie; elle a été condamnée par un arrêt de la Cour de Poitiers qui porte la date du 12 octobre 1858 et où la loi de 1849 est visée et appliquée.

(M. le procureur général cite ici le texte de cet arrêt qui condamne MM. de Curzon et de Maillé pour avoir rédigé et fait signer une adresse au comte de Chambord.)

Voilà le seul arrêt que je voulais citer, arrêt confirmé par la Cour de cassation.

Il y a au reste un argument qui tranche sur ce point toute espèce de difficulté. On vous a parlé tout à l'heure et dans le cours de cette discussion de la loi du 27 février 1858 sur les mesures de sûreté publique. Or la loi du 27 février 1858 a été discutée par les pouvoirs de l'État; elle a le caractère obligatoire. Voici ce qu'elle porte dans son art. 6.

« Les mêmes mesures peuvent être appliquées aux individus condamnés pour les délits prévus par .... 6° les articles 1 et 3 de la loi du 27 juillet 1829. »

Ainsi donc, ce que le bon sens indique, est démontré par les arrêts, les lois même l'ont proclamé, et aujourd'hui le décret de 1848 a toute sa force, la loi de 1849 existe également dans toute sa force.

Maintenant que nous savons à n'en pas douter que le décret de 1848 et que la loi de 1849 sont encore en vigueur aujourd'hui, n'ont jamais été ni formellement, ni virtuellement abrogés, examinons maintenant si l'article en question tombe sous l'empire de ces lois.

Ici, et pour faire bien comprendre le but, l'esprit, la portée de l'article que vous avez à juger, que nous ne pouvons pas lire dans son entier, ici du moins, mais que chacun de vous lira, il m'est impossible de ne pas vous dire à quelle occasion cet article est né.

Les institutions de l'Angleterre sont de la part de M. de Montalembert l'objet d'une admiration et d'un culte particulier. Soit. Je n'ai rien à en rabattre. Là, en effet, règne une liberté qui n'est pourtant pas sans entraves. Là en effet règne et brille dans tout son éclat et dans toute sa force le régime qu'on est convenu d'appeler le régime parlementaire. Là aussi la presse, je ne dis pas gouverne, mais a une liberté presque absolue, presque sans limite.

Par combien de temps, d'efforts, d'épreuves, de sacrifices d'intérêts de toutes espèces, l'Angleterre est-elle parvenue enfin à conquérir cette liberté qui fait l'objet des vœux et de l'admiration de M. de Montalembert? Je n'ai pas besoin de le rechercher ici, ce serait l'histoire d'un très-long et très-laborieux enfantement; et ces cours d'histoire ne sont pas faits pour être débattus aux pieds de la justice. La liberté est sortie enfin de ces cruelles épreuves, mais la presse avait été soumise à des lois d'une rigueur que je pourrais appeler exceptionnelle, et qu'elle a subies très-longtemps. J'ai là des livres qui rappellent l'histoire de tous ses malheurs et de toutes ses souffrances. Je me contenterai de citer le passage d'un livre de droit, qui a un rapport plus direct avec nos occupations et nos habitudes.

« En Angleterre, dit M. Dalloz, les droits de la couronne sont protégés par des dispositions dont la rigueur dépasse peut-être celle du Code politique de notre première République. »

(Ici M. le Procureur impérial cite le texte d'une ancienne loi anglaise dont nous n'avons pu saisir le sens.)

Je rappelle au reste ce qu'en a dit M. de Montalembert lui-même, et si j'ai occasion de le citer, qu'on me permette de le dire ici, ce n'est pas pour faire des personnalités offensantes, j'en rougirais. J'ai le droit, le devoir de l'accuser, je n'ai le droit d'employer contre lui ni l'ironie ni l'insulte. Mais je trouve dans son passé des règles posées, des principes établis, des énonciations et des doctrines qui servent à la cause actuelle. Je l'invoque comme une autorité, je ne l'invoque pas pour faire de lui un sujet d'ironie. Voilà donc ce qu'il disait de la liberté :

« Nous avons oublié que la liberté est une plante délicate, qui a besoin
» du temps pour grandir et se fortifier. La liberté est un chêne aux pro-
» fondes racines qui croît lentement, qui grandit lentement et dont on ne
» peut hâter la croissance par des caprices ou des secousses. »

Voilà ce qu'écrivait M. de Montalembert. Ce régime qu'il vante, qu'il admire, au profit duquel il humilie à chaque mot, comme vous allez le voir, et dégrade, et insulte son pays. Ce régime est-il applicable à la France?

Ce régime qui n'est pas sans danger, c'est lui qui le dit, pour l'Angleterre elle-même, pourrait-il être établi en France comme il le veut, l'appelle, le désire? C'est lui que je prends pour juge. Non, il ne le pourrait pas, car nos mœurs ne sont pas les mêmes, lui-même nous l'apprend. Le gouvernement de la Grande-Bretagne, dit-il, repose tout entier sur la classe moyenne, sur la bourgeoisie. Au fond ce qui gouverne en Angleterre, c'est la classe moyenne, mais une classe moyenne beaucoup plus largement assise et beaucoup plus hiérarchiquement constituée que celle qui a régné en France pendant nos anciennes monarchies et pendant toute la durée de notre régime parlementaire. Cette classe moyenne n'a jamais connu « ni les engouements puérils, ni les prétentions taquines » et envieuses, ni les lâches abdications, ni les inexcusables paniques qui » déparent l'histoire de notre bourgeoisie. »

Est-ce donc là ce que vous nous proposez? Ce gouvernement qui repose entre les mains de cette classe moyenne si largement assise, si hiérarchiquement constituée, voulez-vous le mettre en France entre les mains de ces classes moyennes que vous représentez ainsi accablées de vices, enrayant avec ses engouements puérils, ses prétentions taquines et envieuses, ses lâches abdications, ses inexcusables paniques, qui déparent l'histoire de notre bourgeoisie? Non.

Il y a encore une autre raison, c'est qu'en Angleterre le principe du gouvernement est respecté par tout le monde. Non-seulement la nation elle-même ne réclame aucun changement organique, mais aucun des partis sérieux, ancien ou nouveau. Mais jamais la Constitution n'a été plus respectée, plus affectueusement invoquée par tous les partis.

Est-ce là, je le demande, une situation que l'on puisse comparer à la nôtre? M. de Montalembert est-il prêt à reconnaître que notre Constitution est respectée et invoquée par tous les partis? Non, sans doute.

M. de Montalembert le déclare ailleurs : « L'Angleterre est le seul pays » de l'Europe où le prestige de la royauté soit demeuré sans atteinte » depuis près de deux siècles. »
Dès lors je suis de l'avis du comte de Maistre : « Ne croyez pas, dit-il, » que je ne rende pas pleine justice aux anglais. J'admire leur gouver- » nement, sans croire cependant, je ne dis pas qu'on doive, mais encore » qu'on puisse le transporter ailleurs. »

Cet accord, qui existe en effet en Angleterre, qui fait la force de ce pays n'existe pas chez nous. M. de Montalembert lui-même le reconnaît. M. de Montalembert, dans un passage de ses discours, parle des vieux partis et il parle non pas à des dates anciennes, mais à des dates assez récentes, et voici comment à ce sujet il s'explique :

· « On m'appellera courtisan. Soit; j'aime mieux être courtisan de

» l'Élysée que d'être l'esclave des rancunes, des préjugés, des préven-
» tions, des ambitions qui revivent au sein des vieux partis. Chacun de
» nous veut l'autorité à condition qu'elle ne nuise en rien ni à ses pré-
» jugés, ni à ses rancunes, ni à ses antécédents, ni à ses affections, ni
» à ses répugnances, ni à rien de ce qui lui est personnel. Le gouver-
» nement de la Restauration est tombé parce qu'en France le respect de
» l'autorité a été détruit. Il a été détruit par qui ? Il faut l'avouer fran-
» chement ici. Il n'a été détruit ni par l'émeute, ni par les insurgés de
» la rue. Il a été détruit par les hommes politiques, par les ambitieux, le
» mal est venu d'en haut.
» Et après cette monarchie du vieux droit, qu'avons-nous vu ? La mo-
» narchie constitutionnelle par excellence, gouvernée, défendue, repré-
» sentée avec un grand éclat par les hommes les plus distingués de son
» temps. Elle est tombée aussi par les mêmes causes et parce qu'elle n'a
» pas pu résister au triple effort de l'esprit de critique, d'opposition, de
» révolution, exploité par la presse et par la tribune (1). »

Que faut-il donc à ce pays, sortant de ces orages, à peine remis de ces
révolutions, livré encore aux regrets, aux ambitions de ces vieux partis
dont M. de Montalembert a fait si bien le portrait ? Que faut-il à ce pays
afin de lui donner le temps de se rasseoir, de reconquérir de jour en
jour une liberté plus grande, et ce régime parlementaire qui peut-être
est fait pour nous malgré les épreuves déplorables que successivement
nous en avons faites ? M. de Montalembert l'a dit en décembre 1851 :

« Il y a parmi nous des hommes qui semblent avoir pour politique de
» marcher à contre-courant de l'opinion générale. Quand ce pays était
» fou de liberté et d'institutions parlementaires, ils lui objectaient le
» droit absolu de la royauté (c'est ainsi qu'il parle des légitimistes). Au-
» jourd'hui qu'il est affamé pour le quart d'heure de silence, de calme
» et d'autorité, ils lui imposeraient volontiers la souveraineté de la tri-
» bune et de la discussion. »

Voilà ce qu'a demandé autrefois M. de Montalembert, et par conséquent il ne demandait pas des institutions qu'il a été admirer en Angleterre et qu'il semble vouloir apporter chez nous.

En effet, au mois de mai dernier, M. de Montalembert part pour l'Angleterre. Là se préparait à l'une et l'autre tribune du parlement un grand
débat, un débat solennel, dont l'Angleterre était profondément émue et
dont M. de Montalembert en rentrant éprouve le besoin de nous raconter les différentes péripéties ?

Quel est donc ce débat ? S'agit-il de ces grandes questions qui ont en
effet souvent illustré la tribune anglaise, ou la paix, ou la guerre ?
S'agit-il même de questions économiques comme la loi des céréales qui
ont agité ce pays ? S'agit-il enfin d'assurer la liberté de conscience et
l'égalité des droits pour chacun ? S'agit-il, comme du temps d'O'Connell,
de l'émancipation des catholiques, ou comme il y a quelques jours encore
d'accorder à des cultes dissidents le droit de frapper à la porte du parle-

____
(1) Discours du 11 février 1851.

ment où en définitive le choix libre des électeurs les envoie, et de ne pas prêter un serment qui porte atteinte à la liberté religieuse, à la liberté de conscience? Non, il ne s'agit pas de ces débats-là. Quelle est donc la question? Elle est bien simple et la voici. Il n'est pas inutile de la rappeler : il le faut faire seulement en aussi peu de mots que possible.

Le gouvernement général de l'Inde avait publié une proclamation au milieu des embarras, des dangers de toutes natures contre lesquels luttait glorieusement l'Angleterre. Dans cette proclamation, il avait déclaré confisqué tout le territoire de l'Oude au profit du gouvernement. La confiscation était le principe. Le gouvernement seul se réservait de faire grâce dans certaines conditions, à certaines personnes, suivant son bon plaisir, en sorte que la propriété était devenue l'exception. Vous vous rappelez peut-être l'émotion que causa en Europe l'apparition de cette proclamation. Les honnêtes gens la trouvaient mauvaise, injuste, intempestive. Le cabinet anglais le pensait comme les honnêtes gens et le lord président du bureau de contrôle écrivit une dépêche de blâme au gouverneur général de l'Inde. Jusque-là, n'est-il pas vrai, c'était son droit.

Tout le monde est d'accord, M. de Montalembert avec nous, qui trouve la proclamation mauvaise, le blâme excellent. Ce n'est donc pas là-dessus que peut s'élever la difficulté. Elle n'aurait pas été sérieuse et personne au monde n'aurait osé dire à la tribune anglaise que la proclamation était bonne, excellente, et qu'il fallait maintenir la spoliation. Ce n'était pas là la question. Elle aurait été grande, délicate, immense, digne en effet de l'attention de l'Europe, du monde civilisé. Ce n'était pas la question. Le Président du bureau de contrôle envoie sa dépêche de blâme et sans consulter ses collègues, sans leur demander le consentement pour paralyser probablement dans l'opinion publique le mauvais effet qu'a produit la proclamation, il publie la dépêche. On se récrie et on lui dit que cette publication est intempestive et dangereuse. Il envoie alors sa démission à la Reine qui l'accepte : Mais c'est une brèche faite au ministère, c'est une occasion de l'attaquer, de le renverser peut-être.

C'était ce que nous avons vu souvent en France et ce que nous n'avons pas pu supporter, ce qui ébranlait le gouvernement à l'assaut duquel on voulait monter; c'était une question de cabinet, une question de portefeuille. M. de Montalembert le sait bien; tout le monde le sait. Dans la discussion, magnifique discussion ! tout le monde en convenait; le lord ministre au département de l'Inde qui se retirait l'annonçait lui-même, et disait que c'était une question de parti entre lord Derby qui est aujourd'hui ministre et lord Palmerston qui depuis deux mois ne l'était plus et qui était déjà très impatient de le redevenir.

Il y a là un orateur dont M. de Montalembert fait grand cas, dont il vante l'éloquence, aimé du public, applaudi des anglais, et je le comprends. Ce Monsieur... pardon, je dirai mal son nom, je ne sais pas l'anglais, c'est un malheur... Ce M. Roeback dit quant à la question de parti : Pourquoi donc irions-nous rétablir au pouvoir un ministère que nous avons tout récemment chassé, parce que l'honneur de l'Angleterre avait périclité entre ses mains.

Sir James Graham dit la même chose : Il faut que ceux qui nous demandent de censurer le gouvernement actuel afin de se mettre à sa place déclarent sans détour et sans délai s'ils sont pour la proclamation ou pour la dépêche.

Car on disait à ceux qui voulaient aller à l'assaut du ministère : Êtes-vous pour la proclamation? Dites-le. Voulez-vous qu'on confisque les biens? Dites-le. C'était là une grande question, Il était impossible de le leur faire dire parce qu'ils sentaient qu'ils ne pouvaient pas approuver la proclamation du gouverneur général de l'Inde et ils refusent de s'expliquer.

C'était là une tactique employée et pas autre chose, et M. de Montalembert en convient, en citant le passage du discours de M. Bright, où cet honnête homme éloquent, comme il l'appelle, dénonce et déjoue la tactique employée par l'ancien ministère pour récupérer le pouvoir à l'aide de la complication des affaires extérieures.

C'est là le débat que M. de Montalembert va voir et qui plus tard lui mettra la main à la plume et pour lequel il revient excité, animé des plus violentes passions et en admiration profonde du régime parlementaire de l'Angleterre. Ce sont des ministres chassés, suivant l'expression employée dans le Parlement anglais, chassés depuis deux mois qui veulent monter à l'assaut du pouvoir et qui saisissent le premier prétexte au risque, je ne dis pas, d'ébranler le gouvernement, mais de causer à l'Angleterre une de ces émotions profondes auxquelles elle sait résister et auxquelles nous n'avons pu résister jusqu'à présent.

Si vous saviez les préparatifs qui se font pour ce grand et glorieux combat! Ainsi le pays entier représenté par tout ce qu'il renferme d'hommes intelligents et instruits suivra, avec une fiévreuse anxiété, les diverses péripéties du conflit, c'est-à-dire une question de parti, de cabinet, et s'identifiera avec ses moindres incidents que reproduiront les écrivains de la presse.

Et en effet, M. de Montalembert nous l'apprend : « Il y avait là la for-
» midable artillerie du *Times* qui continuait à tonner contre le minis-
» tère et contre la fameuse dépêche. Il y avait sur ses flancs » (il semble en effet que je me rappelle encore ces combats qui nous ont tué) « les
» petites feuilles spécialement vouées à la cause de lord Palmerston... »

Voilà le spectacle qu'offrait l'Angleterre et auquel M. de Montalembert lui-même a été s'enivrer. Il y a eu là un tournoi, une joûte parlementaire, un grand combat, d'illustres discours, des flots d'éloquence vaine et stérile, mais des flots d'éloquence. Cependant l'incertitude s'est mise dans les rangs. Est-ce la faute des courses d'Epsom ? Quoiqu'on dise que le Parlement était si occupé, l'Angleterre si tendue, si impatiente du résultat, voilà l'heure des courses d'Epsom qui a sonné et le Parlement se retire. Étaient-ce d'autres causes qui jetaient dans les cœurs cette incertitude dont parle M. de Montalembert et dont il signale les résultats ?

Enfin, après diverses autres péripéties, qui toutes prouvent le caractère étroit et personnel de la lutte, Lord Palmerston, effrayé de la désertion qui se fait autour de lui, retire ou engage à retirer la proposition qui avait été faite. La proposition est retirée. Voilà les résultats de cette grande lutte, de cette immense question, de ce débat qu'on appelle un débat parlementaire et tandis que l'Angleterre oublie bien vite en retournant à ses affaires ses émotions de la veille, et l'éloquence, la vaine et stérile éloquence déployée en ces efforts inutiles, tandis que l'Angleterre retourne tranquillement à ses travaux. M. de Montalembert revient en France, mais animé, excité par ce feu, par ces combats, par ces tournois de la tribune dans lesquels en effet il était un si brillant, nous le savons tous, un si redoutable athlète. Voilà qu'alors il est pris de regret pour cette éloquence qui lui fait faute, pour cette tribune qui lui manque. Il veut qu'on la rétablisse et lui qui disait que ce régime n'était pas bon pour nous, qu'il nous fallait plus de calme, plus de repos, plus de silence, il lui faut l'auditoire, l'assemblée, les pairesses, le tumulte, le combat. Voilà ce qu'il demande, voilà ce qu'il lui faut, agité par cette ardeur et par cette fièvre d'éloquence qui ne trouve pas d'issue, et le voilà qui demande à son pays, fut-ce au prix de sa ruine, une tribune à laquelle il puisse monter.

En effet il vient, il écrit son article et il le commence en disant qu'il est un soldat vaincu. Par qui vaincu ? Par le régime actuel ? mais ce régime, il l'a désiré, prôné, voté, fait voter pour lui.

» Enchaîné, condamné à une inaction mortelle. » Ah ! M. de Montalembert aujourd'hui comprend que l'inaction lui est mortelle, qu'il a besoin de luttes et de combats ? Ce n'est pas une raison pour que la France s'y jette et puisqu'il a parlé du calme dont elle avait besoin et du repos qui lui était nécessaire, on peut dire à M. de Montalembert : Il faut qu'il souffre la loi qu'il s'est faite à lui même. « *Patere legem quam ipse fecisti.*

C'est sous le poids de ces préoccupations que M. de Montalembert est revenu et a composé son article. En revenant en France s'est-il contenté de comparer théoriquement, abstractivement, les bienfaits du régime parlementaire avec les bienfaits du régime opposé ? Alors incontestablement M. de Montalembert ne se serait pas exposé à la poursuite. Ce que la loi condamne et ce qu'elle atteint, ce ne sont pas ces controverses dont on vous parlait tout à l'heure, ces thèses sur l'étendue du pouvoir, sur ses limites, sur les bornes qu'il doit avoir. Ce n'est pas l'*Esprit des lois* qu'il faut frapper. Ce n'est pas ce dialogue fameux que que nous avons dans Corneille sur les avantages de la République ou de l'Empire. Ce n'est pas ce qù'il faut frapper, et ceci circule librement et depuis des siècles dans toutes les mains. Ce ne sont pas même les regrets auxquels il faut imposer silence, et que la loi condamne. Non ! non ! ceux qui, ainsi qu'on le racontait si bien tout à l'heure, ayant été attachés à la fortune de l'Empereur et l'ayant suivi sur tous les champs de bataille, ont regretté de voir ce régime détruit et l'étranger en armes pénétrant dans le pays, ceux qui ont témoigné leurs nobles regrets de cette chûte de l'Empereur et de la France, ceux-là, la loi ne pensait pas à les amnistier, la loi les honore. Ceux qui voyant fuir un vieux Roi qui avait régné si longtemps pour faire le bonheur de la France, qui n'avait pas pu y parvenir au milieu des discordes civiles et qui tombait tout d'un coup devant une charte impuissante à le défendre, ceux qui l'ont suivi de leurs regrets, ceux-là nous les honorons. Leurs vœux seraient impies ; ils n'ont pas le droit de les manifester, mais leurs regrets nous les honorons.

Ceux qui se sont attendris sur le sort d'une famille dans laquelle il n'y avait que des filles chastes et que des fils vaillants, nous les honorons aussi et leurs regrets ne sont pas des délits.

Mais ce que nous n'honorons pas, ce que nous ne voulons pas, ce que la loi défend, c'est l'excitation à la haine, au mépris du gouvernement, de nos institutions ; ce sont les attaques, les offenses contre la personne et le gouvernement que la France s'est donné, contre le gouvernement consacré par le suffrage universel ; ce sont ces attaques que l'Angleterre ne permet jamais, qui jamais ne se font jour et que nous ne voulons pas davantage et que la loi ne veut pas davantage permettre en France.

Ces attaques se rencontrent-elles dans l'article de M. de Montalembert ? C'est là ce qu'il s'agit d'examiner. Pour cela il faudrait lire l'article tout entier. Vous y verriez en effet qu'il y a un parti pris de dénigrement, vous y verriez à chaque page, à chaque mot, une comparaison perpétuelle entre les institutions de l'Empire et les institutions de l'Angleterre, une admiration profonde pour les institutions de l'Angleterre et ses luttes, un mépris profond, une haine continuelle, une ironie hautaine contre nos institutions et notre gouvernement.

Je m'étonne même d'une chose, s'il faut parler franchement, c'est du débat qui s'engage à cet égard. Quand on a comme M. de Montalembert fait un pareil écrit, quand on a à chaque mot de sa plume, à chaque souffle de sa parole, laissé échapper l'ironie, la haine, le mépris ou l'insulte, il ne faut pas marchander, il ne faut pas épiloguer sur les mots, élever une misérable lutte et un misérable combat, il faut avouer qu'en effet il y a là une intention, qui a présidé à la rédaction de l'article, qui se fait jour malgré l'auteur comme un volcan qui éclate. En effet, voyons. Il y a l'excitation à la haine et au mépris du gouvernement. Faut-il reprendre tout cet article ? Voici ce que je vois page 205 :

« Il y a des esprits mal faits pour qui le repos et le silence ne sont

» pas le bien suprême. Il y a des gens qui éprouvent de temps à autre
» le besoin de sortir de la tranquille uniformité de la vie habituelle. Il y
» a des soldats qui vaincus, enchaînés, condamnés à une mortelle inac-
» tion se consolent et se raniment à la vue des luttes et des périls
» d'autrui. »

Voilà donc le soldat vaincu, enchaîné, condamné à une mortelle inaction, qui va pour revivre voir les combats qui se livrent.

« Et j'ajoute qu'à ce mal, dont il est si peu reçu de souffrir, j'ai
» trouvé un remède. Quand je sens que le marasme me gagne, quand
» les oreilles me tintent tantôt du bourdonnement des chroniqueurs
» d'antichambre, tantôt du fracas des fanatiques qui se croient nos
» maîtres et des hypocrites qui nous croient leurs dupes ; quand j'étouffe
» sous le poids d'une atmosphère chargée de miasmes serviles et corrup-
» teurs, je cours respirer un air plus pur et prendre un bain de vie dans
» la libre Angleterre. »

Voilà le mot de l'article, l'esprit de l'article, le sens de l'article : Ici je
ne puis pas respirer à mon aise, je ne respire que des miasmes pesti-
lentiels, je suis entouré de gens qui se croient nos maîtres, d'hypocrites
qui se croient nos maîtres ; j'étouffe sous le poids d'une atmosphère
chargée de miasmes serviles et corrupteurs, et je cours respirer un air
pur et prendre un bain de vie dans la libre Angleterre.

Est-ce qu'il y a moyen de se tromper ? est-ce qu'il y a un doute possible ? C'est à la bonne foi de M. de Montalembert que j'en appelle ? Est-
ce qu'il n'est pas évident que dans ce passage il dit de la manière la plus
claire et la plus éclatante que tout est servilité, que tout est despotisme,
qu'il y a impossibilité d'y respirer, et que pour lui il n'y a de liberté et
d'ordre qu'en Angleterre, et que c'est pour jouir de la liberté qu'en effet
il y va.

A la page 209 :

« Au Canada une noble race française et catholique, arrachée malheu-
» reusement à notre pays, mais restée française par le cœur et par les
» mœurs, doit à l'Angleterre d'avoir conservé ou acquis, avec une
» entière liberté religieuse, toutes les libertés politiques ou municipales,
» que la France a répudiées. »

Ainsi toujours ce parallèle entre l'Angleterre et la France, toujours
la glorification de l'Angleterre, la honte de la France. La France qui a
le suffrage universel pour ses conseils municipaux, pour ses conseils
généraux, pour le corps législatif, qui néanmoins a répudié toutes ses
libertés municipales et politiques ! On ne peut trouver de libertés politiques et municipales qu'en Angleterre, on n'en trouverait pas la
moindre en France !

« Malgré tant et de si longues relations avec ce pays, malgré la dis-
» tance si faible qui sépare la France de l'Angleterre et l'intervalle si
» court qui nous sépare de notre propre passé, nous avons perdu l'in-
» telligence de ce qu'est un grand peuple libre où l'individu se livre à
» toutes ses fantaisies. »

Ainsi non-seulement nous sommes esclaves, mais nous ne savons plus ce que c'est qu'un peuple libre.

« Nous avons non-seulement les habitudes mais encore les instincts
» de ces peuples sages et rangés, mais éternellement mineurs, qui se
» permettent parfois d'effroyables incartades, mais qui retombent bien-
» tôt dans l'impuissance civique, où nul ne parle que par ordre ou par
» permission, avec la salutaire terreur d'un avertissement d'en haut,
» pour peu qu'il ait la témérité de contrarier les idées de l'autorité ou
» celles du vulgaire.

Voilà notre gouvernement et voilà notre régime.

Page 261 :

« Pendant que cette révolution se faisait autour de moi (et je recom-
» mande ce passage à la cour), je sortais de ce grand spectacle (un grand
» spectacle que ce coup de parti, cette question de portefeuille dont a
» parlé M. de Montalembert et dont il a si bien précisé le caractère), ému et
» satisfait comme devait l'être tout homme qui voit dans un gouverne-
» ment autre chose qu'une antichambre et dans un peuple civilisé autre
» chose qu'un troupeau docilement indolent à tondre et à mener paître
» sous les silencieux ombrages d'une énervante sécurité. Je me sentais
» plus que jamais attaché aux convictions et aux espérances libérales
» qui ont toujours animé, à travers les phases les plus douloureuses de
» notre histoire, cette élite d'honnêtes gens que les mécomptes et les
» défaites n'ont jamais abattus, et qui, jusque dans l'exil, jusque sur
» l'échafaud, ont su conserver assez de patriotisme pour croire que la
» France pouvait, tout comme l'Angleterre, supporter le règne du droit,
» de la lumière, de la liberté. Noble croyance, bien digne d'inspirer les
» plus douloureux sacrifices et qui, pour avoir été trahie par la for-
» tune, désertée par la foule et insultée par des lâches, n'en garde pas
» moins son inébranlable empire sur les âmes fières et les esprits géné-
» reux ! »

Voilà ce que nous trouvons et sur quoi nous nous fondons pour dire qu'il y a dans l'écrit de M. de Montalembert excitation à la haine et au mépris du gouvernement de l'Empereur. Voilà sur quoi nous nous fondons pour dire qu'il y a attaque par cela même contre le principe du suffrage universel, les droits et l'autorité que l'Empereur tient de la Constitution sous laquelle nous vivons.

Tout à l'heure le défenseur de M. de Montalembert disait quelle était l'impression qu'il avait retirée de la lecture complète de cet article. Quelle est l'impression que nous en avons retirée quant à nous ? C'est ce qui a été signalé par le jugement du tribunal de première instance, un dénigrement systématique contre les institutions, les lois, les hommes, le gouvernement actuel. C'est une négation hautaine de tout ce qu'ils ont fait, c'est un mépris profond pour eux, leur caractère, leurs actes.

Voilà l'impression que nous en avons retirée et alors nous nous demandons s'il est possible de tolérer pareille chose. Nous nous demandons si un gouvernement peut être assez fou, assez insensé, pour laisser de pareilles choses circuler librement et s'il peut laisser ainsi travestir ses institutions, ses lois.

Là, je me suis rappelé ce qu'avait dit et noblement dit M. de Montalembert lui-même à la date du 22 juillet 1849. Il se reprochait d'avoir quelquefois montré trop de complaisance pour l'opposition qui attaquait le pouvoir, qui le dénigrait systématiquement quand il avait à peine la force de vivre.

« Qu'est-ce qui a ce goût dépravé pour l'opposition permanente et perpétuelle que je signalais tout à l'heure, si ce n'est dans le présent, du moins dans le passé ? N'en sommes-nous pas tous coupables ? Ne sommes-nous pas tous habitués à être d'une infatigable indulgence pour tout ce qui attaque, pour tout ce qui blâme, pour tout ce qui critique le pouvoir, et en même temps d'une implacable sévérité pour tous les actes, pour toutes les dispositions de ce pouvoir quel qu'il soit. »

Je me suis rappelé encore ce que disait, en présentant en 1835 les lois de septembre, M. le duc de Broglie.

(Ici M. le procureur général cite un beau passage de l'exposé des motifs de la loi du 8 septembre 1835, par M. le duc de Broglie, alors président du conseil des ministres. — Il nous a été impossible de le recueillir.)

Après vous avoir montré le caractère général de l'écrit, après avoir relu quelques-uns seulement des passages attaqués par nous, il faut dire qu'en dehors même de ces passages, à la fin, éclate un sentiment que je déplore et qui montre bien dans quel état d'aveuglement et de passion était M. de Montalembert au moment où il a écrit cet article. Il s'est enivré de ses propres paroles, il est arrivé à un résultat qu'il réprouve lui-même, j'en suis sûr, et que lui-même il condamne. On semble craindre pour l'avenir de l'Angleterre ; on semble craindre que le jeu de ses institutions mises ainsi en mouvement sans cesse pour le moindre caprice, ne détruise un jour le gouvernement et que l'Angleterre toute habituée qu'elle est à ce maniement de libertés publiques ne puisse pas en supporter l'excès. Sur ce point M. de Montalembert est rassuré, cette vie agitée, c'est la vie qui lui convient ; l'Angleterre est de force à la supporter : elle n'y peut pas succomber.

« Non, dit-il, le danger n'est pas là, il existe pourtant ailleurs. » Où donc existe-t-il ? C'est la guerre. Ce n'est pas la guerre intestine, ce n'est pas la guerre civile, c'est la guerre étrangère, c'est peut-être l'invasion. « Pour prévenir une catastrophe, dit-il, car ceci l'inquiète, il lui importe » de ne plus s'aveugler sur la nature et l'étendue de ses ressources. » Qu'elle se tienne pour avertie. » (M. de Montalembert doit à l'admiration et au dévouement qu'il a pour elle de l'en bien avertir.)

« Il lui importe de ne plus s'aveugler sur la nature et l'étendue de ses » ressources. Ses forces militaires et surtout les connaissances militaires » de ses officiers et de ses généraux sont évidemment au-dessous de sa » mission. Ses forces maritimes peuvent être, sinon dépassées du moins

» égalées comme elles l'ont déjà été par les nôtres sous Louis XIV et sous
» Louis XVI, comme elles le seront encore dès que notre intérêt et notre
» honneur l'exigeront. »

Oui, en effet, sous Louis XIV et sous Louis XVI nos forces maritimes
balançaient les forces de l'Angleterre, et un jour si la guerre s'élevait
nos forces pourraient égaler les siennes, quand notre honneur et notre
intérêt l'exigeront.

« Elle se fie trop (tenez compte de ces conseils, voyez-en l'esprit,) à
» sa gloire passée, à la bravoure naturelle de ses enfants. Parce qu'elle
» est essentiellement guerrière, elle se croit à tort au courant des pro-
» grès modernes de l'art de la guerre et en état de résister à la supé-
» riorité du nombre, de la discipline et de l'habitude des camps.
» Parce qu'en 1848 les armées les plus vaillantes et les mieux discipli-
» nées n'ont pas préservé les grandes monarchies continentales d'une
» chute subite et honteuse devant l'ennemi intérieur, elle voudrait dou-
» ter qu'une bonne et nombreuse armée soit la première condition de
» salut contre l'ennemi du dehors. Parce qu'elle est libre, elle croit à tort
» n'avoir rien à craindre des ennemis de la liberté. »

C'est là le seul terrain sur lequel M. de Montalembert ne se se sente
pas complètement rassuré sur le sort, l'avenir, la fortune de l'Angleterre.

« Partout ailleurs il faut bien que toute la puissance et toute la for-
» tune de l'autocratie s'avouent vaincues et éclipsées par cette incompa-
» rable fécondité de l'industrie privée qui, de nos jours, sans être ni
» provoquée ni secourue par l'État (Encore une comparaison, un paral-
» lèle, encore une insulte à la France.) a creusé dans le port de Liverpool
» des bassins flottants six fois plus grands que ceux de Cherbourg. »

Voilà la dernière pensée de l'article. Hélas ! la guerre étrangère peut
éclater contre l'Angleterre. Que le ciel écarte ce danger et que l'alliance
qui unit ces deux grands peuples ensemble soit en effet maintenue pour
la sécurité du monde. Mais ce germe peut éclater, la France peut trouver un jour, quand son honneur et son intérêt l'exigeront, des forces
pour balancer même les forces maritimes de l'Angleterre. Hélas ! les
peuples libres peuvent être vaincus dans ces querelles et M. de Montalembert avoue qu'il ne se sent pas complétement rassuré sur ce
résultat.

Qu'en dites-vous ? M. de Montalembert admire les Anglais. Moi aussi,
en certains points, en certaines choses, c'est par les beaux côtés qu'il
leur faut ressembler. Oui, c'est un grand peuple, énergique et vivace.
Oui, c'est un grand peuple qui a pu, pendant plus de 150 ans, conquérir sa liberté et arriver au point de l'avoir et de l'asseoir chez lui. Oui,
c'est un grand peuple, qui a joué en effet un grand rôle en Europe
puisqu'il y a balancé si longtemps notre fortune. Mais savez-vous pourquoi surtout je les admire ? Non pas à cause de leur courage. Nous
n'avons rien à envier à personne. Non pas à cause de leur humanité.

Nous avons, quoique vous en disiez, des leçons à donner à tout le
monde. Non, je les admire parce qu'ils sont anglais, parce qu'ils sont
patriotes, parce qu'ils sont de leur pays, parce que partout, en tout
temps, en tout lieu, dans toutes les circonstances, ils ne souffrent pas
une contradiction contre la grandeur et la supériorité de leur pays, parce
que partout ils déclarent en toutes choses (ah ! je les reconnais et pour
cela je les admire,) qu'il n'y a rien de plus grand, de plus beau, de plus
admirable, que leur gouvernement, leurs institutions, leurs lois, leurs
mœurs. Voilà comment ils en parlent. Tâchez de leur ressembler. Un
homme, M. Roebuck, dont vous avez parlé, dont vous avez admiré le
discours, M. Roebuck un jour, il n'y a pas longtemps, a fait un discours
à propos de son voyage à Cherbourg. Cet homme, l'orateur le plus aimé
et le plus écouté de l'Angleterre, cet homme dont vous avez fait passion-
nément l'éloge en reconnaissant cependant l'incorrection de son style et
la hardiesse de son langage, cet homme a dit un jour : « Croyez-moi, la
» France n'a que de pauvres bateaux et j'ai vu flotter sur ce grand
» bassin de Cherbourg l'étendard de l'Angleterre. (*Applaudissements*). Je
» suis allé à terre, j'ai vu des hommes assez semblables à des poulets. »
Ce sont nos soldats, les soldats de Traktir, les soldats de l'Alma qui
avaient combattu près d'eux, avec eux, qui ont donné leur vie pour
eux. Voilà comment il les traite. Et cependant il termine : « Croyez-
» moi, nous n'avons pas besoin de nous inquiéter. »

Je passe sur cette jactance, je la méprise, ces injures, je les déteste ;
mais il est anglais, il parle de l'Angleterre comme un anglais doit en
parler, avec enthousiasme, avec fanatisme, avec passion. Voilà comment
je comprends que les anglais, en effet, grandissent dans l'opinion
publique.

Si en effet votre pays était travaillé par une plaie honteuse, si ce que
vous dites était vrai, s'il éprouvait des humiliations, s'il était forcé de
courber son front, serait-ce à vous qu'il conviendrait aller curieuse
ment à l'étranger pour rapporter vos impressions, pour faire votre parallèle, pour dire, que l'Angleterre est pleine de gloire, que la France est
humiliée, vaincue, et qu'elle n'est plus composée que d'un troupeau
d'animaux immondes, qu'il faut envoyer paître dans de gras pâturages,
qu'il n'y a plus que des flatteurs, des chroniqueurs d'antichambre, de
plats valets? Si tout cela était vrai, serait-ce à vous de le dire? Non,
il faudrait plutôt imiter les enfants du prophète, mettre un manteau sur
sa poitrine défaillante, ne pas découvrir ses plaies et ne pas dire
surtout, comme vous l'avez fait à la fin de votre article, à l'Angleterre de prendre garde, de se prémunir, de se défendre, que si elle
n'était pas attaquable de tel côté elle l'était de tel autre, que vous n'étiez
pas rassuré à cet égard et qu'on avait vu, hélas ! des peuples libres
mourir sous l'effort de peuples d'esclaves.

Et d'ailleurs, s'il y avait doute sur la pensée de M. de Montalembert, le doute aurait été levé par lui même. Et c'est ici que se produit un document nouveau au débat.

Un journal étranger nous a adressé un document qui ne peut pas passer inaperçu dans une poursuite de cette nature, c'est une lettre écrite par M. de Montalembert à Mgr. l'archevêque de Paris.

Avant tout, qui a donné cette lettre au journal étranger ? qui lui a permis de la jeter dans la publicité ? Mgr., sans doute. La chose n'a pas pu être faite sans son assentiment. Entre gens du monde, entre gens bien élevés, l'un ne publie pas la lettre qu'il a adressée à l'autre sans lui en demander le consentement, avant de couvrir la publication du saint manteau de l'archevêque, je suppose que M. de Montalembert nous éclairera sur ce point, s'il en a demandé et obtenu l'autorisation.

Quelle est donc la lettre ? la voici (1) :

Voilà donc jusqu'où l'orgueil peut pousser les plus nobles intelligences. Après avoir écrit tant de beaux passages, après avoir prononcé tant de beaux discours, après avoir si longtemps défendu l'ordre essentiel de la société, après avoir si courageusement fait tête à l'orage qui grondait autour de nous, voilà où en est arrivé M. de Montalembert. Nous avons vu dans de mauvais jours, dans des jours de deuil, des hommes soumis à l'action de la justice et placés sous la main de la magistrature violer la magistrature, nous les avons vus envahissant l'enceinte à force de vociférations et de menaces, forçant les magistrats à se retirer ; nous les avons vus, c'étaient des hommes ignorants et grossiers. Nous ne nous sommes pas sentis abaissés par leurs insultes.

M. de Montalembert fait aujourd'hui la même chose. Il envahit le sanctuaire, il insulte la justice la plus sacrée, lui sortant d'un tribunal qui l'a condamné, dit qu'il est fier et honoré de la condamnation, qu'il ne demande plus rien à personne, mais qu'il veut laisser à ses juges la responsabilité de leurs actes. Tous tant que nous sommes, la responsabilité de ces actes, nous l'acceptons devant lui, nous l'acceptons devant Dieu, car nous aussi un jour nous devrons être jugés. Nous sommes ici magistrats, non pas chargés de juger le gouvernement que le pays s'est choisi, mais chargés d'appliquer ses lois. Les magistrats savent comment les sociétés périssent par la faiblesse de ceux qui sont chargés de conduire les hommes, par la faiblesse de ceux qui sont chargés de les juger. Les magistrats savent que si on laisse aux folliculaires, aux adversaires, aux ennemis, le droit, la faculté, le pouvoir de semer autour du gouvernement l'insulte, le mépris, la haine, la société bientôt récoltera la tempête qui a été semée. Ils savent, suivant la belle expression de M. de Montalembert lui-même, que les balles qui dans les jours de révolution et d'émeute ont été frapper les cœurs des soldats fidèles, ont été forgées et fondues par des journalistes.

____

(1) Voir la lettre publiée plus haut, avant les plaidoiries d'appel, p. 118.

Quant à moi qui l'ai accusé, qui ai voulu le faire avec résolution, sans faiblesse et sans amertume, je déclare que je l'ai fait dans toute la sûreté de ma conscience, que j'accepte la responsabilité qui m'impose ce triste devoir et que je répondrai volontiers de mes paroles devant mon pays, devant ma conscience et devant Dieu.

Audience du mardi 21 décembre 1858.

PLAIDOYER DE Mᶜ BERRYER.

Quand mon illustre ancien collègue, mon respectable confrère, mon loyal ami, quand Dufaure a développé sur cette cause toutes les questions du procès, quand il a réduit l'accusation à de chétives querelles sur quelques phrases, sur quelques mots isolés, et quand en face de cette recherche mesquine, il est entré grandement dans le principe de nos lois, dans leurs dispositions, dans leur esprit, et dans le devoir sévère de la justice de ne jamais s'écarter, par aucune considération, de la stricte application de leurs termes en matière pénale, je croyais n'avoir rien à ajouter ; mais il me faut répondre à un réquisitoire dans lequel le procès tient une bien petite place et où, trop plein encore des souvenirs de la part qu'il a prise aux luttes parlementaires, M. le Procureur général a traité plus de questions politiques que de questions judiciaires : je le suivrai pas à pas.

Aux premiers mots tombés de sa bouche, j'ai cru encore que l'affaire était terminée. Il a parlé de la grâce annoncée par le *Moniteur* : elle était, vous a-t-il dit, pleine, entière, absolue ; elle emportait toutes les conséquences du jugement. J'allais en conclure qu'il y avait abolition de la poursuite et qu'il fallait tenir le jugement comme non avenu. Mais bientôt, M. le Procureur général est revenu sur cette affirmation que lui seul pouvait apprécier (car le texte de la décision qui aurait relevé M. de Montalembert des peines prononcées par les premiers juges nous est inconnu) ; nous ne connaissons que la rédaction très-inconvenante du *Moniteur* dans sa partie non officielle : quant à l'acte même, quant aux effets qu'il devait produire, nous ignorons tout. Il paraît que M. le Procureur général n'a pas été très-rassuré par les termes du document qui sans aucun doute est entre ses mains ; il a reconnu que la grâce, tout en affranchissant M. de Montalembert de la prison et de l'amende, laissait encore peser sur lui un fardeau énorme : une culpabilité déclarée, la situation d'un homme condamné en justice, exposé à la récidive, obligé de se faire réhabiliter. Il restait encore sur lui quelque chose de plus terrible ! La décision des premiers juges l'expose, pendant toute sa vie, à se voir appliquer, au premier caprice de l'administration, les mesures dites de *sûreté générale*. Viendrez-vous dire que c'est là un danger chimérique? qu'il ne sera pas fait usage de ces mesures contre M. de Montalembert? Ah! comment pourriez-vous en répondre? Les passages des pouvoirs sont rapides en France; il y a bientôt 70 ans que je suis dans ce pays, et j'en suis à compter dix-sept modifications de son gouvernement.

Sous quelles mains peut passer la loi de 1858? Qui peut en faire l'application? Qui peut user à l'égard de M. de Montalembert du droit de déportation et d'exil? Nous ne le savons pas. Que ce ne soit pas vous, je le veux bien : mais c'est une loi qui subsiste; et votre théorie que j'examinerai tout à l'heure quant à la cause, votre théorie du maintien de toutes les lois, quels que soient les changements de gouvernement, montre toute l'étendue du danger et suffisait pour justifier notre appel. Ce n'était ni un appel à la curiosité du public, ni un défi à la justice; c'était l'exercice d'un droit nécessaire, sacré, en face de l'article offensant du *Moniteur*.

Et maintenant, cette question de grâce à peu près dégagée (car la fin de votre réquisitoire m'obligera d'y revenir), je vous suis dans l'affaire elle-même.

Sur le fonds du procès vous avez dit: Nous avons en présence un écrit et des lois.

Et d'abord ces lois sont-elles applicables? Que, dans l'écrit incriminé, M. de Montalembert ait exprimé ses regrets pour les institutions libres qui ont régi la France, pour ces luttes de la parole auxquelles il a pris une si noble part; et que de tels regrets soient poursuivis en vertu des lois qui avaient pour objet exclusif de maintenir le respect dû à ces mêmes institutions, cela répugne à ma conscience, et j'avoue que ma raison est inférieure à l'autorité des esprits qui peuvent trouver là quelque conséquence, quelque justice, quelque chose d'acceptable et d'honorable pour la raison humaine.

Arrivons avec plus de précision au point dominant du procès. Vous invoquez contre M. de Montalembert l'art. 1 de la loi de 1849 dont l'application l'expose à toutes les rigueurs de la loi du 19 février 1858. Nous avons dit, en première instance, que cette loi n'existe plus. Que nous répond-on? Elle doit exister : le bon sens, la raison, la nécessité doivent faire reconnaître qu'elle a aujourd'hui toute son autorité.

La raison! le bon sens! la nécessité! la nécessité pour vous? soit; mais la raison et le bon sens, c'est impossible. Cette loi du 27 juillet 1849, que dit-elle? « Les art. 1 et 2 du décret du 11 août 1848 sont » applicables aux attaques contre les droits et l'autorité que le Président » de la République tient de la Constitution. » Voilà la loi de 1849. Est-elle tombée? Les premiers juges disent qu'elle n'est pas abrogée. Nous examinerons tout à l'heure le fait matériel de l'abrogation; mais, répondez à l'objection simple que nous avons faite :

Tous les gouvernements qui se sont succédé en grand nombre depuis trente et tant d'années ont compris qu'ils ne pouvaient pas invoquer pour leur propre conservation la loi protectrice du gouvernement qu'ils avaient renversé.

Sous la Restauration, les lois de 1819 et de 1822 punissaient les attaques aux droits que le Roi tenait de sa naissance, aux droits en vertu desquels il avait donné la Charte, et à son autorité constitutionnelle.

En 1830, la révolution faite, c'eût été, vous l'avez reconnu vous-même, chose étrange que de venir protéger la royauté nouvelle en vertu de la loi qui punissait les attaques contre les droits que le Roi tenait de sa naissance ! c'eût été absurde ! En conséquence, on a fait immédiatement une loi qui punissait les attaques dirigées contre les droits que le nouveau Roi tenait de la Charte constitutionnelle par lui acceptée et jurée.

Quand la République a été proclamée en 1848, on n'a pas songé, pour faire respecter l'Assemblée nationale, à invoquer les lois de la monarchie, le droit de la naissance ou le droit de la Charte revisée en 1830; c'eût été révoltant! La loi nouvelle a été promulguée; et voici les considérations graves qui ont déterminé à la faire : « Nous avons pensé que » des difficultés sérieuses pourraient s'élever à l'occasion des termes em- » ployés dans la définition de certains délits de la presse, des attaques » contre le gouvernement du Roi, des attaques contre les membres des » deux Chambres, en un mot des définitions de délits aujourd'hui inap- » plicables à la forme du gouvernement républicain. » Le rapporteur entre dans cette pensée et dit : « Ces lois devront s'exécuter tant que des » lois nouvelles ne les auront pas abrogées ou revisées; mais quelques- » unes de leurs dispositions ont été conçues en vue d'un ordre de choses » qui n'existe plus; pour les rendre applicables, il faut que leur rédac- » tion soit mise en harmonie avec l'ordre nouveau. Ainsi la législation » n'a plus à protéger la dignité royale et l'ordre de successibilité au » trône, mais elle doit couvrir les droits et l'autorité de l'Assemblée na- » tionale et du pouvoir exécutif. Elle n'a plus à réprimer l'offense en- » vers les Chambres, puisque les Chambres ont fait place à l'Assemblée » nationale; mais, dès lors, c'est l'offense à l'Assemblée nationale elle- » même qui devra être réprimée. » Et, en conséquence, on fait la loi de 1848.

Quand, à la souveraineté de l'Assemblée constituante a succédé la Constitution qui instituait une Assemblée législative et un dépositaire du pouvoir exécutif, il est évident que la loi antérieure devait être reconnue insuffisante; et, en conséquence, un projet de loi fut immédiatement présenté. Voici ce qu'on lit dans l'exposé des motifs : « Les dispositions pé- » nales ont d'abord pour objet les offenses envers le Président de la Ré-

» publique et les attaques contre les droits et l'autorité qu'il tient de la
» Constitution. Le projet s'est borné à étendre au premier Magistrat de
» la République la protection que les art. 1 et 2 du décret du 11 août 1848
» accordent à l'Assemblée nationale, et qu'ils avaient étendue au pouvoir
» exécutif issu de l'Assemblée constituante. » Ici encore le Rapporteur
fait sentir la nécessité d'une loi nouvelle en présence d'une nouvelle Constitution.

Voilà donc la dernière loi promulguée en cette matière. C'est la loi qui
punit les attaques dirigées contre les droits que le Président de la République tient de la Constitution de 1848.

Qu'est devenue cette Constitution ? qui l'a brisée ? qui l'a foulée aux
pieds ? Celui-là même que vous voulez protéger ! Il a été Président de la
République en vertu d'une Constitution ; en cet état, il était protégé par des
lois spéciales. Cette Constitution, cette situation qui lui avait été légalement faite, ces pouvoirs qui lui avaient été confiés, tout cela est brisé par
lui-même : Et vous prétendriez invoquer et appliquer à son profit les lois
même qu'il a anéanties?

Nous nous agitons ici dans une enceinte étroite et peu retentissante. On
ne saura tout ce qui s'y dit que par quelques récits plus ou moins fidèles ; mais enfin, on a connu le jugement ; on connaîtra l'arrêt ; et l'on
verra les attaques contre l'homme qui a brisé la Constitution de 1848,
punies en vertu de la loi même qui protégeait cette Constitution et les
pouvoirs établis par elle !

Non, suivant la raison et le bon sens, suivant l'enchaînement logique
qui a dirigé tous les législateurs à chaque changement de gouvernement,
il est impossible que les Magistrats protègent les droits du Chef de l'État
par la loi qui punissait les attaques portées aux droits que le Président
de la République tenait de la Constitution républicaine.

C'est à tort que les premiers juges ont dit que cette loi n'avait pas été
abrogée ; elle l'est formellement par l'art. 56 de la Constitution de 1852,
ainsi conçu : « Les dispositions des Codes, lois et réglements qui ne
» sont pas contraires à la présente Constitution restent en vigueur jus-
» qu'à ce qu'il y soit légalement dérogé. » Je vous le demande, la loi
de 1849 n'est-elle pas contraire à la Constitution ? Quoi de plus opposé
à la Constitution de 1852 que la Constitution de 1848 ? Evidemment la
loi n'est pas maintenue : il y a ici la forme d'abrogation employée dans
toutes les Constitutions : la loi de 1849 n'existe donc pas, elle ne peut
pas être appliquée sans révolter la raison et le bon sens que vous invoquez
inutilement.

En matière de législation, on a assez dit et assez répété que dans les
questions pénales il était impossible de procéder par analogie. Les premiers juges l'ont senti. Ils ont parfaitement compris ce qu'il y avait de
fâcheux à appliquer au régime de 1852 les dispositions protectrices du
régime de 1848 ; et ils ont cherché à éluder la difficulté en altérant le

texte même de la loi. Ils n'ont pas osé mettre dans leur jugement « *les attaques dirigées contre l'Empereur* » et contre les droits de la Constitution qu'il a faite lui-même ; ils ont employé le mot vague de « *Chef de l'Etat,* » pour donner à entendre que la loi était applicable et devait être invoquée sous tous les régimes et même sous les régimes les plus opposés, les plus contradictoires.

J'ai parlé tout à l'heure de la loi de 1858, de la loi dite de *sûreté générale.* Elle aussi, elle existe ; il faut la respecter, mais il ne faut pas en méconnaître l'étendue. Grâce à elle, à côté des peines les plus légères prononcées par l'autorité judiciaire, l'autorité administrative vient prononcer des peines immenses. — On a abrogé la loi de septembre 1835 parce qu'elle assimilait les délits de presse à des attentats ; — et voilà la loi de 1858 qui prononce la peine des attentats dans des cas insignifiants, et cela par simple voie administrative, mais en prenant pour point de départ des sentences judiciaires rendues par des tribunaux à qui l'on dérobe les conséquences formidables de leurs décisions.

Allez en Afrique, allez à Lambessa, voyez l'origine, la situation de ceux qui y sont transportés en vertu de la loi de 1858, je n'y ai pas été, mais j'ai vu les lieux par des yeux d'amis que je crois comme moi-même. Là, à l'heure où nous parlons, il y a un homme qui a été condamné à quinze jours de prison par la justice, et, sur son dossier la main d'un ministre a écrit : 10 ANS DE LAMBESSA ! Vérifiez ce fait, M. le Procureur-général, je vous y invite.

Voilà ce que permet cette loi de 1858 sur laquelle l'accusation se tait en ce qui nous concerne, mais qui n'en existe pas moins, et qui s'applique expressément, notoirement et spécialement à l'un des délits que le jugement de première instance a reconnu contre mon client.

C'est cette loi que vous devez avoir devant les yeux ; cette loi qui porte une si grave altération dans la nature des décisions judiciaires. Vous jugez sur le fait, en conscience ; vous modérez la peine ; vous calculez suivant l'importance des faits : mais cette mesure de la justice, elle va être franchie arbitrairement en vertu de la loi de 1858. C'est donc en face de cette loi que nous sommes placés et qu'il s'agit de savoir si, par analogie, on peut appliquer dans la cause à M. de Montalembert la disposition qui permet d'user à un jour donné contre lui de la loi de 1858.

C'est ce qui arrivera, si vous maintenez contre lui la disposition du jugement qui le frappe au nom de cette loi de 1849, dont je viens de vous prouver l'abrogation implicite.

Voyons le procès sous d'autres rapports.

M. le Procureur général, après avoir maintenu l'autorité de la loi de 1849, a dit qu'il allait examiner l'ensemble de l'écrit, son but et son esprit. M. de Montalembert est, aux yeux de M. le Procureur général, un admirateur enthousiaste et presque aveugle des institutions de l'Angleterre ; il oublie par quels travaux, par quels sacrifices, par quelles rigueurs, à travers quelles luttes l'Angleterre est arrivée à conquérir cet ordre de libertés.

Mais à quoi bon nous reporter à ce que fut l'Angleterre il y a cent cinquante ans? Si M. de Montalembert, admirant l'Angleterre dans la possession actuelle de ses libertés, n'a pas tenu compte de leur enfantement, il n'a pas oublié nos propres labeurs, nos propres souffrances, nos périls, nos sacrifices. Ah! vous parlez de ce que l'Angleterre a souffert pour arriver à la conquête de la liberté! Vous comprenez qu'elle soit jalouse de donner au monde ce grand exemple d'une nation où le citoyen prend une libre part à la discussion, à l'examen, à la conduite, à la direction des affaires de son pays; vous comprenez cela! et vous ne comprendriez pas nos regrets et nos espérances?

Mais nous aussi, nous avons souffert! Nous aussi, nous avons travaillé pour être libres, nous avons mérité de l'être. Que n'a pas fait la France sous un gouvernement qui n'était pas despotique, sous ses Rois légitimes, sous ce noble et malheureux Louis XVI, qui marchait chaque jour de réforme en réforme? Malheureusement, malgré l'admirable sagesse du Roi, des institutions anciennes, des convictions inébranlables, des attachements invétérés à un certain ordre de choses, faisaient obstacle au développement nouveau de la société française. Ce grand travail exigeait une révolution.

89 est arrivé! que d'efforts pour parvenir à constituer un ordre de libertés régulier toujours dû à la monarchie! Quelles épreuves la France n'a-t-elle pas subies? A quels excès n'a-t-elle pas été livrée d'abord par l'égarement des uns, puis par la fureur des autres?

Puis un jour est venu où, dans la lassitude des misères, des hontes, des supplices, de la terreur, nous avons pardonné au despotisme qui a couvert son autorité d'une gloire immense; gloire inutile qui ne nous a rien laissé de ses conquêtes, et qui est enfin tombé sous ses propres fautes!

Ce pouvoir écroulé, la France haletante s'est relevée tout entière en un instant; et de tous côtés les cris de liberté se sont fait entendre; la demande d'un gouvernement pondéré a été dans tous les cœurs, dans toutes les intelligences; et le Roi est venu qui a donné la Charte à son peuple. Cette Charte a ouvert la carrière aux discussions. Alors ont commencé les défiances, les rancunes, les ignorances de générations qui s'étaient battues à coups de guerres extérieures et intérieures, à coups d'échafaud, à coups de fusils; ces ignorances défiantes l'une de l'autre, ont livré la liberté à des assauts remplis de périls. La liberté est-elle tombée? Non; mais elle a souffert, et beaucoup souffert.

Une révolution s'est faite en 1830. Sans doute elle ruinait un grand principe regardé par beaucoup comme la plus haute garantie du maintien de la liberté dans le pays. Mais enfin, nous avons traversé ces temps difficiles. Le pouvoir nouveau, pour faire respecter la liberté, s'est exposé dans d'autres temps à des conjurations, à des complots. Tout, jusqu'à la dernière révolution, à celle de 1848, a été de la part de la France, un effort, un travail, un labeur sans fin et plein de sacrifices.

Et, vous voulez que nous oubliions tous cela, que nous n'attachions aucun prix à ce que nous avons eû tant de peine à conquérir? Non, M. de Montalembert ne l'a pas oublié : il ne s'est pas demandé ce qu'était l'Angleterre il y a deux siècles; il s'est demandé ce qu'était aujourd'hui la France, et s'il y avait des principes de liberté et une possibilité de discussion dans ce noble et intelligent pays qui a donné l'impulsion à l'Europe entière.

Vous ne voulez pas comprendre le contraste. Eh ! qui ne le ferait pas? Croyez-vous donc qu'en condamnant M. de Montalembert vous imposerez silence aux consciences? que vous fermerez les yeux à ce qui est trop visible, à ce qui est évident pour le monde entier, à la situation de cette France qui depuis des siècles a été à la tête du mouvement intellectuel?

La France n'est-elle donc pas aujourd'hui entourée des exemples qu'elle a donnés. Parcourez, non pas nos frontières, mais l'Europe entière : allez aux extrémités du continent européen, et partout vous y verrez la liberté suscitée par l'exemple de la France, par les publications de ses écrivains, par la voix de ses orateurs. Voyez jusqu'au fond de l'Europe l'influence de cet esprit de la société française, agissant jusque sur le Czar, le poussant dans des voies d'affranchissement pour son peuple, et faisant signer même au Grand Turc des *hatti-humayoun*, des promesses d'émancipation!

Et nous qui avons porté la liberté partout, où en sommes-nous? — Vous dites que la France doit redouter ces fruits de son intelligence et de son génie. Quoi? ce fruit que la France a cueilli pour l'Europe, elle en serait seule sevrée ! — Croyez-vous qu'il ne soit pas naturel d'avoir un regret? Croyez-vous que ce soit prêcher contre son pays que de se dire, comme l'a fait M. de Montalembert : Mais après tout, ma patrie, ma nation, mes concitoyens ne sont pas si insensés, si corrompus, si pervers, si incapables de discernement qu'ils ne puissent conserver ce droit de discuter leurs affaires, d'émettre leurs opinions et d'entrer avec le gouvernement en luttes, en pourparlers, en débats sur ce qu'il y a de mieux à faire pour l'honneur, pour le repos et pour la prospérité de la France !

M. de Montalembert, se trouvant au sein du Parlement anglais, s'est senti plein d'admiration et d'enthousiasme, au spectacle de la liberté; il a jeté ses regards sur le passé de la France; il s'est rappelé tout ce qu'elle a souffert pour arriver à la possession de cette liberté dont elle jouissait, elle aussi, il y a peu de temps encore; et il a exprimé le regret de la voir perdue. C'est là un délit? C'est là un crime de lèse-nation?

C'est là un crime contre la dignité de la France? C'est là manquer de
patriotisme ?

Je sais bien qu'il y a aujourd'hui des hommes qui proclament que la
France n'est pas faite pour cette liberté; que la presse tombe inévitable-
ment dans des excès, soulève des questions qui portent le trouble au
milieu du commerce et du travail des citoyens; que les conflits de la
tribune deviennent des questions de parti dans lesquelles on ébranle trop
aisément les hommes momentanément arrivés au pouvoir et dont on
veut occuper la place; que de ces luttes personnelles naît une agitation funeste au pays; que ce qu'il y a de mieux pour le pays, c'est
qu'il n'y ait pas de discussion, c'est qu'on puisse appliquer impunément
l'art. 32 de la loi de 1852 qui laisse à l'administration la liberté d'avertir,
de suspendre et de supprimer un journal, quand elle le juge à propos
pour raison de sûreté publique.

J'avoue, et c'est là une des complaisances de mon esprit accoutumé
depuis 40 ans aux luttes et par conséquent accoutumé à rencontrer des
opinions très-opposées aux miennes, j'avoue que je comprends les hommes qui, en réfléchissant sur toutes les péripéties de la France, sur
toutes ses variations et toutes ses révolutions, se réfugient dans la théorie
du mutisme, du silence sur les affaires de l'État. Mais parmi les hommes
qui proclament aujourd'hui la nécessité de ce nouveau système, je n'en
vois pas un qui n'ait tenu un langage différent sous les régimes antérieurs; j'en connais beaucoup qui étaient à la tête des agitateurs, qui
provoquaient des mises en accusation contre les ministres de la royauté
trop peu fidèles, disaient-ils, aux principes constitutionnels. Ces conver-
sions-là, en face de dangers réels, au sein de cette terreur à laquelle le
pays n'a pas pu se soustraire! Je les comprends. Mais-je ne m'inclinerais
après tout devant ces docteurs de la science moderne que si la transformation de leurs idées était moins voisine de nos disgrâces, et surtout
si ce grand changement dans leurs opinions n'était pas si voisin de l'avénement pour eux du crédit, des dignités et de la fortune.

On a voulu tout à l'heure faire de M. de Montalembert un homme
inconséquent. On lui a reproché de se targuer aujourd'hui à tort d'une
inaltérable fidélité aux principes de liberté, aux principes du régime
réprésentatif et constitutionnel. Ces reproches seraient difficiles à
prouver.

Je ne vous fatiguerai pas, messieurs, par la lecture d'un grand nombre de discours de M. de Montalembert. Je ne le suivrai pas depuis le
jour où âgé de 20 ans à peine, il venait devant la Cour des Pairs s'engager
à vouer sa vie à la défense des libertés civiles et religieuses. Je ne le
suivrai pas à travers tous ses triomphes de tribune jusqu'au jour où, par
une fortune bien rare en ces temps-ci, il a obtenu une des plus difficiles
victoires, un des plus grands triomphes de la raison humaine : la liberté
de l'enseignement. J'affirme seulement que toute la carrière de M. de

Montalembert a été consacrée à la défense de la liberté, sous la royauté qu'il a vu tomber avec peine mais qu'il regrette aujourd'hui moins encore que la liberté elle-même.

Oui, sous la royauté, il défendait les mêmes principes qu'aujourd'hui, il faisait comme aujourd'hui l'éloge de l'Angleterre, et déjà il ajoutait : « N'en concluez pas que je regrette d'être Français ; je trouve l'Angle- » gleterre infiniment plus avancée que nous, en possession de biens que » nous sommes dignes de posséder comme elle ; mais je n'en suis pas » moins fier d'être Français, car il y a quelque chose de plus noble que » de posséder la liberté, c'est de la conquérir. » Il n'y a donc pas à se méprendre sur la pensée de M. de Montalembert ; c'est un sentiment déjà ancien chez lui ; il est pénétré de l'idée qu'il n'y a pas de liberté en Angleterre que la France ne puisse posséder, si les gouvernements sont sages et si les partis, instruits par l'expérience, arrivent enfin à cette conciliation qui est le besoin de tous les cœurs et de tous les esprits.

Sans doute, tout le monde en France ne tient pas la plume ; tout le monde n'écrit pas dans les journaux ; tout le monde ne compose pas des livres ; mais toutes les intelligences, quel que soit leur parti et leur drapeau ont un même but. On est malheureusement divisé sur les moyens ; mais tous les cœurs français battent encore à l'heure qu'il est pour un tout autre système que celui que vous prônez et qui redoute toute discussion, toute liberté. Oui, à cette heure même tous les cœurs français vous répondent qu'ils aspirent à la liberté de se parler, de s'entendre, de se concerter, de s'unir, de chercher à établir cet accord de tous les principes sans lequel il n'y a pas d'ordre public digne de la raison humaine. *(Applaudissements dans l'auditoire)*. En quoi M. de Montalembert a-t-il été encore infidèle à cette idée ? On lui a opposé une page de l'écrit même dont il s'agit, c'est la page 237, où M. de Montalembert signale les excès de quelques doctrines en Angleterre : « J'étais frappé, en les entendant, » du danger de ces théories abstraites, absolues et excessives, qui s'in- » troduisent dans les discussions propres aux gouvernements libres, à » l'aide d'un intérêt de parti ou de circonstance, et qu'on érige peu à peu » en dogmes irrévocables. Rien, à mon sens ne saurait mieux contribuer » à affaiblir et à discréditer le régime représentatif, déjà bien assez » compliqué et assez difficile à maintenir en équilibre, comme le sont » d'ailleurs tous les régimes propres aux sociétés qui tiennent à main- » tenir les droits de l'intelligence. »

Oui, il déteste, il condamne, il blâme en Angleterre comme en France les théories trop absolues, les inconséquences de la prétendue logique qui veut toujours pousser les principes à l'excès. Cela veut-il dire qu'il se range au système que vous croyez nécessaire à l'intérêt, au repos, et à la sécurité de la France.

Vous lui avez opposé un autre discours ; celui qu'il aurait prononcé en juillet 1849 lors de la discussion de la loi même qu'on invoque aujour-

d'hui pour le punir, et qui avail été présentée par notre honorable
collégue, M. Odilon Barrot. C'était après l'affaire des Arts et Métiers où
on avait voulu former une assemblée factieuse contre l'Assemblée
nationale. M. de Montalembert approuve la loi, la soutient de toute
son éloquence et dit en effet que ce qui est trop méconnu en France
c'est le respect nécessaire pour les institutions et le respect de la loi :

« Mais, » dit-il, dans le discours même que vous lui opposez, « savez-
» vous ce qui est ébranlé dans certaines âmes ? C'est là croyance à la
» liberté. Oui, je vois, pour ma part, avec douleur, avec terreur, un
» trop grand nombre d'âmes défaillantes, qui confondent la liberté poli-
» tique avec l'agitation, avec la ruine, avec la misère, avec le désordre. Je
» ne veux pas grossir le nombre de ces âmes-là, mais je vous supplie de
» ne pas contribuer à les encourager dans leur erreur.
» Pour moi, la liberté politique c'est le gouvernement de discussion,
» le gouvernement de tribune, le gouvernement des assemblées; notez-
» le bien, ce gouvernement qui fait que plus ou moins depuis 34 ans,
» l'on vient à cette tribune ou à d'autres, qui avec la faiblesse comme
» moi, qui avec sa force comme tant d'orateurs de talent ou de génie que
» je vois devant moi...
» Ce pays si généreux, si intelligent, si audacieux, a des mouvements
» si brusques, si saccadés, que toute réaction, tout mouvement d'opi-
» nion est toujours à craindre chez lui. Il ne sait pas se contenir, il ne
» sait pas ménager les transitions; tous ceux qui ont étudié son histoire
» le diront. En présence de cette expérience, prenez garde de ne pas
» l'indisposer contre ce régime, contre le gouvernement de la tribune,
» des assemblées, dont je suis, pour ma part, un très-humble instrument,
» mais le plus sincère admirateur et le plus fervent partisan. »

Vous le voyez, dans cette discussion, vainement opposerez-vous à
M. de Montalembert la part qu'il a prise, le langage qu'il a tenu! La
pensée dominante est de protéger les institutions alors existantes : « Si
» nous sommes menacés, ne nous laissons pas emporter par la crainte
» du péril. Sauvons la société. » Mais, ajoutait-il aux applaudissements
de la plus grande partie de l'Assemblée, à nos applaudissements à nous,
« Sauvons la société avec la liberté, et *non pas même la société sans la*
» *liberté.* »

A cette parole si grave, si généreuse, et peut-être si téméraire, nous avons
compris qu'en effet alors même que toutes les existences étaient mena-
cées, que le désordre était sur la place publique, que l'insurrection nous
menaçait à coups de fusil, nous avons compris qu'il fallait nous réfugier
dans le sein de la liberté. Voilà le langage de M. de Montalembert
en 1849 ; et c'est dans ce discours que vous prétendez trouver l'abandon
des principes de toute sa vie !

Vous avez dit que M. de Montalembert, entraîné par un besoin de
mouvement, d'agitation, de passions, de discussion, était allé en Angleterre
pour assister à une de ces luttes que vous n'avez pas craint d'appeler
une guerre de portefeuilles.

Ici permettez-moi de vous dire que vous avez étrangement diminué la grandeur de la question et la moralité du triomphe de la bonne cause au sein du Parlement Anglais. Quoi ! c'était une simple lutte de porte-feuilles ? Quoi il n'y avait d'autre question que celle de savoir si le ministère tombé depuis peu ne trouverait pas quelque occasion de saisir le pouvoir ? Non, non. Le débat était plus grand ; il offrait le beau spectacle d'une nation debout, délibérant sur ses propres affaires ; c'était l'immense intérêt de savoir quel système de gouvernement l'Angleterre allait suivre dans l'Inde. Les mesures violentes annoncées dans une pro-clamation du gouverneur général seraient-elles maintenues ? ou bien l'Angleterre, au contraire, allait-elle reconnaître les véritables maximes du droit éternel et les lois de la morale et de l'humanité ? C'était là le fond du débat.

A côté de cette grande question, je le veux bien, les intérêts des partis étaient en présence. Mais c'est le conflit naturel de tous les besoins, de toutes les ambitions, de toutes les intelligences, au milieu des délibéra-tions d'un peuple libre. Et, c'est là le choc de toutes les opinions, c'est de la rencontre de toutes les pensées grandes et nobles que sort pour un pays libre, et qu'est sortie pour l'Angleterre, une grande et magni-fique résolution.

A travers ces discussions ; à travers les espérances plus ou moins fondées d'un ministère tombé, et les efforts d'un ministère qui veut rester debout, c'est une parole sublime que celle de l'homme qui s'écrie : « Je » suis anglais. Je sais ce que la possession des Indes est pour l'Angle-» terre, pour la nation industrieuse, commerçante, navigatrice, qui » remplit le monde de son travail. Mais avant tout, je suis homme, et » je place au-dessus des intérêts de l'Angleterre, quels qu'ils soient, » les droits de l'humanité et de la morale ; et je demande que le Parle-» ment repousse la proposition de la censure, non pas pour sauver le » ministère, ce n'est pas la question, mais pour faire prévaloir les grands » principes de l'humanité ; » c'est la parole de M. Roebuck. Tout disparaît alors, les luttes des partis, les prétentions aux ministères ; tout tombe devant cette parole ; c'est là la force de la liberté. C'est un des hommes qu'on n'écoute pas le plus souvent en Angleterre, dont la parole est souvent téméraire, hardie ; mais qui, ce jour là est sorti des passions inférieures, pour s'élever aux grandes passions, aux plus nobles senti-ments de l'humanité.

Voilà le spectacle qu'a vu M. de Montalembert ; Ne le diminuez pas. La scène était assez grande, la question assez grave pour que M. de Montalembert, français par le cœur, exprimât vivement son admiration pour les délibérations du Parlement d'Angleterre et reportât en même temps sa pensée vers ces autres délibérations dont le souvenir nous rap-pelle tant de difficultés, tant de douleurs, et tant de gloire.

Il ne faut pas être ingrat pour le gouvernement représentatif, pour le gouvernement parlementaire, malgré les déplorables luttes qui en sont

sorties, malgré les terribles ébranlements qui en ont été non pas la conséquence, mais l'accident. Rappelez-vous dans quel état l'Empire avait
laissé la France, et ces myriades d'hommes, accourus sur les pas de
celui qui avait envahi tous les territoires du monde, venant venger leur
nationalité, et s'asseoir dans notre capitale. Rappelez-vous la rançon
qu'il a fallu payer par des sommes immenses, pour racheter le sol de la
patrie ; puis, tout à coup, grâce aux institutions parlementaires, n'a-t-on
pas vu renaître l'ordre, la bonne foi, la sécurité dans les finances, le contrôle librement exercé, le maintien de tous les droits. Voilà comment le
gouvernement parlementaire a pu faire sortir la France de la situation
la plus cruelle ; voilà pourquoi on peut le regretter ; voilà pourquoi on
peut ne pas cesser de croire que la nation française, à travers sa légè-
reté, à travers ses passions, est destinée par la hauteur de son intelligence, par la grandeur de ses intérêts, à jouir de la liberté tout aussi
bien qu'un peuple voisin.

M. de Montalembert rentre en France plein de ces sentiments. Il y
trouve dans certaines feuilles une polémique engagée contre l'Angleterre et qui lui paraît deux fois détestable, détestable d'abord au point
de vue politique, plus détestable encore par le fanatisme religieux qu'elle
respire. Il voit des écrivains qui, dans leurs attaques contre l'Angleterre, en veulent surtout aux libertés et aux institutions dont ils craignent
le retour en France ; des écrivains qui excusent chez les Indiens la violation des droits les plus sacrés de l'humanité, les massacres de Delhi et
de Cawnpore, et qui espèrent que ces sanguinaires forfaits pourront
chasser les Anglais de l'Inde et laisser dominer les races barbares là où,
après tout, une nation chrétienne allait porter la civilisation, comme elle
l'a fait partout où elle a étendu sa puissance et ses conquêtes.

C'est à ces hommes que répond M. de Montalembert, il écrit sous
l'empire d'une double impression. Il veut rendre honneur à l'Angle-
gleterre, au principe libéral de ses institutions ; il veut témoigner sa
réprobation contre les ennemis de la liberté, les absolutistes, les hypocrites et les fanatiques qui, dans leur polémique inhumaine, oublient
les premières lois de l'Evangile. Et c'est alors qu'il écrit ces paroles
mémorables : « Pour ma part, j'ai horreur de l'orthodoxie qui ne
tient aucun compte de la justice et de la vérité, de l'humanité et de
l'honneur. »

Mais vous vous obstinez à ne pas comprendre, à ce véritable point de
vue, le but et l'esprit du travail de M. de Montalembert ; vous affirmez
que c'est exclusivement le besoin d'attaquer le gouvernement qui l'a
poussé à prendre la plume. Et vous le lui reprochez avec d'autant plus
d'amertume, que vous vous plaisez à voir en lui un ancien partisan qui
vous a abandonné.

Ce reproche était déjà dans plus d'un esprit ; et vous l'avez surexcité
par la rédaction d'un certain article du *Moniteur*, de cet article qui dit en

deux lignes, insérées dans la partie non officielle, que c'est à l'occasion de l'anniversaire du *deux décembre* qu'on fait grâce à M. le comte de Montalembert de sa peine. Nous n'avons point le décret qui promulgue officiellement cette grâce. Nous ne connaissons que ces deux lignes sans signature, que ces deux lignes anonymes de la partie non officielle du *Moniteur*. Si le rédacteur qui les a écrites avait eu quelque dignité morale, s'il avait eu quelque délicatesse et quelque élévation dans l'âme, il aurait compris qu'il était indigne de venir mêler le sarcasme et le bel esprit à l'exercice de la plus noble, de la plus touchante des prérogatives de la souveraineté.

Ce rédacteur anonyme comprend bien mal la grandeur du pouvoir; il faut qu'il ait une triste âme ! (Sensation dans l'auditoire.)

Vous persistez néanmoins à dire qu'en établissant un contraste entre la France et l'Angleterre, M. de Montalembert a voulu attaquer un gouvernement qu'il a naguère désiré, qu'il a prôné, pour lequel il a fait voter et qu'il n'a plus le droit de sacrifier à son besoin de luttes et de discussion.

Vous vous rappelez donc qu'il a été des vôtres ! Vous me laisserez bien vous dire comment il l'a été et pourquoi il ne l'est plus.

Vous rappelez les dissidences qui ont existé entre nous quand, au milieu de nos débats parlementaires, MM. de Montalembert et Dufaure et moi et tant d'autres nous n'étions pas de même avis. Mais ces dissidences-là, nous ne les lui reprocherons jamais comme vous lui reprochez l'adhésion qu'il vous aurait donné. (Applaudissements.)

M. LE PRÉSIDENT. — Je dois rappeler que toutes marques d'approbation ou d'improbation sont interdites; je compte qu'elles ne se renouvelleront pas.

Mᵉ BERRYER, — La défense sollicite elle-même l'auditoire de vouloir bien laisser, dans une réplique aussi soudaine, toute liberté d'esprit. Les interruptions sont extrêmement fâcheuses pour la suite des idées.

Il faut placer M. de Montalembert en face des événements auxquels vous faites allusion.

Ici les souvenirs historiques sont inévitables ; il faut dire la vérité, c'est le premier droit de la défense. c'est le premier besoin de la justice. Dans le sein de l'Assemblée, au commencement de février 1851, il y avait un grand nombre d'hommes qui prévoyaient que le Président de la République allait porter atteinte à la Constitution, qu'il voulait la violer, qu'il voulait proclamer l'Empire. Telle était la tendance de celui à qui la République avait confié ses destinées en un moment critique. Un orateur éminent avait dit, en résumant la situation, « l'Empire est fait; » un autre avait dit encore, en voyant les divisions de l'Assemblée, « je » ne sais pas si ces murs seront longtemps debout, mais bientôt vous » serez remplacés par des orateurs muets. » (Nouveau mouvement pro-

longé ; les yeux se tournent vers plusieurs membres du Corps législatif.)

C'est au milieu de ces pressentiments que M. de Montalembert prend
la parole en faveur du Président de la République. Écoutez :

« Je ne suis, dit-il, *ni le garant*, ni l'ami, ni le conseiller, ni l'avocat
» du Président de la République ; je suis simplement son témoin. »

Il rappelle alors ce qu'a fait le Président de la République, et il
ajoute :

« A-t-il répondu à cette attente (à l'attente d'une partie des électeurs
» qui à son nom seul croyaient voir le rétablissement de l'Empire?)
» A-t-il fait mine d'obéir à ces sympathies impériales que je vous signale
» comme un fait historique? Non ; il est venu loyalement, honorable-
» ment, immédiatement à cette tribune, prêter à la Constitution et à la
» République un serment qu'il n'a jamais violé. »

Plus loin M. de Montalembert continue et dit :

« Je ne réponds ni de l'avenir qu'on suppose, ni d'un passé éloigné
» qu'on reproche encore au Président.....
» Ma conscience et mes amis sauront bien à quoi s'en tenir ; ceux-ci
» savent bien que, quoi qu'il arrive, je resterai toujours fidèle au sys-
» tème, à l'attitude que j'ai gardée et que je compte garder toujours
» vis-à-vis des pouvoirs qui se succèdent si rapidement en France ; je
» ne leur ferai ni la guerre, ni la cour ; je serai vis-à-vis d'eux ferme,
» indépendant, franc, dévoué et loyalement obéissant.
» Il y a bien des points sur lesquels je ne suis pas d'accord avec le
» Président. Il pourra me faire regretter un jour d'avoir cru en lui, il
» pourra me faire rétracter le témoignage que je lui rends. »

Et il termine son discours en disant :

« Quand même je n'aurais aucun intérêt personnel au maintien de
» cette tribune et du gouvernement représentatif, j'en serais encore le
» sincère défenseur, parce que je vois dans le gouvernement représen-
» tatif, ce qui est à mes yeux le premier besoin de tout gouvernement,
» de tout homme, de tout peuple, c'est-à-dire un frein... Oui, j'en suis
» le défenseur, et jamais je ne l'ai mieux défendu qu'aujourd'hui en ve-
» nant vous prémunir contre les dangers qu'on lui fait courir et contre
» les excès qu'on voudrait déduire de sa théorie. »

Voilà la conclusion de son discours.

Voilà son premier pas. — On accuse le Président de la République de
vouloir violer la Constitution ; M. de Montalembert le défend, il se déclare son témoin et il demande alors qu'on ait quelque respect pour une
autorité établie. Cette phrase de son discours assurément était puissante
pour faire sentir la nécessité de ne pas se livrer à des préventions, à des
accusations injustes, et de ne pas ébranler un pouvoir si jeune encore
et si nécessaire au milieu des agitations et des combats. Oui, il a parlé
là pour l'autorité, mais vous voyez dans quels termes, à quel point de
vue, et avec quelle incertitude et quelle défiance de l'avenir ! Il invoque
la nécessité présente et demande qu'on n'ébranle pas le pouvoir quant à

présent établi. C'est le dernier discours que M. de Montalembert ait fait entendre dans les Assemblées. Je ne crois pas qu'il soit monté à la tribune depuis ce jour-là.

Arrive le 2 décembre 1851. Le 2 décembre, quelle a été la conduite de M. de M ntalembert? La voici : il faut des explications entières.

M. de Montalembert faisait partie d'une réunion de représentants qu'on appelait *le Cercle des Pyramides* et il la présidait ce jour-là. D'autres députés, en plus grand nombre, étaient réunis au conseil d'Etat. Il y avait encore une troisième réunion.

Le 2 décembre paraît une proclamation du Président. Que contient-elle? Ces mots « *Mon devoir est de maintenir la République..... Ma cause est celle de la France régénérée en 1789.* » A la nouvelle de la violation de la Constitution, la majorité des représentants se réunit à la mairie du 10e arrondissement. Là, sur ma propre motion, la déchéance du Président de la République est prononcée ; injonction est faite à la Haute-Cour de justice de procéder contre lui comme prévenu du crime de haute trahison.

De son côté, M. de Montalembert apprend l'arrestation de 240 de ses collègues, les violences qui ont été exercées ; aussitôt il se rend au lieu des séances de la réunion qu'il préside, et là il propose une protestation et la signe comme président de la réunion de la rue des Pyramides. La protestation, la voici :

M. LE PRÉSIDENT. — Me Berryer, il me semble que ce que vous dites là est inutile à la défense.

Me BERRYER. — Je vous demande pardon, M. le président. Je défends un homme politique que l'on accuse d'être inconséquent avec lui-même ; et je ne sache pas que pour un homme à qui l'on vient dire qu'il a désiré, prôné, et voté un gouvernement, il ne soit pas d'un besoin impérieux de mettre en lumière ses véritables actes.

M LE PRÉSIDENT. — Vous croyez donc la lecture de cet acte bien nécessaire !

Me BERRYER. — Je la crois indispensable.

M. LE PRÉSIDENT. — Eh bien ! alors faites-la rapidement.

Me BERRYER. — Très-rapidement. Voici la protestation :

« *Dans l'impossibilité de se réunir au palais de l'Assemblée, les soussi-*
» *gnés représentants du peuple à l'Assemblée législative, déclarent protes-*
» *ter contre la dissolution de l'Assemlée nationale et contre sa dispersion*
» *par la violence.*

» Fait à Paris, le 2 décembre 1851, à 2 heures après-midi.

   » (Signé) CH. DE MONTALEMBERT, LÉON FAUCHER, etc. »

Il y a soixante signatures. Cette protestation est un acte public. Elle a été portée au président de l'Assemblée, M. Dupin. M. Dupin en a accusé réception par une lettre que j'ai entre les mains et dont voici le texte :

« *Mon cher collègue, selon votre désir, j'ai fait effectuer le dépôt de*
» *votre protestation qui demeurera jointe à la mienne dans les archives de*
» *l'Assemblée. Mon frère a aussi adhéré.*

» (Signé) DUPIN. » (Rires prolongés.)

Une commission consultative est nommée. Le nom de M. de Montalembert y est porté avec plusieurs autres. Voici la lettre qu'ils ont adressée au rédacteur du *Moniteur*, le 3 novembre 1851 (1) : dont l'insertion a été refusée, mais dont les signatures que voici sur l'original garantissent l'authenticité :

« Monsieur le Rédacteur,

» Dans votre numéro de ce matin, vous annoncez que nous sommes
» appelés à faire partie d'une commission consultative créée par un
» décret d'hier.
» Nous vous prions de vouloir bien faire savoir à vos lecteurs que,
» en présence de l'injuste et douloureuse incarcération d'un si grand
» nombre de nos collègues et amis, nous n'acceptons pas ces
» fonctions.
» Aux termes de la loi, nous vous demandons l'insertion de cette
» lettre.

» Agréez, etc.,

(*Suivent les signatures.*)

Voilà pour les journées du 2 et du 3 décembre.

Postérieurement, M. de Montalembert écrit une lettre publique, en date du 12 décembre, lettre qui a eu beaucoup de retentissement et qui, en effet, comme l'a dit M. le Procureur-général, a pour but d'engager à voter pour le Président de la République, à l'occasion du plébiscite qui allait être soumis au suffrage universel. Dans cette lettre, il examine trois questions : faut-il voter contre ? faut-il s'abstenir ? faut-il voter pour ? M. de Montalembert, le 12 décembre, croit que, vu les circonstances, il n'y a pas d'autre parti à prendre que de voter pour le Président de la République : « Je me dispense d'examiner, dit-il, si le coup
» d'Etat, que chacun prévoyait, pouvait être exécuté dans un autre mo-
» ment et par un autre mode. Il me faudrait pour cela remonter aux
» causes qui l'ont amené et juger des personnes qui ne peuvent aujour-
» d'hui me répondre. » — Plus loin, il examine les différents partis : voter contre, c'est inutile ; s'abstenir, ce serait renoncer à sa qualité de citoyen ; « voter pour Louis-Napoléon, ce n'est pas approuver ce qu'il
» a fait ; c'est choisir entre lui et la ruine totale de la France... Ce

(1) L'insertion de cette lettre a été refusée par ordre des ministres réunis en conseil.

» n'est pas sanctionner d'avance les erreurs ou les fautes que pourra
» commettre un gouvernement, faillible comme toutes les pui-sances
» d'ici bas... » Remarquez bien que je ne prêche ni la confiance absolue,
» ni le dévouement illimité ; je ne me donne sans réserve à personne. »
— Voilà la lettre de M. de Montalembert, voilà son adhésion.

Le vote du 20 décembre a lieu. Il ne s'agit pas de critiquer ; mais il
faut bien rappeler quels sont les actes qui suivent immédiatement le
20 décembre. M. de Montalembert a le droit de protester contre l'incon-
séquence dont vous l'accusez.

Que voit-il ? Quelques jours après, un décret d'omnipotence qui ex-
porte, qui expatrie, qui chasse de France 80 citoyens des plus distingués, et parmi eux ces illustres généraux à qui la capitale devait de
n'avoir pas été livrée au pillage et de n'être pas devenue un monceau de
décombres.

A ce décret que voit-il succéder ? Le 22 janvier 1852, le décret relatif
aux biens de la maison d'Orléans, un décret qui porte atteinte au principe de la propriété. M. de Montalembert le considère comme la violation d'un droit fondamental de la société.

M. LE PRÉSIDENT. — Me Berryer, vous ne pouvez pas attaquer un acte
souverain.

Me BERRYER. — Je n'attaque en aucune manière ; je dis seulement que
cet acte a dû être jugé ainsi par un homme qui croyait qu'il y avait là
une confiscation. La pensée de M. de Montalembert était celle de M. le
Procureur général, pas de vous, M. le Procureur général ; mais de
l'autre qu'on a restitué depuis à la Cour de Cassation (Nouveau mouvement.) Voici en quels termes (je ne lirai pas cette lettre en entier)
M. Dupin s'exprimait :

« *En ce moment, au point de vue du droit civil, du droit privé, de*
» *l'équité naturelle et de toutes les notions chrétiennes du juste et de l'in-*
» *juste, que je nourris dans mon âme depuis plus de 50 ans, comme*
» *jurisconsulte et comme magistrat j'éprouve le besoin de me démettre de*
» *mes fonctions de Procureur général.* » (Lettre de M. Dupin aîné au
Prince président de la République. Paris, 23 janvier 1852.) (La voix de
l'orateur est couverte par les éclats de rire de l'auditoire).

Voilà l'impression de M. Dupin ; c'était aussi celle de M. de Montalembert. Le même jour il avait protesté aussi publiquement qu'il l'avait
pu, en quittant la commission consultative ; *le Moniteur* le constate.

Ensuite est venu le *Décret organique de la presse* du 17 janvier 1852.
C'est la loi ; il ne s'agit pas de la discuter. Mais ne perdons pas de vue
les impressions qui ont dû dominer l'âme de M. de Montalembert, surtout en présence des dispositions de l'art. 32 de cette loi (1). C'est sous

---

(1) Cet article 32 est ainsi conçu : Une condamnation pour crime commis
par la voie de la presse, deux condamnations pour délits ou contraventions

l'empire de ces impressions qu'il s'est séparé de vous. Il n'y a plus à lui opposer sa conduite au 2 décembre : c'est un reproche injuste à l'aide duquel on s'efforce de diminuer son caractère. C'est à cela que j'ai voulu répondre. Je crois l'avoir fait.

Au fond, que vous a-t-on dit ? M. de Montalembert a le parti pris de faire rentrer ce pays dans le désordre, dans l'agitation. Si vous voulez lire son écrit en entier, en apprécier les passages, à chaque mot, à chaque ligne, a dit M. le Procureur-général, vous trouverez l'expression du mépris, de la haine dans toute sa force, de la haine injurieuse, de la haine hautaine, de l'insulte.

Il ne suffit pas, dans un procès et dans une accusation correctionnelle, de dire que tel écrit renferme telle et telle injure ; il faut démontrer. Or, examinez les passages cités par M. le Procureur général.

M. de Montalembert, au commencement de son écrit, dit : « Je suis comme le soldat épuisé, vaincu, enchaîné, qui ne peut plus combattre et qui veut réveiller dans son cœur le souvenir des actions glorieuses du passé, au spectacle des combats et des périls d'autrui. Je suis las, les oreilles me tintent, je ne vois autour de moi que bassesse et servilisme. » Eh quoi ! n'est-ce pas vrai ? ne lisons-nous pas tous les jours dans ces journaux officieux, plus embarrassants pour le pouvoir que déplaisants à ceux que vous accusez de n'être pas ses admirateurs, des articles que je ne veux pas citer (on me reprocherait de provoquer une discussion) ; n'y a-t-il pas là des miasmes de servilité et d'adulation qui fatiguent un noble cœur ?

Voilà ce que sent M. de Montalembert, ce dont il souffre. Privé de liberté en France, il dit : « Je vais aller respirer à l'air pur d'un pays voisin. » Est-ce là un outrage au gouvernement ? Non. Ce passage est tout entier dirigé contre les chroniqueurs d'antichambre, contre les écrivains adulateurs, fanatiques ou hypocrites qui épousent des causes détestables et auxquels M. de Montalembert a voulu répondre à la fois par le spectacle des grandes choses de l'Angleterre, par le souvenir des libertés dont a joui la France, et par le regret aussi de ces libertés enlevées. Y a-t-il une autre pensée dans l'écrit ?

commis dans l'espace de deux années, entraînent de plein droit la suppression du journal dont les gérants ont été condamnés.

Après une condamnation prononcée pour contravention ou délit de presse contre le gérant responsable d'un journal, le gouvernement a la faculté, pendant les deux mois qui suivent cette condamnation, de prononcer soit la suppression temporaire, soit la suppression du journal.

Un journal peut être suspendu par décision ministérielle, alors même qu'il n'a été l'objet d'aucune condamnation, mais après deux avertissements motivés et pendant un temps qui ne pourra excéder deux mois.

Un journal peut être supprimé soit après une suspension judiciaire ou administrative, soit par mesure de sûreté générale, mais par un décret spécial du Président de la République, publié au Bulletin des Lois.

A la page 209, il y a, dit-on, une attaque au gouvernement! M. de Montalembert dit que l'Angleterre a porté la civilisation dans le monde entier; qu'après la conquête du Canada, elle a respecté les anciennes libertés municipales établies par la France dans ce pays dont le cœur est encore tout français. Regretter la répudiation par la France de libertés conservées au Canada, c'est là faire un rapprochement historique, c'est constater un fait moral, et d'ailleurs incontestable; ce n'est pas une injure.

Si vous voulez penser au but qu'on a voulu atteindre par les lois de 1848 et de 1849, aux périls que courait alors la société, aux injures, aux attaques dirigées alors contre tous les pouvoirs, vous comprendrez qu'il est insensé de prétendre que ces lois ont jamais dû s'appliquer aux phrases très-innocentes qui se trouvent çà et là dans le livre de M. de Montalembert. Vous en avez cité trois ou quatre de ces phrases, dans un écrit de 70 pages in-8°, et encore en rassemblant des lambeaux de phrases diverses : vous croyez voir un délit ici dans une phrase, là dans une demi-phrase, ou dans un mot. Ce sont des mots que vous interprétez et auxquels vous attachez un sens qu'ils n'ont pas, une portée qu'ils ne doivent pas avoir.

Vous parlez de dénigrement systématique. S'agit-il donc d'un procès de tendance? Non, cela n'est pas permis; il faut montrer des attaques directes, précises qui rentrent dans l'esprit d'une loi existante et applicable aujourd'hui. En trouvez-vous des démonstrations dans la page 261 ou dans la page 215, où l'on fait l'éloge de l'Angleterre, et seulement l'éloge de l'Angleterre, où l'on se borne à dire que cette grande nation n'abandonnera pas ses libertés et ne se mettra pas en tutelle?

Cette pensée n'était pas nouvelle pour M. de Montalembert. Déjà, il y a trois ans, il publiait, et cette fois sans être poursuivi, un volume dans lequel il examinait l'avenir de l'Angleterre avec toute la jalousie d'un Français privé des biens et des avantages dont jouit l'Angleterre; et, dans la prévision des dangers qui pouvaient la menacer soit au-dedans, soit au-dehors, il écrivait :

« L'Angleterre ne se fatiguera point de son libre arbitre au point
» d'abdiquer sa liberté, sa conscience, son honneur entre les mains d'un
» homme, quelque grand que l'avenir puisse le supposer. Elle ne sub-
» stituera pas le règne silencieux de l'arbitraire à la féconde agitation
» de la liberté, ni la végétation stagnante des appétits rassurés ou ras-
» sasiés aux luttes généreuses, aux salutaires périls de la vie d'un
» peuple qui sait marcher tout seul.
» Elle ne donnera pas cette satisfaction aux apôtres de l'ère nouvelle,
» ni cette désespérante leçon aux générations futures. Elle n'acceptera
» pas l'égalité dans l'asservissement pour rançon de la liberté proscrite.
» Elle ne sacrifiera pas à un rêve de nivellement jaloux, ou à un besoin
» maladif de paix et de sécurité, l'indépendance, la dignité, la sponta-
» néité de sa noble nature. Non, quelles que soient les apparences con-
» traires, l'Angleterre n'écoutera pas la voix de ces faux prophètes qui

» enseignent aux nations à chercher dans leur abaissement un abri
» contre leur propre étourderie, à compter sur le silence universel pour
» oublier leurs remords, à abdiquer au profit d'un maître l'honneur et
» la conscience de la responsabilité. Non, l'Angleterre ne comprendra
» ni ne pratiquera jamais cette doctrine nouvelle qui présente au
» monde, comme l'idéal du passé et de l'avenir, un régime où nul ne
» peut ni agir ni monter qu'en rampant, où le talent, la vertu, la pen-
» sée, le courage, ne comptent pas, à moins de porter la livrée du
» pouvoir. »

Voilà ce qu'il écrivait, ce qu'il publiait librement en 1855.

Mais peut-on dire que M. de Montalembert soit revenu d'Angleterre
avec la pensée de lancer le dénigrement, de jeter l'ironie sur le gouvernement actuel, quand au contraire, il lui a rendu hommage, il a loué la
persévérance avec laquelle, dans l'intérêt du repos de l'Europe, ce gouvernement maintient l'alliance anglaise ? Il a applaudi loyalement aux
efforts de la politique suivie par le pouvoir impérial dans une autre occasion, lorsque, cédant à de justes susceptibilités, ce pouvoir crut devoir renoncer à des exigences qui compromettaient le droit d'asile.
M. de Montalembert, racontant ce fait dans son ouvrage, dit qu'il applaudit à la sagesse du gouvernement qui a retiré cette demande indiscrète.
Et enfin, M. de Montalembert honore, comme un personnage digne de
tous les respects, le représentant de la France en Angleterre.

Ce n'est donc pas une pensée d'attaque contre le gouvernement, c'est
l'opposition d'une doctrine à une doctrine qui a inspiré M. de Montalembert. On ne peut pas plus condamner un homme à oublier qu'à se taire ;
nous ne pouvons pas sortir de nous-mêmes, oublier notre intelligence
et nos âmes ; nous ne pouvons pas faire le sacrifice de notre être moral ;
nous sommes de cette génération qui a pris une trop grande part aux
luttes de la liberté pour les dédaigner, et n'y voir que les vains et inutiles efforts de l'amour-propre, les débats de l'orgueil et de l'ambition.

Ah ! il y avait quelque chose de grand, même au milieu de nos divisions, dans ce gouvernement où toutes les intelligences parties de points
de vue différents se réunissaient pour apporter leur tribut à l'intérêt
social, pour discuter les questions éternelles de droit et d'honneur, où
l'on respectait l'opinion d'un adversaire, où l'on rendait hommage à la
droiture, partout où on la rencontrait. Voilà quelle a été notre vie, notre
gloire, notre honneur ! C'est ainsi que nous nous sommes fait connaître,
aimer, estimer ; et vous voulez que nous oubliions tout cela ? Vous
voulez que nous soyons infidèles à la France parce qu'elle a trahi notre
confiance ? Vous voulez que nous ne regrettions pas la liberté dont nous
nous sommes fait gloire, pour laquelle nous avons tant combattu ? Non,
jamais nous n'obéirons à cette injonction ; jamais nous ne regarderons
comme un jugement qui déshonore, le jugement qui condamnera un
homme parce qu'il a été fidèle aux doctrines de toute sa vie, parce qu'il

a défendu ce qui est dans la conscience, dans les besoins, dans les nécessités, dans les invocations, dans les aspirations de son pays.

Vous venez dire qu'à la fin de cette brochure il y a des sentiments détestables, honteux, déplorables ; je prends vos expressions.

Qu'y a-t-il à la fin de cette brochure ? M. de Montalembert regrette que la France sorte de cette voie qui a fait la grandeur, la prospérité de l'Angleterre. Mais aussi il rappelle à l'Angleterre qu'elle a parfois une politique intolérable, qu'elle abuse de sa puissance, qu'elle la fait sentir à l'étranger d'une manière odieuse.

Je ne multiplierai pas les citations. L'heure est déjà avancée ; mes forces s'épuisent. Écoutez au moins ces mots : « Pour moi, dit-il à la
» page que vous savez, qui aime la nation presque autant que la cause
» qu'elle défend, je regrette que M. de Maistre ne soit plus là pour flé-
» trir, avec cette *colère de l'amour* qui le rendait si éloquent, l'effronterie
» maladroite qu'a déployée l'égoïsme britannique dans l'affaire de cet
» isthme de Suez, dont l'Angleterre voudrait fermer à tous la porte,
» quoiqu'elle en tienne d'avance la clef à Périm. Il aurait aussi été bien
» bon à entendre sur la ridicule susceptibilité d'une partie de la presse
» anglaise à l'endroit du dépôt des charbons russes à Villefranche ;
» comme si une nation qui étend chaque jour sa domination maritime
» dans tous les coins du monde, et qui occupe dans la méditerranée
» des positions telles que Malte, Gibraltar et Corfou, avait bonne grâce
» à venir se plaindre de ce que les autres peuples essaient d'étendre
» leur commerce et leur navigation ! » — Avec un sentiment tout à fait français, il dit que, si l'Angleterre impérieuse, dominatrice, effrontément maladroite dans son égoïsme, blesse non pas seulement le senti·ment des âmes serviles qui craignent la propagation de la liberté, mais le sentiment des autres nations, ces autres nations pourront lutter ; le génie des temps modernes crée chaque jour des forces nouvel'es qui rivalisent avec celles que l'Angleterre peut créer elle-même ; et qu'enfin la France n'en est pas à étudier les moyens de résister à l'Angleterre ; qu'elle possédait sous deux de ses Rois ; sous Louis XIV et sous Louis XVI, une marine au moins égale, nous pouvons même dire supérieure, à celle de l'Angleterre.

Est·ce qu'il y a 100 ans nous n'étions pas plus puissants qu'elle dans les Indes ? Nous n'avons pas oublié Dupleix, La Bourdonnays, le malheureux Lally lui-même. Ce que la France a su faire dans d'autres temps, elle le fera encore quand son véritable intérêt et son honneur le lui commanderont.

M. de Montalembert le sait et il l'a dit : il a d'ailleurs obéi à un sentiment tout patriotique en montrant la France à la fois capable de lutte contre la puissance britannique sur les mers, et selon lui, digne de jouir à l'intérieur des libertés dont l'Angleterre jouit elle-même.

Voilà tout le procès.

Et maintenant pourquoi y introduire une lettre qui n'y avait que faire ? Est-ce contre cette lettre au Cardinal-Archevêque de Paris que la dénonciation a porté ? Est-ce sur cette lettre que vous allez nous juger ? Ce ne peut pas être votre prétention, vous feriez offense à Messieurs : on ne juge pas deux procès à la fois. Ce n'est pas que nous en soyions embarrassés ; ce n'est pas qu'elle contienne rien dont M. de Montalembert, dont ses amis, ses défenseurs, puissent être gênés un seul instant ! Qui a publié cette lettre, nous dites-vous ?... Qui ?... Mais c'est vous ! Oui, vous-même ! Je vais vous le prouver.

Ne savons-nous pas qu'il n'entre aucun journal étranger en France sans votre approbation ? N'est-ce pas *l'Indépendance, le Nord, le Journal de Bruxelles* qui ont apporté la lettre de M. de Montalembert? N'est-ce pas *la Patrie*, un de ces organes officieux, dont je parlais tout à l'heure, qui l'a reproduite en l'accompagnant des réflexions suivantes : « Le gouvernement, qui a publié, hier, dans *le Moniteur*, la lettre de » M. de Montalembert, a laissé aujourd'hui, par des motifs que nos » lecteurs apprécieront, distribuer à Paris *l'Indépendance, le Nord, le* » *Journal de Bruxelles*, qui contiennent une lettre d'une date antérieure » de M. de Montalembert, adressée à Mgr. l'Archevêque de Paris. » Voilà l'origine de la publication en France.

Voyons maintenant ce qui a provoqué cette lettre à l'Archevêque. Un journal étranger averti, je ne sais comment, à l'avance, des dispositions du chef de l'Etat, annonce que par l'intervention d'un vénérable ami (M. de Montalembert a assez bien servi la cause catholique pour que je ne m'égare pas en employant cette expression), le Cardinal-Archevêque de Paris, le gouvernement est dans l'intention de faire grâce à M. de Montalembert. Celui-ci, à la lecture de cette nouvelle imprévue, proteste aussitôt par une lettre particulière adressée à l'éminent personnage que l'on mettait en jeu. Puis quand ce bruit devient une réalité, quand la grâce avec cette date injuste et offensante que je vous signalais tout à l'heure paraît au *Moniteur*, il se hâte de publier une pièce qui suffit pour prouver que d'avance il a repoussé toute faveur de ce genre.

Nous nous sommes connus, M. le Procureur-général ; je sais bien que là, sous la robe du magistrat, dans votre cœur, il y a quelque chose qui vous fait comprendre que, pour un homme dans la position de M. de Montalembert, le soupçon de faire solliciter une grâce par l'entremise d'un prince de l'Eglise est une atteinte à son honneur. Il a donc cru devoir aussitôt profiter de cette même publicité dont on s'était servi contre lui. Il lui confie cette lettre qui prouve non-seulement qu'il repousse la grâce et qu'il appelle du jugement, mais encore que ce jugement qui n'est pas encore définitif, il s'en honore. Je l'ai dit tout à l'heure, et non pas seulement pour défendre M. de Montalembert; mais c'est l'expression de mon propre sentiment, ce jugement constate qu'il a été toujours fidèle aux idées de toute sa vie ; ce n'est donc pas un jugement qui déshonore.

Vous voulez voir là une insulte à la magistrature ! Mais les opinions de M. de Montalembert sur la magistrature sont connues.

(Se tournant vers M. de Montalembert.) Rendez-moi votre discours de 1849 ; voyons ce que vous disiez de cette magistrature qu'on prétend que vous insultez aujourd'hui par un mot qui trahirait toute votre pensée. Que disiez-vous pour cette magistrature lorsqu'on en poursuivait l'existence, lorsqu'on attaquait le principe de l'inamovibilité ?

(Ici M. Berryer franchit les degrés qui le séparent du banc où siége la cour, et se rapproche d'elle pour lire ce qui suit :

« Les révolutions, dit-il, ont passé sur la tête du prêtre sans l'incli-
» ner. Je vous demande de faire en sorte qu'elles passent sur la tête du
» juge sans la frapper... que la destinée de la nation, ce qu'il y a de va-
» riable dans les destinées de la nation, roule son cours entre deux
» rives inébranlables, entre le temple de la loi et le temple de Dieu,
» entre le sanctuaire de la justice et le sanctuaire de la vérité, entre le
» sacerdoce du prêtre et le sacerdoce du juge (1). » Voilà ce qu'il pense de vous, Messieurs ; je l'ai dit aux premiers juges et je vous le répète : la magistrature française serait bien ingrate si elle l'avait oublié ! Voilà ses sentiments sur la justice ! Voilà comment il vous élève à votre véritable rang, à un sacerdoce ! Il fait de vous les ministres de Dieu pour la justice, pour la vérité, pour la conscience !

Aussi je ne crains pas l'influence des sollicitations du pouvoir sur vos délibérations. Non, il n'y a pas de considération qui puisse ébranler en vous la ferme résolution de servir le prince et l'État, mais de les servir avec intelligence. L'intelligence du magistrat, quelle est-elle ? Elle est simple ; elle est toute dans le respect religieux qu'il garde pour l'autorité inviolable et pour la sainte indépendance de sa conscience. Si des considérations étrangères, si des suggestions quelconques font oublier aux magistrats ce respect, ils tombent dans le mépris public et ils ne laissent plus que des exemples pernicieux et une mémoire odieuse. *(Sensation prolongée)*. Mais non, je n'ai pas d'alarmes à cet égard.

Vous ferez justice en appréciant avec leur véritable sens tous les passages de la brochure de M. de Montalembert ; en ne maintenant pas comme applicable une loi qui ne peut recevoir aucune application dans la cause ; en écartant du procès ce document nouveau qu'on veut y jeter.

Vous demandez à M. de Montalembert s'il a reçu de l'Archevêque la permission de publier la lettre. Permettez-moi de vous dire que nous

---

(1) Discours du 10 avril 1849, qui a été suivi du vote par lequel l'inamovibilité de la magistrature actuelle a été consacrée.

n'avons à cet égard aucune explication à vous donner, pas plus que sur la réponse si cordiale et si bienveillante qu'elle lui a value.

Quant à la publication de *la Patrie*, c'est le fait de l'administration; on ne peut l'imputer à aucun autre.

Quant au fond de la lettre, M. de Montalembert se rend justice à lui-même et dit : Ce jugement prouve que j'ai dit la vérité ainsi que je la sens, ainsi que je la comprends ; je m'en tiens donc pour fier et honoré. Je réserve bien nettement mon droit de me pourvoir et de faire reviser la condamnation par des juges à qui seuls il appartient de statuer en l'état actuel de la cause. Il ajoute une phrase dans laquelle il faut entrer franchement parce qu'elle est l'expression d'un sentiment juste. M. de Montalembert dit : « Je n'ai d'autre ambition que de laisser à mes juges la » responsabilité de leurs actes. *Je ne pourrais considérer que comme une* » *injure toute faveur émanée du gouvernement impérial.* »

C'est là le sentiment de tous les hommes qui se sont trouvés dans une position analogue à celle de M. de Montalembert.

C'est le sentiment que le général Cavaignac exprimait en 1852 quand on lui proposait d'une manière analogue de sortir de la prison où il était enfermé : « Je n'accepte, répondait-il, aucune transaction qui ne soit » pas parfaitement conforme à mon honneur et à ma dignité. »

C'est le sentiment qu'un autre prisonnier a exprimé dans un temps où j'allais lui porter à Ham des consolations, comme j'ai eu l'honneur dans ma vie d'en porter à des infortunes subies à bien d'autres titres. A cette époque il était question d'amnistie; veuillez entendre son langage :

« Le gouvernement a-t-il songé à amnistier le prince Napoléon-Louis? » Nous ne sommes pas en mesure de le savoir. Ce que nous pouvons » dire, c'est que s'il y avait amnistie, ce ne serait pas un acte de clémence, » mais un acte de peur inspiré par des inquiétudes auxquelles les murs, » les fossés, les verroux et les ponts-levis d'un château-fort ne semble- » raient plus des garanties suffisantes et qui seraient devenues assez » poignantes pour avoir la maladresse de se laisser voir, et pour ainsi » dire de se proclamer. Le prince repousserait une amnistie jetée » comme une dérision à son infortune. » (Œuvres du prince Louis-Napoléon Bonaparte. Edition de 1848, tome 3, III. 288).

Voilà le sentiment exprimé par le prince dans une situation analogue. C'est celui de M. de Montalembert.

Il repousse, lui aussi, ce que le prisonnier de Ham regardait comme une injure. Mais ce que ce prisonnier avait le droit de dire, de publier; ce qu'il faisait imprimer dans des journaux, à Paris même, en 1844, le plus librement du monde, c'est un sentiment naturel que vous ne pouvez pas condamner, qui ne peut avoir aucune influence sur l'appréciation de l'écrit poursuivi et que M. le Procureur général a mal fait d'ajouter à la cause. (Mouvement prolongé dans l'auditoire.)

M. LE PROCUREUR-GÉNÉRAL CHAIX-D'EST-ANGE, prononce quelques paroles qui n'ont pu être exactement recueillies, mais où il exprime la confiance que son ancien confrère Mᵉ Berryer n'a certainement pas eu l'intention de le comprendre parmi ceux dont les changements de conviction coïncidaient trop avec leur changement de position.

Mᶜ BERRYER. — Je comprends l'intérêt que trouve M. le procureur-général à faire cette réserve à son profit, et Dieu me garde de rien ajouter à ce qu'il vient de dire.

——

La cour entre en délibération, dans la chambre du conseil à une heure un quart : elle en sort à sept heures et demie du soir avec l'arrêt suivant, dont M. le président Perrot de Chezelle donne lecture :

La cour :

Considérant que si la loi confère aux citoyens le droit de discuter les lois et actes du gouvernement, les lois sur la presse défendent et punissent l'attaque contre les principes fondamentaux de nos institutions politiques, contre l'autorité du chef de l'État, et contre le respect dû aux lois, ainsi que les excitations à la haine et au mépris du gouvernement.

Considérant que, dans l'article du *Correspondant*, intitulé : *Un débat sur l'Inde au Parlement anglais*, publié dans la livraison du *Correspondant* du 25 octobre 1858, et consacré à l'examen d'une question de politique étrangère, se trouvent plusieurs passages empreints d'amertume et d'esprit de dénigrement, dans lesquels l'auteur s'applique à déconsidérer la France, ses lois et son gouvernement; que dans ledit article on trouve des attaques contre le respect dû aux lois et à l'inviolabilité des droits qu'elles ont consacrés, notamment aux pages 215 et 252, où notre législation est signalée comme ne laissant la liberté de parler que « par ordre ou par permission, avec la salutaire terreur d'un avertisse -
» ment d'en haut, pour peu qu'on ait la témérité de contrarier les idées de
» l'autorité ou celles du vulgaire, » et encore comme rendant « impos-
» sible la discussion quotidienne entre des organes dont quelques-uns
» seulement ont le droit de tout dire, et sont toujours conduits, plus ou
» moins involontairement, à attirer leurs adversaires sur un terrain où
» les attend le bâillon officiel; » attaques dont la publication dans un journal, qui a été mis en vente et distribué, constitue un délit prévu et réprimé par l'article 3 de la loi du 27 juillet 1849;

Que dans l'ensemble du même article et aux pages ci-après mentionnées on trouve encore des excitations à la haine et au mépris du gouvernement, constitutives du délit prévu par l'article 4 du décret du 11 août 1848;

Ce notamment aux pages suivantes :

Page 205, où l'auteur déclare que « quand le marasme le gagne, quand les oreilles lui tintent, tantôt du bourdonnement des chroniqueurs d'antichambre, tantôt du fracas des fanatiques qui se croient nos maîtres, et des hypocrites qui nous croient leurs dupes; quand il étouffe sous le poids d'une atmosphère chargée de miasmes serviles et corrupteurs, il court respirer un air plus pur et prendre un bain de vie dans la libre Angleterre; »

Page 210, où la France est signalée « comme ayant répudié des libertés politiques et municipales qui existent au Canada; »

Page 261, où les Français sont comparés, par insinuation, à « un troupeau docilement indolent à tondre et à mener paître sous les silencieux ombrages d'une énervante sécurité ; »

Pages 260, 261 et 266, où l'on donne à entendre que la France « subit l'humiliante tutelle d'un pouvoir sans contrôle, et qu'elle serait devenue incapable de supporter, comme l'Angleterre, le règne du droit, de la lumière et de la liberté ; »

Sur le chef d'attaque contre le suffrage universel et contre les droits et l'autorité que l'Empereur tient de la Constitution,

Considérant que la prévention n'est pas suffisamment établie ;

Considérant que les délits résultant, à la charge du comte de Montalembert, de la publication de l'article incriminé dans le numéro du *Correspondant* du 25 octobre 1858, qui a été mis en vente et distribué, ont été mal qualifiés par les premiers juges ; qu'à tort le jugement dans cet appel a déclaré le comte de Montalembert auteur principal des délits mis à sa charge, comme Douniol, gérant du *Correspondant* ;

Qu'en matière de délits commis par la voie de la presse, la publication d'où dérive le dommage, et sans laquelle il n'y a pas lieu à poursuites, est considérée comme constitutive du délit principal ; que, particulièrement à l'égard des journaux politiques cautionnés et ayant des gérants responsables, l'article 8 de la loi du 18 juillet 1828 sur les journaux déclare les gérants des journaux spécialement responsables de toutes les publications faites dans les journaux qu'ils dirigent et personnifient, en réservant la faculté de diriger des poursuites contre les auteurs, alors qu'ils ont volontairement coopéré à la publication en fournissant les moyens de l'effectuer ;

Considérant que le comte de Montalembert reconnaît avoir composé et remis à Douniol pour le publier l'article objet du procès ;

Qu'ainsi il a sciemment donné à Douniol le moyen de commettre les délits résultant de la publication du dit article et s'est rendu coupable de complicité des deux délits ci-dessus spécifiés ;

Qu'en conséquence il y a lieu de faire au comte de Montalembert application des art. 4 du décret du 11 août 1848,

3 de la loi du 25 juillet 1849,

59 et 60 du Code pénal et de l'art. 365 du Code d'instruction criminelle, dont il a été donné lecture par le président ;

Considérant que, l'un des délits étant écarté, il y a lieu de réduire la peine prononcée contre le comte de Montalembert ;

La cour a mis et met l'application à néant ;

Entendant ce dont est appel, renvoie le comte de Montalembert des fins de la plainte en ce qui concerne le chef d'attaque contre le principe du suffrage universel et les droits et l'autorité que l'Empereur tient de la Constitution ;

Réduit à trois mois l'emprisonnement prononcé contre le comte de Montalembert ;

Maintient l'amende de 3,000 francs prononcée par les premiers juges ; condamne le comte de Montalembert aux frais de première instance et d'appel ; fixe à une année la durée de la contrainte par corps, qui pourra être exercée pour le recouvrement de l'amende et des frais.

Le *Journal des Débats* du 23 décembre fait remarquer que l'arrêt rendu par la Cour impériale de Paris dans l'affaire de M. le comte de Montalembert, met le jugement de première instance à néant et le remplace par un arrêt tout nouveau. « Ainsi l'arrêt ne reproduit pas le considérant dans lequel M. de Montalembert était désigné comme un écrivain « qui ne se respectait pas lui-même. » En second lieu, la Cour absout M. de Montalembert sur le chef d'attaque contre le suffrage universel, contre les droits et l'autorité que l'Empereur tient de la Constitution. En troisième lieu, la Cour a décidé, contrairement à l'avis des premiers juges, que M. de Montalembert ne devait pas être considéré comme l'auteur principal, mais seulement comme le complice du délit commis par le gérant du journal le *Correspondant*. De plus, et c'est le point le plus important à constater, des deux articles 1er et 3 de la loi du 27 juillet 1849, visés dans le jugement de première instance, l'article 3 est le seul qui soit visé dans le nouvel arrêt. Or, l'article 1er de la loi du 27 juillet 1849 étant le seul qui assujettissait M. de Montalembert à l'application de la loi du 27 février 1858, relative aux mesures de sûreté générale, il en résulte que M. de Montalembert est déchargé de cette conséquence. Enfin la Cour a réduit de six à trois mois la peine de l'emprisonnement prononcée par les premiers juges. Telles sont les différences essentielles que nous remarquons entre le jugement de première instance et l'arrêt qui vient d'être prononcé. Ce résultat prouve que l'appel de M. de Montalembert n'était pas, comme on l'a prétendu, sans objet et sans intérêt sérieux, puisque l'arrêt rendu sur cet appel a pour effet dedécharger M. de Montalembert des conséquences les plus graves attachées au jugement de première instance. »

On lit dans le *Moniteur* du 26 décembre 1858, partie officielle :

L'Empereur, renouvelant sa première décision, a fait remise à M. le comte de Montalembert des peines définitivement prononcées contre lui par l'arrêt de la cour impériale de Paris, du 21 décembre 1858.

Sa Majesté a également fait remise à M. Douniol, gérant du *Correspondant*, de la peine d'emprisonnement prononcée contre lui par jugement du 24 novembre.

www.ingramcontent.com/pod-product-compliance
Ingram Content Group UK Ltd.
Pitfield, Milton Keynes, MK11 3LW, UK
UKHW022217120726
13694UKWH00002B/589